滄海叢刊

儒家與現代中國

韋政通 著

1991

東大圖書公司印行

© 儒家與現代中國

著　者　韋政通
發行人　劉仲文
出版者　東大圖書股份有限公司
總經銷　三民書局股份有限公司
印刷所　東大圖書股份有限公司
　　　　地址／臺北市重慶南路一段六十一號二樓
　　　　郵撥／〇一〇七一七五一〇號
初　版　中華民國七十三年七月
再　版　中華民國八十年二月
編　號　E 12014
基本定價　叁元伍角陸分
行政院新聞局登記證局版臺業字第〇一九七號

儒家與現代中國
編號　E 12014
東大圖書公司

ISBN 957-19-0255-1（平裝）

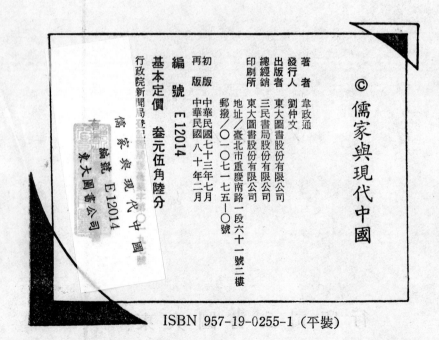

自序

這本書裏的十篇文章，是我一九七〇年以來所寫長文的一個選集，雖非計劃之作，但大都與我關心的主題「儒家與現代中國」相關，所以取為書名。我寫這些文章，要特別感謝陳榮捷、李亦園、楊國樞、周何、劉福增、李日章諸位先生，如果不是他們的邀約，書中大部分的文字不可能產生。

書中第一篇是「中國人的性格——科際綜合性的討論」會上所提的論文，主旨在探討傳統中國理想人格的構成、轉變、及其與歷史人物的關係，兼及崇古價值取向的研究。討論會由李亦園、楊國樞兩位教授召集，全部十二篇論文於一九七二年由中央研究院民族學研究所出版。回想十四年前的討論會，與現在一般學術性的研討會很不一樣。討論會分兩個輪次進行，第一輪討論大綱，第二輪討論內容，共舉行十四次會議，每次至少三小時，歷時十五個月，沒有車馬費、稿費，但無人缺席。十四年來臺灣由於經濟導向，使社會各方面都起了變化，學人們的生活比從前雖改善許多，但純學術的興趣，尤其是對學術的認真態度，似乎反而不如從前。因此，昔日討論會上，心智交流的快樂，格外令人懷念。

基於前次合作愉快的經驗，過了兩年，原討論會的部分成員，再加上新邀的十多位學者，又組成「中國的現代化」研討會，仍舊分兩個輪次進行，「現代中國儒家的挫折與復興」的論文，就是在這個會上提出的。從十九世紀中葉起，中國古老的文化遭到西方文明史無前例的挑戰，此文探討儒家在西潮衝擊下所遭遇的挫折，以及由挫折而激起復興儒家的努力，而以新文化運動中的反傳統思想和當代新儒家為主要論述的對象。原文將近五萬字，一直沒有發表，前年「中國論壇」叢書〔思潮的脈動〕即將印行，因字數不足，國樞兄提議把這篇舊作放進去，當時對一些不妥的地方曾大加刪削，此次收入本書前又加潤飾，有些論點仍覺不夠妥貼，但當年對全文架構的設計，確曾費過一番功夫。

與上文論旨密切相關的是「當代新儒家的心態」，此文首先指出新儒家思想的共性與殊性，並提到他們與西化派在心態上、觀念上若干相同的格調，然後檢討其歷史文化觀以及對民主的見解，最後則簡略地談到中國文化重建的方法和態度。這篇文章是為了配合「聯合報」與「中國論壇」合辦「當代新儒家與中國的現代化」座談會而寫，座談會的主講人中余英時教授曾是錢穆先生的弟子，林毓生、張灝兩位教授曾是殷海光先生的門人，劉述先教授熟悉新儒家的發展，金耀基教授雖是社會學家，但對自由主義與新儒家的思想一向關心，作為主持人之一並代擬討論提綱的我，曾長期從學於牟宗三先生，所以我認為這次座談會具有象徵的意義，象徵着上一代思想上對立與爭論的結束，超越了派系的立場，大家可以坐下來開放地對談一番，究竟談了甚麼已屬次要。想不到這個座談會的講稿全文和我的文章發表後（一九八二年十月十日「中國論壇」），竟然仍引起誤解和責難，這實在不是我們願意看到的。

就在座談會的同一年，劉福增教授和他的朋友與三民書局約好，擬出版一個論文集子，約請十幾位作者，就不同科目對近三十年來的發展做點檢討，思想方面劉教授屬託於我，我寫「兩種心態．一個目標——新儒家與自由主義觀念衝突的檢討」一文應命，此文除了處理兩派觀念上的衝突之外，也用思想史的方法寫出兩派在思想方面的貢獻，最後則舉例說明雙方在克服思想的對立上所做的努力。

批判儒家——包括古代和現代，是以上四篇一個共同的主題，我所以會朝這個方向發展，至少有一部分是受早期研究荀子的影響。由治荀學的經驗，使我了解到，相對於政治社會的問題而言，從孟子的心性論出發，是很難深入問題的。孟子的心性之學，在生活上開拓了儒家宗教性一面，在學術上可以向道德形上學方面發展，它足以提供個體的精神資源，但這種資源在現代人身上要如何才能發揚？它是否足以支持現代中國發展出新的文化？這當然不是簡單的問題，也不會有簡易的答案。不過我總覺得儒家由內聖直接通外王的那一套，從一開始不僅把不同性質的問題混淆了，而且把不同層次的問題化約了，這就形成儒家雖以改造社會改造政治為終極的目標，結果卻顯得無能為力的困境。此外，由於強烈的泛道德意識造成國人普遍的所謂「價值迷盲」，不僅影響到文化之類的大問題的了解，即使對日常生活的小問題的解決都成為很大障碍。

「荀學在思想上的地位及其影響」是我完成〔荀子與古代哲學〕後，二十年來唯一有關荀子的論文，這是應周何、田博元兩位教授主編〔國學導讀叢編〕而寫的，除了對荀子思想做簡介之外，我分析了荀子與先秦諸子的關係、對後世的影響、以及在近代中國所以能復興的原因。荀學對後世的影響前人只注意到漢代，事實上他的影響一直到宋明清並未完全中斷，本文對此僅略提大概，欲知其詳，可讀我的〔中國思想史〕。

「朱熹論『經』、『權』」是一九八二年在夏威夷大學東西文化中心召開「國際朱子學會議」上宣讀的論文，承黃俊傑教授的好意，曾於〔史學評論〕第五期發表過。會議前一年陳榮捷教授來函相邀，謂「近年美國學者研究宋明理學，偏重日本材料，請台必來改正」。這使我在選擇題目時不能不特別慎重。最後我選定這個題目，是基於：⑴傳統儒家倫理學中這個論題，迄未引起朱子學研究者的充分注意；⑵這個論題足以表現儒家倫理學的一個重要特色；⑶由於從這個論題足以發現傳統儒家倫理思想的現代性。果然，我的論文曾引起與會學者（包括日本方面）很大興趣，並熱烈討論。

這次會議北京方面的出席名單中有梁漱溟先生，後來不知何故未能成行，但有一篇論文「試論宋儒朱熹氏在儒家學術上的貢獻及其理論思維上的疏失」，由杜維明教授在會中代為宣讀。我於一九七七年因李日章先生之約為〔現代中國思想家〕叢書寫「梁漱溟：一個為行動而思考的儒者」時，所根據的資料，全是梁先生一九四九年前舊作，近三十多年來他思想是否有變化，完全不清楚。在儒家傳統裏，梁先生早期是屬於陸王學派的立場，讀上述論文可知他到九十歲這個立場並未改變，他所謂朱熹「理論思維上的疏失」，是指他「心向外用」、「背離孔門學脈」。

一九七一年四月十六日，以梁漱溟為題做博士論文的艾愷先生來訪，談有關梁先生的思想及鄉村建設問題，他問：「為何梁漱溟的鄉村建設會失敗」？事實上當年許多從事鄉村改造的人物中，唯一比較有成效且能持之以恆的只有晏陽初，本書所收有關晏先生的兩篇文章，一篇介紹他感人的事跡，一篇探討他農村改造的思想。他把儒家的民本理想落實於現實的努力，是優良傳統現代化的一個例證。此外，他以基督的奉獻精神獻身於鄉村改造，把科學的泉源引到農村，並深信經由鄉村改造，才能為中國奠定民主的基礎。在臺灣這一代的知識青年，大都崇敬人道主義者史懷哲，却不知晏陽初比史懷哲更偉大，他從事的工作對世界三分之二的貧苦大衆更具有深遠的意義。去年十月晏先生九十華誕，「中國論壇」的全體同人為了尊敬並感謝他，出了一期致敬特輯，晏先生來信說：「近年來，我頑健如恆，仍在工作」。我藉這個機會，再次向這位自強不息的老人祝福。

儒家與我的生活已有三十年的關係，我對儒家的心情也許可用通俗的「愛之深，責之切」來表達，我的一切批評，當然是希望它在現代中國能繼續成長、繼續發展。但近年來我時常想起金耀基教授在「當代新儒家與中國的現代化」座談會上講的話，他說：「我認為新儒家可能遭遇到另一種命運，就是新儒家整個的活動，在現代化過程中，不是有利與不利的問題，而是可能是變成不相干的現象。這個我想是任何從事思想工作的人最感悲涼的事，我不希望這樣去看新儒家，但也不能排除這方面的可能性」。金先生的話當時很使我內心驚動，我主觀的願望，當然不希望這種令人感傷的預言成真，但仔細想想，睜眼看看，儒家在現實中國的命運，怎能叫人無悲涼之感！當代一些儒家人物，個別地看，不但值得尊敬，也相當偉大，然而就中國文化重建的大課題來看，我們做的仍舊是太少太少。中國大陸幾乎倒回去三十幾年從頭做起，而臺灣正患着嚴重的文化貧窮症，對我們這些自命為文化思想的工作者，真是莫大的恥辱！我們實在不應該再把時間和精力浪費在意氣之爭上，應全力為文化重建而努力工作。

一九八四年五月十三日新店容石園

儒家與現代中國　目次

傳統中國理想人格的分析

——崇古價值取向的研究

一、緒論

本文的目的，在透過經、子等古籍中有關道統人物（堯、舜、禹、湯、文、武、周公）的記載，研究古人對理想人格的構想，並進而探討其中的崇古取向與中國國民性之間的關係。

「傳統中國」一般的界說，多與清末以來的「現代中國」相對而言。傳統中國綿延的歷史相當久，學者們爲了研究問題的需要，可予以分期，本文似無此必要。蓋本文探討理想人格所採用的資料，雖以先秦經、子爲主，但象徵中國傳統文化精神的理想人格所產生的影響，却貫串着由漢至清大傳統的歷史，這種影響力要到現代中國之初才逐漸消退。

「理想人格」爲本文研討的主題，它的涵意與人類學家和社會學家探究的「代表人格」（representative personality）有些相似。蒲魯姆（L. Broom）把各家對代表人格的解釋歸納爲三種：

I.「代表」可能指統計上的次數。行爲中任何一個項目，出現於社會內大多數人民，卽是該社會「代表人格」的一部份。

Ⅱ.「代表」所指者，也許是人格中的某些共同特質，不因外顯行爲（overt behavior）之差異而喪失其存在。因此其注意重點不在可觀察的行爲和反應的小節細目之上，而在於基本取向（orientation）以及人生觀（outlook）。

Ⅲ.「代表人格」有時候是指能表現文化精神或菁華的人格。如此說來，則代表人格僅能爲少數人所共有，此種人格最容易與主要社會制度相整合❶。

上列三點，其中第三種解釋，正是本文所研討的理想人格的主要涵意。理想人格是先秦諸子將古帝堯、舜等理想化的產物，而先秦諸子又是秦、漢以降中國思想的主要開創者，他們在世之日，很少有機會實現自己的理想，却巧妙地經由理想化的過程，把他們的理想，在古史中生了根。從此，本來眞象難明的上古帝王，成爲中國文化的象徵，菁華人格的代表。

二、古帝理想化與理想人格的構想

❶ 蒲魯姆等著，朱岑樓譯，〈社會學〉，一九六七年，第一〇九～一一〇頁。

威廉・白瑞德（W. Barrett）說：「古典學者中的人文傳統把古人理想化了，同時虛構了事實，這是一切理想主義觀點無可避免的」❷。他的話是以歐洲的傳統爲背景說的，衡之於中國傳統，也正可以爲他的話提一佐證。先秦諸子理想化的古人，是上古史裏的帝王，這些帝王經由理想的過程，遂成爲中國古史的黃金時代，這也就是中國道統的來源。

古帝理想化的過程：道統雛型的形成

唐、宋以來的道統觀念，蓋始於韓愈，韓愈作「原道」，始將道的觀念與堯、舜、禹、湯、文、武、周公的統緒結合起來，並宣稱這些古帝互相傳授者卽是此道。宋、明儒者，發揚了道統的觀念，並以「人心惟危、道心惟微……」的所謂十六字心傳，界說了堯、舜所傳之道的涵意，從此道統的權威才告樹立。唐、宋儒者們所以特別重視道統觀念，消極的作用是因爲要憑藉它與佛、老相抗，積極的目的，是想藉以重建儒家正統的地位。

唐、宋儒者提倡的道統觀念，並非憑空虛構，如果不是先秦諸子早已把上古帝王做了有系統的理想化，唐、宋的道統權威是不可能建立的。

在先秦諸子中，參與古帝理想化工作的，儒家以孔、孟爲主，此外還有墨子。儒家的荀子主張「法後王」，以粲然明備的周道，爲其文化理想的根據，認爲五帝之政，已因「文久而滅」，

❷ 白瑞德著，彭鏡禧譯，〈非理性的人〉，一九六九年，第一九〇頁。

遂持懷疑態度❸。〈老子〉一書，完全未涉及古帝之名。〈莊子〉雖偶然也有讚美堯的話，如「天地篇」說：「堯治天下，不賞而民勸，不罰而民畏」，但其他各篇，多次提到古帝時，往往有極嚴酷的批評，如「盜跖篇」不但稱「湯武以來，皆亂人之徒也」，且有「堯不慈、舜不孝、禹偏枯」等語。韓非一方面承繼了法家革新舊文化的傳統，一方面又更強化了其師荀卿懷疑古史的態度，因此堅決反對期古，認爲「賢堯、舜、湯、武」，乃「天下之亂術」❹，使他成爲先秦諸子最著名的反古論者❺。至於爲什麼孔、孟、墨子要把古帝理想化？此問題值得研討，且待下文第五節再予討論，這裏得先把古帝理想化的過程展示出來。

根據〈論語〉，我們可以知道孔子把古帝理想化的情形有下列幾點：

A.〈論語〉提到古帝的有「泰伯」、「憲問」、「衞靈公」、「述而」、「子罕」五篇，共九次。

B.〈論語〉提到的古帝有堯、舜、禹、稷、文王、周公。

C.孔子雖把古帝理想化，但屬散見，還看不出有統緒的系絡❻。

---

❸〈荀子〉，「非相篇」。

❹〈韓非子〉，「忠孝篇」。

❺參看羅根澤，〈諸子考索〉，一九七〇年，第九〇～一〇一頁。

❻〈論語〉「堯曰篇」，堯、舜、禹已連成一條系絡，近人顧頡剛（見〈古史辨〉第四册顧序），錢穆（見〈論語新解〉，第六七七～六七八頁）等皆疑此篇非出於孔子，今從之，不以作爲道統的論據。

D.孔子理想化古帝的內容，大都是一些很空泛的話，如說堯：「大哉堯之爲君，巍巍乎唯天爲大，唯堯則之，蕩蕩乎民無能名焉」！說舜：「舜有五人而天下治」。說禹稷：「禹稷躬稼而有天下」。說文王：「文王旣沒，文不在玆乎」！根據這些話，只能使人了解到孔子對古帝崇敬思慕之情，還不容易使人相信就是古代的歷史。

根據ABCD四點陳述，可知在先秦諸子中，孔子雖是最早開始把古帝理想化的人，但對道統只是提供了一些基料。可是到孟子情形就不同了。

A.〈孟子〉七篇，每篇都提到古帝，共三十三處。

B.和〈論語〉古帝數目相比，〈孟子〉加進了商湯和武王，於是從堯舜到周公、孔子，順着朝代的次序，很自然就出現了一條縱貫的系絡。在〈孟子〉裏，有意把古帝連成一條系絡的有三次。

第一次見於「離婁下」，孟子分論諸帝的德性和爲人，他們的順序是：禹→湯→文王→武王→周公。

第二次見於「滕文公下」，孟子提出一治一亂的歷史觀，所有的古帝都代表歷史上的治世。他們的順序是：堯→禹→周公→孔子。

第三次見於「盡心下」，在這一節裏，孟子從古史中提出證據，以證明他「五百年必有王者興」之說，順序是：堯→舜→禹→湯→文王→孔子。

C.〈孟子〉「滕文公上」：「設爲庠序學校以敎之，庠者養也；校者敎也；序者射也。夏曰校；殷曰序；周曰庠；學則三代共之，皆所以明人倫也。人倫明於上，小民親於下，有王者起，必來取法，是爲王者師也」。三代學校的名稱雖然不同，所學的內容却是一樣的，它就是「明人倫」。孟子認爲明人倫卽足以爲「王者師」，爲新興的王者立法，在這裏，道統的觀念已呼之欲出。

基於上述三點，古帝理想化的情形，到孟子手中，不但把古帝的名稱順着朝代的次序，連成一條系絡，且以人倫的觀念，把三代做了道德上的連繫。因此，我們可以說，到孟子道統的雛型已告形成。

墨子的年代在孔、孟之間。據〈淮南子〉「要略」：「墨子學儒者之業，受孔子之術，以爲其禮煩擾而不悅，厚葬廢財而病民，久服喪生而害事，故背周道而用夏政」。墨子雖反對孔子宗周的文化理想，却接受了孔子把古帝理想化的啓示，和孟子一樣，都充份運用此一方式，宣揚自己的學說。

根據〈墨子〉一書，有關古帝的記載，可使我們知道下列幾點：

A.書中提到古帝之名和事跡的有「所染」、「七患」、「三辯」、「尙賢上」、「尙賢中」、「尙賢下」、「兼愛中」、「兼愛下」、「非攻下」、「節用中」、「節葬下」、「天志上」、「天志中」、「天志下」、「明鬼下」、「非命上」、「非命下」、「貴義」、「

公孟」、「魯問」諸篇，共五十五處。

B.提到的古帝有堯、舜、禹、湯、文、武，而不提周公。

C.書中把堯、舜、禹、湯、文、武連成一條系絡的地方共十一處之多，而以尚賢、節葬、兼愛等為古帝所明之「道」。

將墨子和孟子做一比較，可知：

(一)墨子似比孟子更能善用託古的技巧宏揚自己的學說；

(二)他們是各自受了孔子的影響，由古帝個別的理想化，漸漸形成了一個統緒，並看不出孟子曾受墨子的影響。

理想人格的構想及其特質

早在民國十二年，錢玄同曾懷疑堯、舜不是歷史人物，他說：「堯、高也，舜借為『俊』、大也（《山海經》的「大荒東經」作帝俊），堯、舜底意義就和聖人、賢人、英雄、豪傑一樣，只是理想的人格之名稱而已」❼。堯、舜是不是歷史人物，我無力考證，但可以確定的是：不祇是堯、舜，就是禹、湯、文、武、周公，也統是儒、墨兩家有目的地塑造出來的偉大人格。由於儒、墨的影響，在古籍裏不論是經、子，都可以找到這些構想，現在就根據古籍的記載，把古人

❼顧頡剛編著，《古史辨》（第一冊），一九七〇年，第六七頁。

對理想人格的構想以及它的特質表列如下：

理想人格的構想與特質表之一

堯

特質	構想	資料出處
內聖	1. 欽明文思安安，允恭克讓，克明俊德。	書堯典
	2. 堯率天下以仁。	大學
	3. 其仁如天，其知如神。富而不驕，貴而不豫。	大戴記五帝德
	4. 德潤洽。	准南子泰族訓
外王	1. 光被四表，協和萬邦。	書堯典
	2. 堯之治天下，使民心親。	莊子天運
	3. 堯之所以王天下正諸侯者，此（指尙賢）亦其法已。	墨子尙賢中
	4. 堯治天下，南撫交阯，北降幽都，東西至日所出入，莫不賓服。	墨子節用中
	5. 堯治天下，政教平。	准南子泰族訓
實行禮樂	1. 大哉堯之爲君也，巍巍乎，其有成功也，煥乎其有文章❽。	論語泰伯
	2. 昔者堯有茅茨者，且以爲禮，且以爲樂。	墨子三辯
	3. 帝堯立，乃命質爲樂。	呂氏春秋古樂

❽ 據朱熹註，「文章」指禮樂法度。

帝		
發明器物	堯垂衣裳而天下治，刳木爲舟，剡木爲楫，服牛乘馬，斷木爲杵，掘地爲臼，弦木爲弧，剡木爲矢。	周易繫辭傳
釐訂曆法	咨，汝羲暨和，朞三百有六旬有六日，以閏月定四時成歲。	書堯典
尚賢	1. 堯舉舜於服澤之陽，授之政，天下平。 2. 尊賢與能，先善與利，自古堯舜以（已）然。 3. 堯聞舜賢，舉之童土之地。 4. 堯禪天下，虞舜受之。 5. 堯有子十人，不與其子而授舜。	墨子尚賢上 莊子庚桑楚 莊子徐無鬼 韓非子十過 呂氏春秋去私
尚儉	堯治天下，黍稷不二，羹胾不重，飯于土塯，啜于土形。	墨子節用中

內聖、外王是儒家最高的文化理想，推行禮樂是儒家文化理想客觀化的主要內容。發明器物本來是屬於黃帝的神話，「繫辭傳」的作者，把它借用到堯的身上，顯然是爲了提高堯帝在歷史上的地位，使他更能符合理想人格的標準。堯訂曆法之說，大概也是一種神話，把這項文化上的重大成就，寫在堯的賬上，作用與說他發明器用相同。尚賢是政治上用人的標準，尚儉屬於德性方面的成就。孔子雖曾說過「舉賢才」的話（〈論語〉「子路」），但堯舉舜的傳說，卻始于墨子；堯因舜賢才傳位給他，此說也始于墨子。自墨子以後，堯尚賢，以及由堯尚賢的傳說演變出來的堯舜禪讓的故事，在戰國時代才逐漸傳誦開來❾。對禮樂的態度，儒、墨兩家雖一褒一貶，

但視儉爲崇高的美德，兩家均無異言。墨子言堯尚儉，孔子也曾讚禹「非飲食，惡服衣」（「論語」「泰伯」）。這種觀念透過託古的方式，成爲理想人格的特質之一，於是在中國傳統中就有了特殊地位，宋代司馬光甚至說所有的德性皆來自儉⑩。

理想人格的構想與特質表之二

舜		
特質	構想	資料出處
內聖	1. 巍巍乎，舜之有天下也，而不與焉。	論語泰伯
	2. 大舜有大焉，善與人同，舍己從人，樂取於人以爲善。	孟子公孫丑上
	3. 天下大悅而將歸己；視天下悅而歸己，猶草芥也，惟舜爲然。	孟子離婁下
外王	1. 流共工于幽州，放驩兜于崇山，竄三苗于三危，殛鯀于羽山，四罪〔除〕而天下咸服。	書舜典
	2. 無爲而治者，其舜也與！	論語衛靈
實行禮樂	1. 帝曰，咨四岳，有能典朕三禮。帝曰，夔，命汝典樂。	書舜典
	2. 爲之十三絃之瑟，令質修九招、六列、六英，以明帝德。	呂氏春秋古樂
	3. 舜作五絃之琴，以歌南風。	禮記樂記

⑨ 參看〔古史辨〕（第七冊下編），一九七〇年，第三〇～一〇七頁。

⑩ 見司馬光，「訓儉示康」一文。

帝		
發明器物	舜垂衣裳而天下治，刳木爲舟，剡木爲楫，服牛乘馬，斷木爲杵，掘地爲臼，弦木爲弧，剡木爲矢。	周易繫辭傳
尙賢	1.舜有臣五人，而天下治。 2.舜有天下，選於衆，舉皋陶。 3.舜以不得禹皋陶爲己憂。 4.舜讓天下於子州支伯。	論語泰伯 論語顏淵 孟子滕文公上 莊子讓王
教民稼穡	1.黎民阻饑，汝后稷，播時五穀。 2.后稷教民稼穡，樹藝五穀，五穀熟而民人育。	書舜典 孟子滕文公上
樹立五教	1.帝曰，契！百姓不親，五品不遜，汝作司徒，敬敷五教在寬。 2.人之有道也，飽食煖衣逸居而無教，則近於禽獸，聖人有憂之，使契爲司徒，教以人倫，父子有親，君臣有義，夫婦有別，長幼有序，朋友有信。	書舜典 孟子滕文公上
孝	1.舜盡事親之道，而瞽瞍厎豫，瞽瞍厎豫，而天下化，瞽瞍厎豫而天下之爲父子者定，此之爲大孝。 2.大孝終身慕父母，五十而慕者，予於大舜見之矣。 3.舜其大孝也與！ 4.宰我曰，請問帝舜？孔子曰，瞽瞍之子也，孝友聞于四海。	孟子離婁上 孟子萬章上 中庸 大戴記五帝德

古人對舜帝理想化的構想，其中「內聖」、「外王」、「實行禮樂」、「發明器物」、「尙

賢」諸特質，與堯帝竟完全相同，他們如果不是理想化的人格，其人格特質怎能如此雷同？這一事實正可以說明堯、舜不過是古人文化理想的象徵而已。其他的特質，「敎民稼穡」，反映出農業社會的基本需要，把這種需要假託於舜帝，藉以強調重農的觀念。由「樹立五敎」之說，可知孟子五倫觀念乃啟之于〔尙書〕。〔尙書〕言五敎，究竟是那五敎，並未說明，宋代蔡沈〔書經集傳〕解五敎，卽以孟子的五倫爲說。五倫的觀念，爲孟子所首創，這些觀念對中國社會文化有重大影響，因爲它奠定了中國倫常觀念的基礎。以舜爲孝子的典型，也肇始于孟子。孝道思想不始于孟子，可是經由孟子，孝道思想有很大的發揮，爲舜虛構了幾則生動的孝親故事，便是發揮的方式之一⓫。由於孟子的影響，後世二十四孝的故事裏，舜竟被列爲榜首。

理想人格的構想與特質表之三

	特質	構想	資料出處
禹	內聖	1. 禹聞善言則拜。	孟子公孫丑上
		2. 禹惡旨酒，而好善言。	孟子離婁下
		3. 禹思天下有溺者，猶己溺之也。	同前
		4. 禹之行水也，行其所無事也。	同前

⓫ 參看韋政通，「中國孝道思想的演變及其問題」，〔現代學苑〕，五十二期。

王		
外王	1. 其克詰爾戎兵以陟禹之迹，方行天下至於海表，罔不有服。	書立政
	2. 禹舉益於陰方之中，授之政，九州成。	墨子尙賢上
	3. 禹既克有三苗，焉磨爲山川，別物上下，鄉制四極，而神民不違，天下乃靜。	墨子非攻下
	4. 美哉禹功，明德遠矣！微禹，吾其魚乎！吾與子弁冕端委以治民臨諸侯，禹之力也。	左傳昭公
	5. 禹合諸侯於塗山，執玉帛者萬國。	左傳哀公
勤儉	1. 禹，吾無間然矣！非飲食而致孝乎鬼神；惡衣服而致美乎黻冕，卑宮室而盡力乎溝洫。	論語泰伯
	2. 禹稷躬稼而有天下。	論語憲問
	3. 力時急而自養儉。	墨子七患
	4. 禹稷當平時，三過其門而不入。	孟子離婁下

對禹這一理想人格的構想，由資料顯示出，幾乎全集中在內聖、外王這兩個特質上發揮，蓋勤儉爲儒、墨兩家共同崇尚的美德，也可以包括在內聖這一特質之中。這一事實也可以說明，內聖、外王正是古人文化理想的結晶。對堯、舜的構想中，都有「尙賢」和「實行禮樂」的特質，對禹的構想卻缺了這兩項。是因禹在古史中有傳子之說，遂使尙賢不能比附其身嗎？抑是因墨家託古於禹，而墨子又非禮非樂，遂使禹與禮樂不能發生關係呢？究竟爲甚麼使這兩個特質在禹身上闕如，我們不願多加揣測。

理想人格的構想與特質表之四

湯王

特質	構想	資料出處
內聖	1. 湯執中。	孟子離婁下
	2. 唯仁者能以大事小，是故湯事葛。	孟子梁惠王下
外王	1. 昔有成湯，自彼氐羌莫敢不來享，莫敢不來王，曰商是常。	詩商頌
	2. 伊尹相湯以王於天下。	孟子萬章上
	3. 臣聞七十里爲政於天下者，湯是也。	孟子梁惠王下
	4. 湯武革命，順乎天而應乎人。	易革彖傳
尙賢	1. 湯舉伊尹於庖厨之中。	墨子尙賢上
	2. 伊尹耕于有莘之野，而樂堯舜之道焉，湯使人以幣聘之。	孟子萬章上
	3. 湯之于伊尹，學焉而後臣之。	孟子公孫丑下

把湯予以理想化的，主要是孟子。孟子對湯的構想，雖仍集中在內聖、外王這兩點上，但理想的程度，湯要比堯舜差一籌，〔孟子〕「堯舜性之也，湯武反之也」，是說堯、舜乃天縱之聖，而湯、武要經過後天修習的工夫，才能達到聖人的境界。同是理想化的人格，祇因所屬歷史階段的不同，遂使理想的價值也有了差異，孟子在不自覺間，已透露了愈古愈好的價值取向（value orientation）。孔、孟以後，儒者們對上古史的構想越來越多，也越推越遠，由堯、舜而黃帝，

由黃帝而神農、伏羲，於是顧頡剛所說的「層累地造成的中國古史」的上古史觀⑫，就振振有詞，言之成理了。顧先生當年費了很大的精力，發現了古史裏「層累地」事實，卻不知道這種爬梯式的古史構想，實是由儒家的崇古價值取向在後面推動所致。

理想人格的構想與特質表之五

特質	構想	資料出處
文		
內聖	1. 穆穆文王，於緝熙敬止。	詩大雅
	2. 雝雝在宮，肅肅在廟，不顯亦臨，無射亦保。	同前
	3. 文王之德之純，純亦不已。	中庸
外王	1. 文王懷保小民，惠鮮鰥寡，自朝至于日中昃，不遑暇食，用咸和萬民。	書無逸
	2. 文王若日若月，乍照光於四方，於西土。	墨子兼愛下
	3. 文王之治岐也，耕者九一，仕者世祿，關市譏而不征，澤梁無禁，罪人不孥，鰥寡孤獨四者，天下之窮民而無告者，文王發政施仁，必先斯四者。	孟子梁惠王下
尙	1. 惟文王尙克脩和我有夏，亦惟有若虢叔，有若閎夭，有若散宜生，	書君奭

⑫ 顧頡剛編著，〔古史辨〕（第一冊），一九七〇年，第六〇頁。

王		
賢	有若泰顛，有若南宮括。 2. 文王舉閎夭、泰顛於罝罔之中，授之政，西土服。 3. 文王舉太公於渭濱者，貴之也。	墨子尚賢上 韓非子喻老
孝	文王之爲世子，朝於王季日三：鷄初鳴而衣服，至於寢門外，問內豎之御者曰，今日安否？內豎曰，安，文王乃喜；及日中，又至，亦如之；及暮又至，亦如之。	禮記文王世子

孔子自稱「吾從周」，從周者、從周之文制，在孔子心目中，周公就是這套文制的象徵，文王是周公的父親，孔子因崇敬周公，因此亦盛讚文王，他說：「文王旣沒，文不在玆乎」！⑬，似乎也把文王視爲周文的象徵。可是文王在孟子心目中，又完全不同。從文王治岐的政績看，文王無異是孟子王道思想的實行者。理想化的古帝，不過是各家宣揚理想的工具而已。

理想人格的構想與特質表之六

特質	構想	資料出處
武		
內	1. 武王不泄邇，不忘遠。 2. 武有七德：禁暴、戢兵、保大、定功、安民、和象、豐財。	孟子離婁下 左宣公十二年

⑬〈論語〉，「子罕篇」。

王		
聖外王	3.命召公釋箕子之囚，命畢公釋百姓之囚，表商容之閭。命南宮括散鹿臺之財，發鉅橋之粟，以振貧弱萌隸。	周本紀
	1.武王踐功，既已克服，成帝之來，分主諸神，祀紂先王，通維四夷，而天下莫不賓焉，襲湯之緒，此卽武王之所以誅紂也。	墨子非攻下
	2.謹權量、審法度、修廢官，四方之政行焉。	論語堯曰
	3.興滅國、繼絕世、擧逸民，天下之民歸心焉。	同前
	4.綏萬邦，屢豐年。	詩周頌
孝	1.武王其達孝矣乎！	中庸
	2.文王有疾，武王不脫冠帶而養，文王一飯，亦一飯；文王再飯，亦再飯。	禮記文王世子

周代開國，武王的功勞最大，所謂「武王踐阼」者是也，文王不過是父以子貴。可是我們比較表五和表六，文王在外王方面照樣是「咸和萬民」，內聖方面的功夫更是精純，比之武王尤有過之，這就是理想化的結果。對理想化而言，歷史事跡愈少的，反而愈方便。這也就是爲何古人對堯、舜、禹的構想，反比其他諸帝豐富的緣故。

武王伐紂和湯放桀，有點像是歷史在重演，所以墨子說武王克殷，乃「襲湯之緒」。湯、武同是儒家理想化的人格，但當時卻流行著一種與理想化工作極爲不利的說法，認爲湯、武之有天下，乃出於篡奪，孟、荀針對這說法，反把湯、武更進一步的加以理想化。孟子說：「賊仁者，謂之賊；賊義者，謂之殘；殘賊之人，謂之一夫。聞誅一夫紂矣，未聞弒君也」（「梁惠王下」）。荀子說：「湯、武非取天下也，脩其道，行其義，興天下之同利，除天下之同害，而天下歸之也」（「正論」）。以後，湯、武不但是儒家的聖王，且也是儒家革命的典範。〈易傳〉所說的「湯、武革命，順乎天而應乎人」，就是在這種背景下產生的觀念。

理想人格的構想與特質表之七

周

特質	構想	資料出處
內聖	1. 周公，古聖人也。	孟子公孫丑下
	2. 周公其盛乎，身貴而愈恭，家富而愈儉，勝敵而愈戒。	荀子儒效
	3. 周公慚乎景，故君子慎其獨也。	淮南子氾論訓
外王	1. 周公初基，作新大邑于東國洛，四方民大和會。侯甸男邦，采衞百工，播民和見，士于周。	書康誥
	2. 晉韓宣適魯，見易象與魯春秋曰：周禮盡在魯矣。吾乃知周公之德與周之所以王也。	左昭二年
實行禮樂	1. 先君周公制禮樂。	左文十八年
	2. 周公攝政六年，制禮作樂。	尙書大傳周傳
	3. 制禮樂，一統天下，合和四海。	同前

公	孝	1. 周公事文王也，行無專制，事無由己，身若不勝衣，言若不出口。有奉持於文王，洞洞屬屬，如將不能，如恐失之，可謂能子矣。 2. 周公其達孝矣乎！ 3. 人之行莫大於孝，孝莫大於嚴父，嚴父莫大於配天，則周公其人也。	淮南子氾論訓 中庸 孝經

茲就上列各表，將理想人格的特質和古帝的關係，製表如下：

特質／古帝	內聖	外王	實行禮樂	發明器物	釐訂曆法	尚賢	尚儉	教民稼穡	樹立五教	孝
堯	有	有	有	有	有	有	有			
舜	有	有	有	有		有		有	有	有
禹	有	有					有			
湯	有	有				有				
文	有	有				有				有
武	有	有								有
周公	有	有	有							有

根據此表，可再做兩點說明：

第一，我們參考心理學家有關人格特質的理論，立即發現，理想人格的特質雖有十種，但它們的性質卻十分近似。歷來心理學家們，經由歸納和分類的方式，想找出一些最基本的特質，所得到的結論，雖不能一致，下列這幾種特質，大抵是各家能共同認可的：⑴體格與生理特徵；⑵氣質；⑶能力；⑷動機、興趣與價值觀；⑸社會態度⑭。這些特質本來是由具體人的觀察和分析獲得的，當我們拿來作爲分析理想人格的參考時，就可以發現，上表所列的十種特質，幾全屬於心理學家所說的第三種特質，亦卽「能力性的特質」(ability trait)。能力可包括成就，則內聖屬於道德方面的成就，外王屬於社會、政治方面的成就。其他實行（或制作）禮樂、發明器物、釐訂曆法、尙賢、敎民稼穡、樹立五敎等，皆各代表外王成就的一部分。尙儉和孝，也各代表內聖成就的一部分。其他四種特質皆付闕如，正顯示出堯、舜、禹、湯、文、武、周公確是經過理想化的人格，正因爲是理想人格，才能如此相似。因爲對於一個理想中的人格只要說他能力如何超羣，成就如何偉大就夠了，其他特質的描述，會顯得過分落實，反而有損於理想性。

第二，據上表，只有內聖、外王兩種特質，爲諸帝所共有，這說明內聖、外王，確是古代文化理想所在。前文第一節我們曾說過，理想人格是指能表現文化精神或菁華的人格，在這裏，已得到證實。內聖、外王旣代表古代的文化理想，爲了實現這種理想，於是一種新的典範出現了，他就是聖王。

⑭ 張春興、楊國樞合著：〔心理學〕，一九六九年，第四〇二～四〇四頁。

三、理想人格的最高典範：聖王

馮友蘭曾說過，中國古代的聖王，很像柏拉圖的哲王（philosopher-king）。作爲理想人格看，他們是有相似之處；不過代表這兩種理想人格的基本特質，卻很不相同。依柏拉圖，哲王必須先是一個哲學家，經過長期的哲學訓練，使心靈從變的世界到永恒的理念世界⑮。這是智性哲學的方式。聖王則不然，聖王必須先是一個聖人，特質的重點是在德性的修養，使成爲一個道德上的完人。前者側重在智性，後者側重在德性。達成理想人格方式上的不同，反映出柏拉圖哲學與儒家哲學之間根本的差異。此外，哲王不過是理想國裏的人物，柏拉圖哲學理念的化身而已。聖王觀念在中國，不但代表文化理想的結晶，對中國的社會、政治，都有過實際的影響，二者在中西文化裏的重要性，是不能相提並論的。

「聖王」的意義

「聖王」觀念是怎樣產生的？他的意義又如何？這要從先秦思想演變的過程去看。

〈論語〉裏雖沒有「聖王」的觀念，但中國內聖外王之學，卻奠基於孔子。孔子是魯國人，

⑮ FUNG YU-LAN 1948 A Short History of Chinese Philosophy. pp. 8-9。

在春秋時，魯國是保存周禮最豐富的國家，由於環境的關係，所以他最早感受到的文化問題，是禮壞樂崩的現象。所謂禮壞樂崩，是指周代的文制，對人行爲的約束力，逐漸失效，維繫社會安定的力量，也開始動搖。這種現象，促使孔子的深思，他要追究是什麼原因使周代的文制失效了？他思索的結果，認爲禮樂所以崩壞，主要還是在人自己，是因爲人心麻痺了、墮落了，才使人的行爲與文制之間，產生疏離脫節的現象。原因找到了，那麼這問題怎樣解決呢？孔子採取的方式，不是修改文制去適應人，而是要從人心上着手，恢復人生命的眞幾，培養精神的活力，重建自我控制的能力，以適應客觀的規範。就在這樣解決問題的要求下，作爲孔子哲學最基本的一個觀念：「仁」，在他的思想中出現了，因爲仁心才是生命眞幾、精神活力以及自制力的源泉。孔子說：「克己復禮爲仁」⑯，意思是說，只要能克制造成人心麻痺墮落的私欲，重建與禮的諧和關係，就可以算是仁。於是孔子學說的重點，就不能不落在「克己」的修養上，這是儒家內聖之學的起點，也是內聖之學的終站，因爲在道德生活中，克己的工夫，是一持久性的過程，在人的一生中，絕沒有完成的時候，「文王之德之純，純亦不已」就是這個意思。

---

⑯〔論語〕「顏淵篇」，我原來是把「克己復禮」的禮字，從文制方面來解釋，在討論時，文崇一先生認爲此處之禮應是社會規範之義。經一再考慮，我覺得禮實是一類名，文制、社會規範，以及禮的其他涵義，皆屬禮這個類的分子，因此對禮字可不加任何限制。孔子所要重建的禮，當屬禮的全部內容，不過針對禮壞樂崩而言，文制一面的重整，可能比較優先而重要。本文的脈絡，就是側重這一面說的。

孔子爲了追究周文失效的原因，因而奠定了內聖之學的基礎，但在孔子，內聖之學不過是恢復周文重建社會秩序的一種手段，目的是要周代的文制，再度發揮社會、政治方面的功能，這一面是孔子的外王之學，也是孔子積極的目標。他所以栖皇終日，席不暇暖，奔走列國，希望得君行道，也就是爲了完成這一目標。

內聖外王之學，在孔子已粗具規模，孟子就在這一基礎上發揮，使聖與王之間的關係愈爲密切。

〈孟子〉「滕文公下」：「聖王不作」。此處聖王並無特殊意義。他喜歡王霸並論，以顯出王的意義。他說：「以力假仁者霸，霸必有大國；以德行仁者王，王不待大」⑰。以「力」界說霸，以「德」界說王，一方面是要剔除武力征討與外王的關聯，這一意思發揮到極致，就於「行一不義，殺一不辜，而得天下不爲」⑱；另一方面是強調外王必須以內聖爲根據，所以孟子一再說：「居仁由義，大人之事備矣」；「仁者無敵於天下」；「修其身而天下平」。

墨子早期曾受孔子的影響，後來雖自創學說，但孔學之迹，仍斑斑可尋，「聖王」觀念在墨學中大量出現，便是一個例證。如果沒有孔子內聖外王之學在前，這個觀念是無從產生的。「聖王」觀念在〈墨子〉一書中出現達一〇六次之多，應用的涵義也相當廣泛。

⑰ 〈孟子〉，「公孫丑上」。
⑱ 〈孟子〉，「公孫丑上」。

1. 聖王指禹湯文武：「昔三代聖王禹、湯、文、武」（「天志上」）。「昔者禹征有苗，湯伐桀，武王伐紂，此皆立爲聖王」（「非攻下」）。

2. 聖王發明舟車：「聖王作爲舟車，以便民之事，……其爲用財少，而爲利多，是以民樂而利之」（「辭過」）。

3. 聖王立法：「古者聖王爲五刑，請以治其民」（「尙同中」）。「昔者聖王制爲五刑，以治天下」（同前）。「古者聖王制爲飲食之法。……制爲衣服之法，……制爲節葬之法」（「節用中」）。

4. 聖王爲言行的標準：「凡言凡動，合於三代聖王堯、舜、禹、湯、文、武者爲之」（「貴義」）。

5. 聖王爲有道者之稱：「古之聖王欲傳其道於後世，是故書之竹帛，鏤之金石，傳遺後世子孫，欲後世子孫法之也」（「貴義」）。

6. 聖王以德取天下：「昔者三代之聖王，禹、湯、文、武、百里之諸侯也，說忠行義，取天下」（「魯問」）。

7. 聖王爲天下美名：「上利於天，中利於鬼，下利於人，三利無所不利，故舉天下美名加之，謂之聖王」（「天志上」）。

前文第二節我們曾說過，墨子比孟子更能善用託古的技巧宏揚自己的學說，在這裏又可以看到，在古帝理想化和道統的塑造上，所做的工作似乎比孔孟還要多，尤其是把古之聖王與傳道的觀念連結在一起，更是第一次。

先秦儒家發展到荀子，內聖之學，從孟子的先驗主義轉入經驗主義，外王之學更是獲得空前的發揮。孟子論王的意義，著重「以德定王」；荀子論聖的意義，著重「以王定聖」。「聖王」觀念在荀子的思想裏已常見，大部分的涵義都偏向外王一面。如「王制」：「政令時，則百姓一，賢良服，聖王之制也」。「王霸」：「論德使能，而官施之者，聖王之道也」。又：「貴爲天子，富有天下，名爲聖王」。「性惡」：「今人之性惡，必將待聖王之治，禮義之化，然後皆出於治，合於善也」。在另一處，荀子對聖王觀念，有極精闢的發揮：「聖也者，盡倫者也；王也者，盡制者也；兩盡者，足以爲天下極矣。故學者以聖王爲師」（「解蔽」）。盡倫爲人道之極，盡制爲事功之極，能兼之者謂之聖王。這是儒家的眞正理想所在。孔、孟是這一理想的開闢者，但他們對內聖外王二者之間意義的不同，並沒有清楚的意識，只以爲內聖一面如完成，外王一面也就自然跟著完成。到荀子才自覺到二者之間有根本的差異，故有「盡倫」、「盡制」的區分，前者是主觀的，後者是客觀的，聖王則代表主客觀的統一。到這裏，我們對聖王爲理想人格的最高典範一義，才有確切的了解。循著荀子聖王論的軌跡向前走，並能將內聖外王之學做進一步的推進，而建立一理論體系的是〈禮記〉「大學篇」，「大學」的三綱領（明明德、親民、止於至善。）和八條目（格物、致知、誠意、正心、修身、齊家、治國、平天下。），對先秦儒家而言，代表內聖外王之學的一個完成；對後世宋明新儒家而言，這又是一個新的起點。

理想人格與文化變遷

人格與文化，在任何社會，都必然產生交互影響，理想人格與文化之間的關係亦然。以先秦的歷史爲例，由於東周文化的激變，才引起諸子對傳統理想人格的詮釋。這些理想人格一經塑造以後，就在古史中生了根，於是又回過頭來，對文化變遷的方向，起了重大的作用。

春秋戰國是中國社會文化變遷激烈的時代之一，從下列各點可了解當時變遷的大概情形：

1. 士的崛起　在周代士本屬貴族身分，到了春秋時，這一身分觀念有了變化，凡是有道德有學問的，都可稱爲士，孔子便是新興士集團中爬得最高的一位。士集團所以能興起的原因，一是由於封建國家開始崩潰，有教養的貴族有一部分流落到民間；一是由於列國爭霸，競招人才，於是士的身價日高。自從孔子開始私人講學以後，平民受教育的機會漸多，遂開闢社會流動的新通道，加速社會的流動。

2. 農技的改進　由於牛耕、鐵器、犁的使用，使中國的農業跨入新的時代。隨之而來的是糧食增產，人口加多，和土地私有制的出現。這不但爲諸侯們提供爭霸爭雄的資源，也爲士集團創造了活動的環境⑲。

⑲ 童書業，〔春秋史〕，一九六九年，第二三五頁。

3.商業的發達　西周時，經濟受制於封建，商業不易發達。春秋以後，因爲人口增加，地主和自由民抬頭，再加上戰爭的因素，商業經濟很快得到發展。戰爭需要大量的軍隊，軍隊常到之處，往往就形成了商業都市，鄭國的新鄭和定陶，就是顯著的例子。新鄭爲晉楚爭霸的焦點，定陶處於齊、宋、魯、衞之交。子貢、范蠡（陶朱公）、弦高，成爲這時代著名商人的代表⑳。

這些現象互爲因果，錯綜複雜，織成了一幅文化變遷的圖象，在這一文化背景下，才能出現諸子百家的黃金時代。在當時最吸引諸子們注意力的，是五霸、七雄的紛爭。霸雄之主，併吞了許多小國，仍不足以自安自保，不得不繼續角逐，直至統一天下而後已。爲了適應時代的需要，於是產生了諸子們大一統的思想。〈詩〉「北山」：「溥（普）天之下，莫非王土；率土之濱，莫非王臣」，這一首表現大一統思想的詩，〈孟子〉「萬章」、〈戰國策〉「周策」、〈荀子〉「君子」、〈韓非子〉「說林」、〈呂氏春秋〉「愼人」都引用過。〈春秋〉「春王正月」，顯然含有大一統的意義。

大統一的願望，很強烈地反映在理想人格的構想中。

如說堯：光被四表，協和萬邦。

說舜：四罪除而天下咸服。

⑳ 黎東方，〈先秦史〉，一九六六年，第一三五頁。

說禹：合諸侯於塗山，執玉帛者萬國。

說湯：伊尹相湯，以王於天下。

說文：不遑暇食，用咸和萬民。

說武：綏萬邦、屢豐年。

說周公：四方民大和會。

這種願望為何如此普遍地受到士人集團領導分子的重視？是因為他們覺得，統一天下不但是時勢所趨，且為撥亂返治的唯一希望。因此最迫切的問題是如何加速統一的實現？如何改進達到統一的方式？知識分子在這樣一個大題目下，面對著一羣好勇鬥狠的雄霸之主，眞是感到人微言輕了，聰明的人於是有了託古的構想，企圖假藉歌堯、舜，頌湯、武的方式，灌輸君主們德治王道的思想，要他們向三代聖王的功業看齊。聖王的理想原先是春秋戰國時代社會文化變遷中的產物，此刻正與知識分子普遍要求統一天下的願望相整合。秦始皇統一天下以後，設七十博士，乃仿孔子七十弟子；始皇二十六年的琅琊臺刻石，無異是堯典、大學、中庸的結晶品；自二十六年統一天下，到三十四年焚書的九年之中，走的是漢武帝式的儒、法兼用的雜霸路線㉑。這些事實說明先秦儒家的聖王理想並沒有完全落空。不管在任何社會，模範人格與實在人格之間，總有相當差異。

㉑ 見勞榦，「秦漢時的中國文化」，大陸雜誌四卷三期。

理想人格的轉變

秦、漢統一，先秦諸子的外王理想，在形式上已告實現，這一曠古未有的局面，迫使理想人格的特質起了變化：外王一面的特質開始萎縮，內聖一面的特質得到擴張。像先秦諸子那類的外王構想，在漢代私家的著作裏已不多見。聖王觀念雖偶然還能看到，但聖王的功業既不在協和萬邦，也不是咸和萬民，而是在脩禮義以治人情的修身問題和教化問題上，如〈禮記〉「禮運」：「聖王脩義之柄，禮之序，以治人情。故人情者，聖王之田也，脩禮以耕之，講學以耨之，本仁以聚之，播樂以安之」。「學記」所說的大學之道，只在「化民易俗」，這是教化方面的工作。事實上，漢以後的儒者，能自作主宰的工作，也就是在修身和教化這兩項上，治國平天下的事，要讓給像秦皇漢武這類人物去幹了。在秦皇漢武的統治下，知識分子的外王問題變成了出仕問題，知識分子所能爲者，只是培養自己，等待舉用。專制帝王成了現實上的「聖王」。

爲了適應這一個新的時代，〈禮記〉「儒行篇」的作者，爲理想人格的特質，提出了新的構想：

特　質	構　　想
1.自　立	儒有席上之珍以待聘，夙夜強學以待問，懷忠信以待舉，力行以待取。
2.容　貌	儒有衣冠中，動作愼，其大讓如慢，小讓如僞，難進而易退，粥粥若無能也。

3. 備豫	言必先信，行必中正，愛其死以有待也，養其身以有爲也。
4. 近人	非時不見，不亦難得乎？非義不合，不亦難畜乎？先勞而後祿，不亦易祿乎？
5. 特立	儒有委之以貨財，淹之以樂好，見利不虧其義；刼之以衆，沮之以兵，見死不更其守。
6. 剛毅	儒有可親而不可刼也，可近而不可迫也，可殺而不可辱也，其過失可微辨，而不可面數也。
7. 守義	儒有忠信以爲甲胄，禮義以爲干櫓，戴仁而行，抱義而處，雖有暴政不更其所。
8. 仕	儒有一畝之宮，環堵之室，易衣而出，並日而食，上答之不敢以疑，上不答不敢以諂。
9. 憂思	身可危也，而志不可奪；雖危起居，竟信其志，猶將不忘百姓之病。
10. 寬裕	儒有博學而不窮，篤行而不倦，幽居而不淫，上通而不困，慕賢而容衆，毀方而瓦合。
11. 舉賢授能	內稱不避親，外舉不避怨，程功積事，推賢而進之，不望其報。
12. 任舉	聞善以相告，見善以相示，爵位相先，患難相死，久相待遠相致。
13. 特立獨行	澡身而浴德，陳言而伏，靜而正之。不臨深而爲高，不加少而爲多，世治不輕，世亂不沮，同弗與，異弗非。
14. 規爲	上不臣天子，下不事諸侯，愼靜而尙寬，強毅以與人，博學以知服。
15. 交友	合志同方，營道同術。並立而樂，相下不厭，久不相見，聞流言不信，同而進，不同而退。

16. 尊讓	溫良仁之本，敬愼仁之地，寬裕仁之作，孫接仁之能，禮節仁之貌，言談仁之文，儒皆兼此而有之，猶且不敢言仁。

把這些特質，和先秦諸子所構想的理想人格，兩相比較，其間的轉變：

第一，先秦諸子的理想人格爲聖王，秦、漢統一下讀書人所嚮往的是成爲一個儒。前者以天下爲志，但玄遠難能企及。後者以修身立己爲本，多屬切實可行的行爲規範。

第二，先秦諸子的外王理想在治國平天下。「儒行篇」所說的「憂思」、「舉賢授能」、「任舉」，雖亦與外王有關，但所側重的，已在說明儒者的德性和儒者的胸懷。

第三，諸子對內聖的構想，多屬原則性的，而又語意渾含，如說堯「克明俊德，允恭克讓」；說舜「樂取於人以爲善」。「儒行篇」對立身行己之道，說得既具體又眞切，實是將先秦各家這方面的思想做了一次綜合。其中大部分爲儒家思想不必說。道、墨兩家的思想，雖融會其中，但依然可辨，如言儒之「特立」爲「刦之以眾，沮之以兵，見死不更其守」；言「剛毅」爲「可親而不可刦，可近而不可迫，可殺而不可辱，其過失可微辨，而不可面數」，顯然是墨者任俠之風。又如言「容貌」爲「難進而易退，粥粥若無能」；言「規爲」（風骨）爲「上不臣天子，下不事諸侯，愼靜而尙寬」，此正道家獨有的瀟灑。

四、理想人格對歷史人物性格的影響

根據前文二、三兩節，我們已知先秦理想人格（下表稱理想人格A）的構想，以及秦、漢大一統下理想人格（下表稱理想人格B）的轉變。現在我們想進一步探討的是，這兩個時期理想人格的構想，對漢以後歷史人物的性格，究竟有過甚麼影響？由于「歷史人物」範圍太大，事實上很難做精確的比較，下面採取的方法是：(一)選擇二十四史所記若干有代表性的角色，以及史家對這些角色，性格特徵的描述，與理想人格的構想做一對照；(二)是就中國過去的諡法制度，選擇若干諡號的定義，與理想人格的構想，做一對照。因諡法制度，是把人物分成各類典型，再加以適當的褒揚，所以諡號的定義，也正代表歷史人物的各種性格。經由對照，雖不是精確的比較，但可觀其大概。

理想人格與歷史人物性格對照表

理想人格A	理想人格B	歷史人物性格㉒ 廿四史	歷史人物性格㉒ 諡
(堯)其仁如天，其知如神。使民心親，尊賢與能。(舜)樂取於人以爲善。舜有臣五人而天下治。	11.推賢而進，不望其報。10.慕賢而容衆。15.合志同方，營道同術。	1.開國帝王：多智術、寬大、能用人。	恭(尋賢貴義) 正(內外賓服)
(堯)率天下以仁，富而不驕，貴而不豫，黍稷不二。(禹)思天下有溺者，猶己溺之也。力時急，而自養儉。(文王)懷保小民，惠鮮鰥寡，不遑暇食。(武王)纘湯之緒，審法度，修廢官。(周公)身貴而愈恭，家富而愈儉，勝敵而愈戒。	2.動作慎。7.戴仁而行，抱義而處。12.聞善以相告，見義以相示。10.篤行不倦，幽居不淫。	2.守成帝王：仁賢、愛民、自律、節儉，遵祖宗法度。	文(慈惠愛民) 桓(克勤勸民) 節(好廉自克) 定(安民法古) 順(慈和徧服)
(武王)武有七德：禁暴、戢兵、保大、定功、安民、和衆、豐	8.上答之不敢以疑，上不答不敢以諂。13.澡身而浴德，陳言而伏	3.開國謀臣：多智術，見機。	元(能思辯衆) 武(剛強直理、

㉒ 見許倬雲，「中國傳統的性格與規範」，思與言二卷五期，一九六五年，第二〇～二一頁。

財。	，靜而正之。不臨深而爲高、不加少而爲多。		克定禍亂、刑民克武）
（禹）禹稷當平時，三過其門而不入。（文）自朝至于日中昃，不遑暇食。（武）命南宮括散鹿臺之財。（周公）周公事文王也，行無專制，事無由己，身若不勝衣，言若不出口，如將不能，如恐失之。	5.儒有委之以貨財，淹之以樂好，見利不虧其義。9.雖危起居，竟信其志，猶將不忘百姓之病。10.博學而不窮，篤行而不倦。	4.良相：忠蓋爲國，識大體，有遠見，不用私人，培植人材，夙夜從公，不殖私財。	威（猛以強杲，強義執政）白（外內貞復）
（舜）舜之有天下也，而不與焉。（武）謹權量、審法度、修廢官。文王有疾，武王不脫冠帶而養。文王一飯，亦一飯，文王再飯，亦再飯。		5.循吏：按步就班，循規蹈矩，夙夜從公，不畏強禦，公正無私。	穆（布德執義，中情見貌）忠（危身奉上）
（孟子公孫丑：「不動心有道乎？曰：有，北宮黝之養勇也，不膚撓，不目逃，思以一毫挫於人，若撻之市朝，不受於褐寬博，亦不受於萬乘之君，視刺萬乘之君，若刺褐夫。無嚴諸侯，惡聲	7.儒有忠信以爲甲冑，禮義以爲干櫓，戴仁而行，抱義而處，雖有暴政，不更其所。9.身可危也，而志不可奪；雖危起居，竟信其志。13.世治不輕，世亂不沮。	6.忠節：才幹或好或壞，但不屈不撓，視死如歸。	貞（清白守節）忠（危身奉上）莊（兵甲極作，武而不遂，死於原野）

至，必反之」。」			
（舜）舜盡事親之道，而瞽瞍底豫，瞽瞍底豫而天下化，瞽瞍底豫而天下爲父子者定，此之爲大孝。（文）文王爲世子，朝於王季日三。（武）武王，其達孝矣乎！（周公）人之行莫大於孝，孝莫大於嚴父，嚴父莫大於配天，則周公其人也。		7.孝子：爲親犧牲，如割股療親，滴血認尸之類。	孝（慈惠愛親）
（文）文王舉太公於渭濱者，貴之也。（孟子公孫丑：「故將大有爲之君，必有不召之臣，欲有謀焉則就之，其尊德樂道，不如是，不足與有爲也」。）	8.儒有一畝之宮，環堵之室，易衣而出，並日而食。14.上不臣天子，下不事諸侯。	8.隱逸：不受徵辟，安貧樂道，偶而作書立說。	
（論語述而：「子曰：默而識之，學而不厭，誨人不倦，何有於我哉」。又：「發憤忘食，樂以忘憂，不知老之將至」。）（孟子離婁：「周公思兼三王，以施四事，其有不合者，仰而思之，	1.儒有席上之珍以待聘，夙夜強學以待問，懷忠信以待舉，力行以待取。14.強毅以與人，博學以知服。	9.儒林：好學不倦，作書立說，往往在幼年就過目成誦，官位大都不高。	簡（一德不誦）安（好和不爭）譽（狀古述今）

夜以繼日，幸而得之，坐以待旦」。」

從上表的對照，可以看出理想人格與歷史人物的性格之間，確有其相似性，彼此之間有些句子差不多是同義語，或可相互詮釋。這說明史家在從事歷史人物典型化工作時，依據的模型，確有相當大的程度，是本自先秦諸子以及「儒行篇」對理想人格的構想。歷史家把歷史人物的性格塑造成各類典型，要累積許多世代才能成功，爲何在長時期的流變中，所形成的性格典型，與理想人格的構想之間，仍能保持如此穩定的關係？要解答這個問題，一方面是因理想人格本來就代表古代文化理想的結晶，這個以儒家思想爲主的文化理想，與其他各家經過長期的競爭以後，到漢武帝時代，已漸取得文化正統的地位。另一方面是因社會控制的成功。社會控制的主要方式之一，是學習正統的經典，經典的內容是固定的，經過內化的作用，必然對讀書人的性格產生影響，再加上嚴密禮教的配合，使漢以後知識分子所扮演的角色，就被細密的和嚴格的制度化了。角色一旦被制度化，就會產生趨於穩定的傾向。在這種趨勢下，創造角色新典型的可能性很小，一種新典型如果不合正統的模型，就要遭到史家的貶抑。因此在中國傳統裏，人格的形成，差不多是只著重於定型的模擬。人格的合模要求既如此強烈，獨特的個性就不容易獲得培養和保持。

如果我們把中國傳統性格的穩定關係，在理論上予以推廣來看，那麼，傳統社會的保守主義所以能一再得到勝利，傳統文化裏的道統權威所以能維繫不墜，傳統哲學所以缺乏批判性的反省，以及知識分子創造力萎縮等問題，都可以獲得一個合理的解釋。

五、崇古取向與中國國民性之間的關係

由於先秦儒、墨理想人格的構想，是透過古帝理想化的方式，因此引發出崇古的價值取向。後來因儒家取得文化正統的地位，遂使崇古成爲中國文化主要的價值取向之一。它不但直接對中國傳統性格產生過深遠的影響，古代的理想人格，與歷史人物的性格之間，如果沒有受到崇古取向的影響，恐不能產生如此持久而穩定的關係。所以崇古取向，對中國國民性若干特質的所以形成，可能是最基本的一個文化因素。

崇古取向不但是中國傳統文化裏存在的一項事實，且是世界上這一類文化現象的一個典型例子。F. R. Kluckohn and F. L. Strodtbeck，在其專門研究價值取向變化的著作中㉓，就曾以中國爲 past time orientation 的代表：「歷史上的中國，就是以過去取向爲第一序的價值優先，祖先崇拜和一個很強的家族傳統，就是這種優先表現的二個例子。因此在中國人的態度上，沒有什麼新的事物發生在現在或未來，所有的新事物，都已發生在遙遠的過去。驕傲的美國人第一次

㉓ 指 Variations in Value Orientations.

使中國人看到汽船，可是中國人卻說早在二千年以前，我們的祖先就有這種船」㉔。同時該書以 Spanish Americans 爲現在取向的代表，以美國爲未來取向的代表。中、美兩國的人民，在性格上有很大的差異，有些甚至是相反的，時間取向的相反，可能是主要的文化因素。

現在，必須先討論一個問題，卽中國古文化中的崇古取向，究竟是怎樣形成的？對這個問題，下面我們參考前人的看法提出幾點嘗試性的解說：

第一，是利用人貴遠賤近的心理。康有爲〈孔子改制考〉說：「榮古而虐今，賤近而貴遠，人之情哉。耳目所聞覩，則遺忽之，耳目所不聞覩，則敬異之，人之情哉。慧能之直指本心也，發之於己，則捻道人徐遵明耳；託之於達摩之五傳迦葉之衣鉢，而人敬異矣，敬異則傳矣」㉕。康氏所說，是要指出假託古說以表達自己思想者的心理。不過康說是得之於〈淮南子〉。〈淮南子〉「修務訓」：「世俗之人多尊古而賤今，故爲道者必託之於神農黃帝而後能入說。亂世闇主高遠其所從來，因而貴之。爲學者蔽於論而尊其所聞，相與危坐而稱之，正領而誦之」。羅根澤於「晚周諸子反古考」一文，亦從此說。

第二，是因孔子以一平民的身分，提倡德治，在那貴族階層還保持相當勢力的時代，深怕人

㉔ F. R. KLUCKOHN, F. L. STRODTBACK, et-al, 1961 Variations in Value Orienations. p. 14. New York。

㉕ 康有爲，〈孔子改制考〉，卷四，第一頁。

徵言經，無徵不信，所以強調堯、舜的德業，讓他們貼上儒家的標幟，以便於思想的傳佈㉖。於是堯、舜時代變成儒家德治理想盛行的時代，堯、舜變成儒家心目中典型的聖王。儒家如此，其他各家的託古崇古之說，大概也同樣具有這種作用。

第三，在 Kluckohn 等人的書裏，曾提到許多現代的歐洲國家，也很強烈地學著過去取向，甚至英國，在某種程度之內，也被上流社會和傳統主義所支配㉗。主要的原因，是因為他們在過去文化上曾有過極豐盛的成就，值得他們繫戀。由此使我們推想到，中國先秦時代託古崇古之風所以盛行，可能具有同樣的原因。根據近人對中國上古史的研究，證明至遲到殷代，中國境內確已有相當高度的文化存在㉘。假如孔子生長的魯國，不是有「郁郁乎文」的周文化，而是像美國開國時的西部，我們實很難想像孔子會發其「從周」的思古幽情。

Variations in Value Orientations 一書，就1.兒童養育；2.變化的期望；3.人生觀；4.儀式改革等方面描述時間取向的特性，其中對過去取向所描述的，與我們所了解的崇古取向的若干特性相符，茲就根據這些描述，說明崇古取向與國民性之間的關係。

1.兒童養育　在一個以過去時間為優先價值的社會，養育兒童「應教以過去的傳統（老人的

㉖ 韋政通，〈傳統的透視〉，一九六五年，第一〇～一一頁。
㉗ 同前㉔，第一四～一五頁。
㉘ 參看李濟，「中國上古史之重建工作及其問題」，民主評論五卷四期。

方式），他們相信舊的方式是好的，兒童過分不遵從這些方式，他所做的事就是錯的」㉙。行為的對錯，既以傳統或老人的方式為標準，那麼就不可避免的會產生阿都奴等人㉚所說的權威態度或權威人格的某些特徵：⑴因襲慣例，遵循習俗；⑵不加批評地服從權威（如父母、長上、超自然的力量等），特別是理想化的道德上的權威；⑶好攻擊（譴責、摒拒與懲罰）違反習俗與破壞陳規的人；⑷迷信，特別相信命運；⑸思想刻板，愛用二分法；⑹重視權勢，強調嚴峻；⑺不信任別人，總懷疑別人在進行某種陰謀；⑻反科學，耽於以自我為中心的想法，甚或對自然現象持有一種有靈觀（animism）。其中除第七點以外，可以說相當適合中國的傳統性格。由此可知，中國人的權威態度或權威人格的培養實與養育兒童的方式有關。同時我們也知道，如要解釋中國權威人格的形成與保持，在文化方面的因素，崇古取向可能是最重要的參考點。

2.變化的期望　在一個以過去時間為優先價值的社會，對變化所抱的態度是：「我希望我的家庭能和我父母或親戚的一樣，最好的方式就是保持所有的事物和以往一樣」㉛。當這種態度成為基本的價值取向時，那麼一個人生活在世上，對付生活的方式是只求適應，不尚

㉙同前㉔，第八一頁。

㉚見〔雲五社會科學大辭典〕，第九册：〔心理學〕，第一九七頁。

㉛同前㉔，第八二頁。

革新，凡事聽命於傳統就好。於是人的性格，很自然的，就會流於抑制、退縮、內向、少衝動和保守。形成這些性格，崇古取向可能是最直接最有力的一個文化因素。

3. 人生觀　一個以過去時間爲優先價值的社會，生活的基本態度，認爲「過去的方式（老人的方式或傳統的方式）是最適當和最好的，而且事物的變遷往往使它更壞，這些人想最佳的生活方式，是盡量保持舊方式，並嘗試著把它們帶回到過去」㉜。這是拒變的人生觀，拒變必然服從傳統、尊敬過去，於是保守勢力得以橫行；同時這種觀念也有力地支持著權威性格和保守性格。拒變態度形成的原因，一部分固然是由崇古取向所導致，一旦這樣的人生觀獲得制度化（institutionized），就又回過頭去成爲維護崇古取向最主要的力量。

4. 儀式改革　一個以過去時間爲優先價值的社會，對儀式改革的態度是：「人會因改變而不高興，他們覺得宗教儀式應予完全地保存，像過去一樣」㉝。在中國，不但對儀式改革的態度是如此，對政治的革新尤然。中國歷史上變法運動所以一再失敗，部分的原因可能是因爲中國人在性格上有強烈地「秩序需要」，和「持久需要」，這種性格與此處所說的態度，是互爲因果的。

總之，崇古取向，確是中國文化、社會普遍存在的現象，也可能是中國國民性鑄成的基本導

㉜ 同前㉔，第八五～八六頁。

㉝ 同前㉔，第八七頁。

因，以往研究中國國民性的學者們，對這一點還沒有賦予足夠的注意。根據我們初步的了解，崇古取向的研究，不只是有助於國民性的探討，對中國文化的研究，極可能因此開闢一條新的途徑，使我們對現代中國文化的某些重要問題（如民主問題，科學問題），都可以獲得深進一層的認識。因此，這種價值取向的深入研究，是有其必要的，如果我們確知崇古的價值取向，爲形成中國國民性的基本導因，那麼要改造國民性，改變這種價值取向就將成爲首要的工作。

六、結　論

第一，本文有兩個重點：㈠從歷史的觀點探討理想人格的形成與演變（第二節，第三節，第四節）；㈡討論崇古的價值取向與若干中國國民性之間的關係（第五節）。

第二，理想人格就是指先秦諸子理想化了的古帝，經由理想化的過程，諸子內聖外王的文化理想遂全部透出，「聖王」觀念，就是這一文化理想的象徵。孔、孟都講內聖外王之學；墨子始把它凝結成「聖王」觀念，並有廣泛的發揮；到荀子對此觀念有進一步的分解，故有「聖者盡倫」、「王者盡制」的區分。「大學」循著這一思路發展，遂導出三綱領、八條目的觀念體系。理想人格典範化本是晚周社會文化變遷中的產物，從先秦的史事看，理想人格又與知識分子普遍要求統一天下的願望相整合。

第三，秦漢大統一以後，先秦諸子的外王理想，在形式上已告實現，這一事實促使理想人格的內涵，起了實質的變化，從此知識分子用心的範圍，逐漸被囿限在立身行己、出處進退上，從這個時代起，代表中國文化客觀精神的外王理想開始萎縮消退。蕭公權論述秦漢以後的政治思想時，嘗謂：「自秦漢迄宋元，此一千五六百年中之政治思想，遠不及先秦之精彩新穎」㉞。也足以反映出外王思想萎縮消退這一事實。

第四，理想人格從先秦塑造以後，經秦漢時代的「儒行篇」到二十四史所表現的，其間雖有一些變化，但大體他們之間仍保持相當穩定的關係。這事實說明，傳統中國的社會控制和角色的制度化，都極為成功。一九三〇年前後，在中國社會史的論戰中，曾有人認為中國二三千年來的社會是一不變的社會㉟，後來梁漱溟、胡適、錢穆等人，都曾涉及或討論過這個問題，梁先生頗支持這一看法，胡、錢二先生則持相反的意見。在我所研討的論題裏，可以對這個問題提供一項說明：就反映社會文化現象之一的理想人格看，二千年來的確很少變化。

第五，古帝理想化的過程，就是理想人格形成的過程，在這過程中，導出崇古或尊古的價值取向，這一價值取向對中國人的性格產生極深遠的影響。我們根據兒童養育、變化的期望、人生觀、儀式改革等四方面的觀察，可以發現，崇古的價值取向，實是形成若干中國國民性，如權威

㉞ 蕭公權，〔迹園文存〕，一九七〇年，第六一～六二頁。
㉟ 鄭學稼，〔社會史論戰的起因和內容〕，一九六五年，第四九頁。

人格、保守或拒變、要求悠久等的最基本的文化因素。起先是由這種價值取向，影響到人格的塑造，等到人格的塑造定型以後，這些性格又成爲保衞或延續這種價值取向的主要力量。他們之間的交互影響，可能是中國道統歷久不衰的主要支柱。

一九七〇年十一月九日

荀學在思想史上的地位及其影響

——兼論荀學在近代的復興

一、前　言

一個青年，如果決心將來在學術思想方面求發展，需要選擇一個重要的思想家，對他的思想做全面而深入的鑽研，實是一必要的步驟。至於在什麼時候才能做此恰當的選擇，我認爲至少應該在對整個學術思想史（東方的或西方的）有了重點式的了解之後，具備了這些基礎知識，選擇才能進行。選擇的對象，如既能符合自己的志趣，又具有很高的客觀價值，這就是恰當的選擇，因前者較容易長期保持研究的熱情，後者則足以保證你的工夫不會徒勞。假如這兩點一時不能兼得，就當以後一條件爲重，因爲有時候我們的興趣，是在研究過程中逐漸培養出來的。

比較困難的是，我們究竟應該選擇那一家？撇開個人特殊的天賦和氣質因素不談，爲了奠定學術思想工作的初步基礎，在西方，一個有豐富學識和經驗的哲學教師，多半會勸告青年，去專攻柏拉圖和康德，不僅是因爲他們兩人是西方哲學史上最重要的兩個里程碑，更重要的是，青年學者們可以從柏拉圖那裏引發種種強烈的哲學衝動，從康德那裏得知概念的無邊威力❶。面對這樣的哲學家，我們都會感到強大的壓力和挑戰，只有經得起如許壓力和挑戰的研究者，才能有效地擴展自已的潛力。

在中國，很少敎師提出類似的勸告，青年學者往往在學位論文的逼迫下，才去抓一個題目，等到論文完成，工作也就停頓。他們似乎不能眞了解到一個認眞從事學術思想工作的人，他的工作和他的心智能力是一齊成長的，在一次有意義有深度的研究活動之後，必然會在連鎖反應下，發展出更多的研究工作，使心智得到滿足。很少人能在第一次的研究中，就能獲得很高成就，成就要寄望於未來的發展中，一個始終能興致勃勃，而且感到有永遠做不完工作的學者，在學術上才能有遠大的前程。一個關鍵性的問題是：我們要從那裏開頭下工夫？十年前有青年問起我這樣的問題時，我無言以對，經過二十多年的研讀，也許已能提出一點有益的忠告，我認爲，初步的選擇，必須力求符合兩點：第一要難；第二要繁。一個難了解的思想系統，最能切實磨鍊我們的理解能力。重要的哲學家了解起來，幾乎沒有不難的，但重要與繁之間却不一定成正比，對初次

---

❶ 這是根據雅斯培的見解，見其所著〈智慧之路〉，第二一一和二一二頁，周行之譯，民國五十八年，志文出版社。

從事研究工作的人，應該「寧繁毋略」❷，繁重的工作最足以訓練我們的耐心。學術思想的工作，一旦上了路，就是永無休止的苦工夫，怕難怕繁的人，在這條道路上是走不遠的。所以一開始就應接受考驗。

在中國學術思想傳統裏，比較能符合這兩點的哲學家，古代有荀子，後來哲學史上，當推朱熹爲代表。他們都是百川歸海式的哲學家，不但持載豐富，思考面廣，且有獨特的方法和系統。就中國哲學所特重的境界來說，他們不是最高的，但就知識的意義和系統的構造來說，無疑的，他們有代表性。存在主義哲學家雅斯培說：「任何一位哲學家，只要能對他加以澈底的研究，都能使你一步步地走向哲學與哲學史的全體」❸。藉他的話，正可以說明研究荀子和朱熹哲學的一個重要意義。

下面撇開朱熹不談，我們只講荀子。全文共分四節，前三節是對荀子哲學的地位、價值與影響，以及它何以能在現代復興各點做簡要的說明。最後一節則對今後研究荀子的方向略作提示。

---

❷ 這是朱熹論治學方法四句名言的第一句，其他三句是：寧下毋高，寧淺毋深，寧拙毋巧。見文集卷三十，答汪尙書。

❸ 同前註❶，第二〇五頁。

二、荀學在先秦學術思想中的地位

一個哲學家地位的樹立，主要在能把前人的思想予以新的綜合，同時經由批判或轉化的過程，發展出自己的創見和獨特的系統。在這個意義上，荀子和孟子都是重要的代表。不過在思想來源上，孟子比較單純，荀子就複雜得多。當然，荀子思想最重要的來源是周公、孔子，除此之外，他與當時各大學派都有關聯，也受了他們深淺程度不同的影響，這就是我上文所說「持載豐富」的原因。要確立荀子在先秦學術思想中的地位，最簡捷的途徑，就是把握他思想來源這條線索追下去，看看他在那些方面曾受到前人的影響，在前人基礎上又是如何做了創新的發展。

(一)荀子與孔子

孔子一生所懷抱的文化理想，在重振周文。周文就是維繫周代封建的一套體制，到了孔子的時代，由於中央集團腐化，使封建諸侯的勢力逐漸抬頭，這一情勢促成封建體制的基本變化，這變化以最簡約的方式表示，就是「禮壞樂崩」——喪失了對政治社會控制的效能。怎樣才能恢復周文對政治社會的效能，是孔子面對的一個主要問題。根據觀察和思考，孔子了解到，周文之所以失去客觀效能，或禮樂被破壞的根本原因，是由於貴族階級精神墮落而導致生命僵化，於是使個人與禮樂之間，失去原有的調和與節制的作用，禮樂名存而實亡，僅成爲虛設的空殼子，這就是孔子所以有「禮云禮云，玉帛云乎哉！樂云樂云，鐘鼓云乎哉」的慨嘆❹！針對此一現象，要重振周文，就必須在人心上下手，也就是說先從人的主體上恢復生機，在這一契機下，孔子哲學中最重要的觀念——仁，遂成爲他實現文化理想的主要依據。因爲在孔子，仁是人的道德主體，也是生命的眞機。人一旦能體仁行仁，就能與禮樂之間恢復調和的關係。禮樂是仁的外在顯現，仁是禮樂之本，所以孔子說：「人而不仁，如禮何？人而不仁，如樂何？」

我們所以要簡單地指出孔學中周文與仁的關係，主要在說明作爲主體的仁和顯現於外的周文，在孔子的思想裏，二者完全是統一的整體，是相輔相成的。可是到他的兩個重要繼承者——孟子和荀子——的手裏，這個統一的整體開始分裂，孟子就作爲主體的仁的一面，開展了他的心性之學的新系統，荀子則把握外在的周文，堅持孔子的文化理想，因而發展出「禮義之統」的新系統。

荀子的「禮義之統」是在孔子所重的周文基礎上，發展出來的新觀念，它的任務之一，是要爲孔子要求「百世可知」的周文，提供一理論的根據。孔子說：「殷因於夏禮，所損益可知也；周因於殷禮，所損益可知也；其或繼周者，雖百世可知也」❺。爲甚麼繼周者，雖百世仍可知？

❹ 參看楊慧傑：〔仁的涵義與仁的哲學〕，第二四頁，民國六十四年，牧童出版社。

❺ 〔論語〕，「爲政篇」。

或是說：周制何以能運之於久遠？荀子在解答這個問題時，可能是由他的正名理論中的「共名」概念，因而領會並發現到周文演進中的共理。周文所以具有久遠的價值，不在它的繁文細節，而在它的「類」，也就是在它所依據的理，如荀子說：「以類度類，以說度功，以道觀盡，古今一也。類不悖，雖久同理」❻。因此，荀子所推崇的「禮義之統」，已不是泛泛的周文，而是周文的共理和統類。周文的內容，可以因時而變，它的理和統類，却是永久不變的。

禮義之統的觀念，除了答覆孔子的「繼周」問題之外，另有一點也足以補充孔子禮說的，就是當禮的內容不足以適應新的需要時，就可以根據它的統類或理創制新的，具備這種能力的人，荀子稱之爲大儒。例如他說：「法後王，一制度，隆禮義而殺詩書，其言行已有大法矣，然而明不能齊法敎之所不及，聞見之所未至，則知不能類也，……倚物怪變，所未嘗聞也，卒然起一方，則舉統類而應之，無所儗怍，張法而度之，則晻然若合符節，是大儒也」❼。又說：「志安行，行安修，知通統類，如是則可謂大儒矣」❽。所謂「知通統類」者爲大儒，也就是說能知禮義或周文的共理者爲大儒。能知道它的共理，則於「法敎之所不及，聞見之所未至」時，就可以根據理去推斷、去應變。

❻〔荀子〕，「非相篇」。
❼〔荀子〕，「儒效篇」。
❽同前註。

中國秦、漢以後的社會，兩千多年大抵是一所謂禮教性法律控制下的社會，它的歷史淵源可以追溯到周文，但本屬舊時代的一套體制的禮，何以竟能成爲新時代新社會的法度？其中決定性的關鍵之一，是在孔子和荀子的轉化、增益，以及思想創新的作用上。孔孟的仁，首先使禮植根於內在的心性上；荀子的禮義之統，則爲禮適應不同環境不同時代的需要，提供了理論的基礎。

（二）荀子與老莊

到荀子的時代，老、莊的思想早已發展完成。荀子「非十二子」批評了好幾位古代思想上的重要人物，如墨翟、宋鈃、子思、孟子、惠施、鄧析，獨不及老、莊，眞是件令人費解的事。但荀子的思想與老、莊之間，確有相當的關係，這關係可以從「虛靜」的概念看出來。

虛靜在老、莊的思想裏，除視爲萬物之本外，大抵都與修養的工夫有關，如老子說：「致虛極，守靜篤」。莊子對這一點有較多的發揮，他說：「夫虛靜恬淡，寂寞無爲者，天地之平，而道德之至，故帝王聖人休焉。休則虛，虛則實，實者倫矣。虛則靜，靜則動，動則得矣。靜則無爲，無爲也，則任事者責矣。無爲則俞俞，俞俞者，憂患不能處（入），年壽長矣」⑨。有時候莊子也就工夫所達到的境界處言虛靜，如「一心定而萬物服，言以虛靜推於天地，通於萬物，此

⑨ 〔莊子〕，「天道篇」。

之謂天樂。天樂者，聖人之心，以畜天下也」⑩。

老、莊虛靜的概念，爲荀子所吸收，但加以改造，使這個概念在哲學史上有了新的意義，他把原先屬於修養工夫的意義，轉化爲對認知心的分析，因而發展了認識論。荀子的認識論在這一點上與墨經中的認識論完全不同，他是藉用虛靜的概念獨立發展出來的。下面這段話代表他認識論最重要的部分，他說：「人何以知道？曰：心。心何以知？曰：虛壹而靜。心未嘗不臧也，然而有所謂虛；心未嘗不兩也，然而有所謂一；心未嘗不動也，然而有所謂靜。人生而有知，知而有志。志也者，臧也，然而有所謂虛，不以所已臧害所將受，謂之虛。心生而有知，知而有異，異也者，同時兼知之；同時兼知之，兩也；然而有所謂一，不以夫（彼）一害此一，謂之壹。心臥則夢，偸則自行，使之則謀。故心未嘗不動也，然而有所謂靜，不以夢劇亂知，謂之靜。……虛則入；……壹則盡；……靜則察」⑪。詳細解說，已見舊作〈荀子與古代哲學〉。

（三）荀子與墨家

荀子善於批評，批評墨家的地方尤其多，全書除「非十二子」所評之外，竟達十七次之多。他批評的重點，都集中在前期墨家，至於以「墨辯」爲代表的後期墨家，至少在「同異」的問題

⑩ 同前註。
⑪ 〈荀子〉，「解蔽篇」。

上，荀子曾深受其影響。

「同異」問題在先秦哲學裏，是一個受到相當注意的問題，儒、墨、道、名各家，都曾加以討論，他們討論的分屬三個範圍：⑴邏輯；⑵認識論；⑶形上學。荀子所受墨辯的影響，是在前兩個範圍：

第一，邏輯方面　不論是墨家和荀子，他們利用同異概念，從事邏輯意義的探討，主要是在對治「名實亂，是非之刑不明」⑫的現象，例如〈墨子〉「經上」：「同：重、體、合、類」。「經說上」：「同：二名一實，重同也；不外于兼，體同也；俱處于室，合同也；有以同，類同也」。又「經上」：「異：二，不體、不合、不類」。「經說上」：「異：二必異，二也；不連屬，不體也；不同所，不合也；不有同，不類也」。墨經電報式的文字，其涵義我們僅能猜知一個大概。前一部分所引是把「同」分成四種意義：⑴所謂「重同」，是說兩類雖各有一名，但分子完全相同，也就是所謂「二名一實」。⑵所謂「體同」，是說不同的部分，屬於同一整體。⑶「合同」是多種事物集合在同一範圍之內。⑷凡屬於同類者，必有相同之點，叫做「類同」⑬。後一部分所引，則是指前述四種意義的相反面。荀子對這個問題所表現的，就清晰有條理多了，顯然代表一新的發展，這一發展可以說是發展了中國早期邏輯思想的新里程。荀子說：「然後隨

⑫〈荀子〉，「正名篇」。

⑬參看勞思光：〈中國哲學史〉第一卷，第二四三頁，一九六八年，香港中文大學崇基學院。

而命之：同則同之，異則異之；單足以喻則單，單不足以喻則兼；單與兼無所相避則共，雖共不爲害矣。知異實者之異名也，故使異實者莫不異名也，不可亂也，猶使同實者莫不同名也。故萬物雖衆，有時而欲徧舉之，故謂之物。物也者，大共名也。推而共之，共則有共，至於無共然後止。有時而欲偏舉之，故謂之鳥獸；鳥獸也者，大別名也。推而別之，別則有別，至於無別然後止。名無固宜，約之以命，約定俗成謂之宜，異於約則謂之不宜。名無固實，約之以命實，約定俗成，謂之實名。名有固善，徑易而不拂，謂之善名。物有同狀而異所者，有異狀而同所者，可別也。狀同而爲異所者，雖可合，謂之二實。狀變而實無別，而爲異者，謂之化；有化而無別，謂之一實。此事之所以稽實定數也，此制名之樞要也」⑭。詳解亦見舊作。

第二，認識論方面 墨經關於認識論方面的理論，主要是就「知」、「聞」、「見」等概念來闡說，用「同異」概念來表現的部分，其意義遠不及前者明顯而精彩，如「經上」：「同：異而俱於之一也」。「經說上」：「同：二人而俱見是楹也」。又「經下」：「異類不吡（比），說在量」。「經說下」：「異：本與夜孰長？智與粟孰多？爵、親、行、賈，四者孰貴」？此只能說有點認識論的意味而已。荀子則不然，他藉用墨家同異概念，對概念的形成有了重要的發揮。荀子說：「……故知者爲之分別制名以指實，上以明貴賤，下以別同異。……然則何緣而以同異？曰：緣天官。凡同類同情者，其天官之意物也同，故比方之疑似而通，是所以共其約名以

⑭ 同前註⑫。

相期也。形體、色、理，以目異；聲音清濁，調節奇聲，以耳異；甘、苦、鹹、淡、辛、酸、奇味，以口異；香、臭、芬、鬱、腥、臊、漏、庮、奇臭，以鼻異；疾、養、滄、熱、滑、鈹、輕、重，以形體異；故喜、怒、哀、樂、愛、惡、欲，以心異。心有徵知：徵知，則緣耳而知聲可也，緣目而知形可也；然而徵知必將待天官之當簿其類然後可也。五官簿之而不知，必徵之而無說，則人莫不謂之不知，此所緣而以同異也」⑮。

（四）荀子與法家

孔子重禮，但不排斥法，他只是認爲在效用上和價值上，法不如禮。如：「道之以政，齊之以刑（法），民免而無恥；道之以德，齊之以禮，有恥且格」⑯。孟子則認爲道德與法律，各有其效用，也各有其限制，即所謂「徒善不足以爲政，徒法不能以自行」。法家興起以後，對禮採取輕視的態度，視禮在可有可無之間，如〔商君書〕：「法者，所以愛民也，禮者，所以便事也；是以聖人苟可以強國，不法其故；苟可以利民，不循其禮」⑰。孔、孟之世，禮與法衝突的問題還不顯著。到了荀子，他已感受到法家的挑戰。因此禮與法的問題，也就成爲他思想的重要

⑮ 同前註⑫。
⑯ 同前註⑤。
⑰ 〔商君書〕，「更法篇」。

課題之一。荀子對這個問題經過曲折的思考，在認同（對禮）與適應（對法）之間，頗費斟酌，大抵可分下列四點：

1.禮爲法所本（荀子）「勸學篇」：「禮者，法之大分，類之綱紀也，故學至乎禮而止矣」。又「性惡篇」：「故聖人化性而起僞，僞起而生禮義。禮義生而制法度」。

2.禮、法各有其效用（荀子）「富國篇」：「由士以上，則必以禮樂節之；衆庶百姓，則必以法數制之」。又「儒效篇」：「禮節脩乎朝，法則度量正乎官」。

3.禮、法並重（荀子）「彊國篇」：「人君者，隆禮尊賢而王，重法愛民而霸」。又「君道篇」：「至道大形，隆禮至法，則國有常」。又：「法者，治之端也」。

4.重人輕法（荀子）「王制篇」：「有良法而亂者有之矣；有君子而亂者，自古及今未嘗聞也」。又「君道篇」：「有治人，無治法。……故法不能獨立，……得其人則存，失其人則亡」。

根據這四點，我們可以知道，荀子對德（君子）與法之間，仍保有孔、孟以德爲重的傾向，但在禮與法之間，却採取了調和的態度。因爲禮是荀子思想的主軸，必須要肯定，法對適應新的社會和政治的需要，也同樣必不可少。因此除調和之外，實無法解決二者之間的問題。漢儒普徧接受了荀子的調和態度，且做了較荀子更爲合理的解釋：「禮禁未然之前，法施已然之後」⑱。從此，這個解釋，爲傳統儒者所公認。

⑱ 此意並見於《大戴禮記》「禮察篇」，賈誼「陳政事疏」，以及《史記》「太史公自序」。

三、荀學的價值及其影響

前一節我們就先秦的幾個重要學派爲背景，探討荀學在這個時代的地位，事實上，一個哲學家的地位，就是靠他有價值的思想建立起來的，荀子在孔子「周文」的基礎上，發展出「禮義之統」的系統，在老、莊的「虛靜」和墨家「同異」的概念上，創發了獨特的認識論和邏輯思想。這些思想，在中國古代思想史裏，都有極高的價值。下文我們將繼續探討荀子思想其它方面的重要價值，這些探討可以使我們充分了解到，荀子不僅在古代，即是在秦、漢以來兩千多年整個的思想史裏，也一樣能有一不朽的地位。

(一) 經驗主義思路的開拓

前文曾提到，孟子和荀子的不同發展，是由孔子主客統一的整體分裂而來，孟子發展了主體一面，荀子發展了客體一面。現在透過學的意義和認知方式看，這種分裂也同樣明顯。孟子言學在「求放心」，這是反求諸己的內向思路；荀子言學，則重視後天的學習和知識的累積，是一種爲學日益的外向思路。兩人終極的關懷既不同，其下手的方法也不同。孟子使用先驗法，所以成德工夫寄望於固有善心和善性的開發；荀子用的是經驗法，重點放在「下學」上，主張「學不可以已」。由於方法的不同，遂導致對知行問題和人性問題的了解，都產生相當大的差異。

孟子說：「孩提之童，無不知愛其親也，及其長也，無不知敬其兄也」⑲。他說的「知」，是人人本有的良知，就良知說，能知必能行，知行是不相離的。荀子重視經驗之學，認為人必須先有透徹的了解，然後才能有合理的行為，卽所謂「知明而行無過」⑳，所以知必然先於行。孟子「知行合一」的思想，後來經王陽明的發揮，而著名於世。荀子「知先於行」的思想，在思想史上雖不著名，但他的想法，確曾重現於各代，影響深遠。「中庸」出於〔禮記〕，它的時代與荀子究竟孰先孰後，雖難以確知，不過博學、審問、愼思、明辨、篤行的主張，與荀子確屬同一思路。荀子論學的見解，首先影響到漢儒，〔大戴記〕「勸學篇」直襲〔荀子〕「勸學篇」，可置勿論，且舉有代表性的〔白虎通義〕為例：「學之為言覺也，以覺悟所不知也。故學以治性，慮以變情。故玉不琢，不成器；人不學，不知道」㉑。文中所說的「覺」，明顯不是指內心的覺悟活動。從「以覺悟所不知」看，「覺悟」是指後天學習或知識增益的歷程，經由這樣歷程的覺悟，就可以產生「治性」、「變情」的功效，走的正是荀子經驗主義的思路。

荀子「知先於行」說，在後來哲學史上，最重要的一個同道者，是大哲學家朱熹。不過朱熹

⑲〔孟子〕，「告子上」。
⑳〔荀子〕，「勸學篇」。
㉑〔白虎通義〕，「辟雍篇」。

對知行問題的討論，比較複雜，僅就「知先於行」這一點看，他也並不完全着重在先後次序上。如〈語類〉卷十四：「知與行工夫須着並到：知之愈明，則行之愈篤；行之愈篤，則知之益明；二者皆不可偏廢。……然又須先知得方行得。」又卷九：「知行常相須，如目無足不行，足無目不見。論先後，知又先；論輕重，行爲重」。又卷二十四：「見得分明，則行之自有力。乃是知之未至，所以爲之不力」。朱熹以後，接受此一見解的很多，在朱派影響下的且不說，卽是反對朱熹的學者，也有讚同此一見解的。例如王廷相「雅述上篇」：「夫神性雖靈，必藉見聞思慮而知；積知之久，以類貫通，而上天下地，入於至細至精，而無不達矣，雖至聖莫不由此」。不僅思想合於荀子「由知達德」的路子，連用語「積知之久」（〈荀子〉「勸學」：「積力久則入」。）和「以類貫通」（「王制」：「以類行雜」。）也與荀子相類。另一位反對者的例子是李塨，他是顏習齋的大弟子，在修養工夫一面，反對朱熹，但在知行問題上，也是主張「知先於行」的，他說：「致知在格物者，從來聖賢之道，行先以知，而知在於學」㉒。

我們不敢斷言，凡是主張「知先於行」的，都是受了荀子的影響，但在儒家傳統裏，他是最先開拓了這條思路。在這條思路上，經宋儒程、朱一系的發展，遂產生了好幾個在宋以後爭論不休的問題，這些問題除知行問題之外，還有「聞見之知與德性之知」的問題，還有「道問學與尊

㉒ 李塨，〈大學辨業〉，卷二。

德性」的問題，現在已有人着重這一套思想模式，去解釋宋以後思想的演變㉓。這些爭論和思想上的對立，就思想史的意義說，可以溯源到先秦孟、荀由分裂而演成的對立。

孟、荀由方法和思路的分離，而導致部分哲學問題了解上的不同。其中造成誤解最多的是人性問題。自從孟子的性善說被普遍接受，成爲正統的見解之後，荀子的性論，從來就沒有得到善解，直到現在，學者們仍只從字面上了解，以爲荀子主張性惡，與孟子性善論相反，遂又以爲孟子主張人性本善，荀子則主張人性本惡㉔。

根據我們的了解，荀子主張性惡，但却不能說他主張「人性本惡」。荀子論性，有兩層涵義：(1)荀子說：「今人之性，目可以見，耳可以聽，目明而耳聰，不可學明矣」㉕。又說：「凡人有所一同：饑而欲食，寒而欲煖，勞而欲休，好利而惡害，……」㉖。這裏所說的「性」，只是人的本能或生而有的欲望，是無所謂善惡的。(2)荀子說：「今人之性，生而有好利焉，順是，故爭奪生，而辭讓亡焉。……」㉗。「順是」是說順着好利的欲望發展，而不知節制的意思，這

㉓ 如余英時：「清代思想史的一個新解釋」，見〈歷史與思想〉，民國六十五年，聯經出版事業公司。

㉔ 多年來在學生讀書報告中，常看到這樣的說法，最近國立編譯館，寄來高中〈中國文化史〉，要我審查，始知學生們的了解，皆本於此書，業已於意見書中，建議改正。

㉕ 〈荀子〉，「性惡篇」。

㉖ 〈荀子〉，「榮辱篇」。

㉗ 同前註㉕。

才是產生惡的關鍵。惡生於「不知節」，是從經驗觀察所得的了解，意思並不是說好利之欲本身就是惡的，所以不能說荀子主張「人性本惡」。

與孟子人性論比較，他們二人根本不是在同一觀點上出發。他們之間的根本歧異點，在他們討論人性問題時，使用了不同的方法，如前所說，孟子用的是先驗法，荀子用的是經驗法。由於不同的方法，才產生對人性有不同的了解。由此可知孟子性善說荀子性惡說，不是兩種相反的說法，他與孟子之間的爭論，也不是針鋒相對的爭論，而是依據自己的方法，建立了各自的人性論。順着這個了解，荀子對孟子的批評是不當的。

(二) 理智主義的天道觀

荀子理智主義的天道觀，與孟子天人合德的天道觀相對立，與原始的天神信仰、墨子的天志、以及漢儒天人感應論的天道觀都相反。荀子這一部分的思想，在科學史上代表「前科學思想」的一個重要階段，在儒家思想發展史中，則爲繼承孔、孟對天神信仰的懷疑傾向，又進一步做了系統的展現。這一發展，代表儒家理智的人本主義思想，與孟子的道德理想主義不同。

下面我們將就荀子「天論」的幾個要點，展示他這一部分思想的精義，同時還要就後來的思想史，看看這些思想不斷活躍的情形。這一條思想的線索，是向來爲治中國思想史的學者們所忽略的。照我們的了解，這些思想大部分都是荀學影響下的產物。

1.天道自然

在孔、老以前的思想傳統裏，中國曾長期在天神信仰的主宰之下。孔、孟的儒家興起之後，在政治、社會方面，他們竭力讚美上古的帝王，並把他們理想化。在文化方面，他們肯定周文的價值，且予以轉化——使本屬封建體制的周文，成爲新時代新社會的典章。但對天神信仰的舊傳統，却懷着存疑的態度，並力求從中解放出來，這個努力，直到荀子天論思想出現，才算眞正完成。

自上古以來，人在天神信仰中，一直都相信人間的吉凶、福禍、治亂是由天神決定的，這是每一個早期民族共同的現象。就中國而言，哲學的發皇，主要功能之一，就是要使人們能由天神的控制中掙脫出來，建立人類自己的信心，在神所控制的世界裏，創造出一個以人爲中心的人文世界。春秋、戰國時期的諸子，就正是面臨這樣的一個時代，他們也很成功地完成了這一歷史任務。在完成任務的漫長過程中，最能相應地建立一個完整思想系統的是荀子。他大刀濶斧地剔除了天道與人類吉凶、治亂之間的關連，他說：「天行有常，不爲堯存，不爲桀亡；應之以治則吉，應之以亂則凶」。又說：「天不爲人之惡寒也輟冬，地不爲人之惡遼遠也輟廣。……天有常道矣，地有常數矣」。又說：「星隊、木鳴，國人皆恐，曰：是何也？曰：無何也，是天地之變，陰陽之化，物之罕至者也；怪之、可也，畏之、非也」㉘。這些話，告訴了我們三點意義：(1)天行有

㉘ 上引三條，均見〔荀子〕，「天論篇」。

常，以及天有常道，地有常數，都在說明天或天道只是一種自然的現象，它的運行，有其自身的規律、法則。(2)天道既然只是一種自然現象，那末當偶然有天地之變、陰陽之化的不尋常情形發生時，你覺得奇怪，倒也無妨，如果竟因此惶恐起來，那就不對。(3)應之以治則吉，應之以亂則凶，這是說治亂、吉凶皆操之在人，人力足以勝天。

荀子的天道自然觀，很可能會受到老、莊天道自然思想的影響，莊子以人爲的患累與自然的天相對，荀子則以人的「能治」，與天的「被治」相對，而形成「天生人成」的重要理論。兩家對轉化天神這一點是一致的，但由於各自思想的要求不同，遂產生相異的效果。老、莊之外，荀子也可能受春秋時代其他思想家的影響，因〔左傳〕僖公十六年已有這樣的記載：「是陰陽之事，非吉凶所生也，吉凶由人」。這與上引荀子的話，意義相同。

荀子以後，發揮天道自然觀的重要思想家，是學者們熟知的王充，他的名著〔論衡〕中有「自然」一篇，揭示「天地合氣，萬物自生」的自然義，這是他批評前漢天人感應說所本的觀念之一。從行文中看，他這方面的思想，似乎得之於道家的啓廸較多。

2.天人之分

既了解天只是自然，人間的吉凶、禍福、治亂都屬人爲，天、人的區別已顯，故荀子又有進一步「天人之分」的推演。他說：「彊本而節用，則天不能貧；養備而動時，則天不能病；脩道而不貳，則天不能禍。故水旱不能使之饑，寒暑不能使之疾，祆怪不能使之凶。本荒而用侈，則天不能使之富；養略而動罕，則天不能使之全；倍（背）道而妄行，則天不能使之吉。故水旱未至而饑，寒暑未薄（近）而疾，祆怪未至而凶。受時與治時同，而殃禍與治世異，不可以怨天，其道然也。故明於天人之分，則可謂至人矣」㉙。王充也有同樣的思想，〔論衡〕「治期篇」：「四十二月，日一食。五六月，月亦一食，食有常數，不在政治。百變千災，皆同一狀，未必人君政教所致」。王充以後，明顯受荀子「天人之分」思想的影響，且觀念上也極能相應的，是唐代的劉禹錫，他有「天論」上中下三篇，玆引上篇的文字爲例：「天之能，人固不能也；人之能，天亦有所不能也。……故曰：天之所能者，生萬物也；人之所能者，治萬物也」。又說：「天恒執其所能以臨乎下，非有預乎治亂云爾；人恒執其所能以仰乎天，非有預乎寒暑云爾。生乎治者，人道明，咸知其所自，故德與怨不歸乎天；生乎亂者，人道昧，不可知，故由人者舉歸乎天，非天預乎人爾」㉚。這些話簡直有點像是荀子「天論」中部分文字的註釋。與劉禹錫同時的柳宗元，以及明初的劉基（伯溫），都做了「天說」的文章，闡揚「天人之分」的思想，內容雖缺乏創意，但由此可以看出，荀子這一部分的思想，歷經千餘年並未中斷，柳宗元說：「天地、大果蓏也；元氣、大癰痔也；陰陽、大草木也；其烏能賞功而罰禍乎？功者自功，禍者自禍，欲

㉙ 同前註。

㉚ 均見〔劉夢得文集〕。

望其賞罰者大謬；呼而怨，欲望其哀且仁者愈大謬矣」[31]。劉基也說：「或曰：天之降禍福於人也，有諸？曰：否，天烏能降禍福於人哉」！又說：「或曰：天災流行，陰陽舛訛，天以之警於人與？曰：否，天以氣爲質，氣失其中則變」[32]。

3. 制天用天

從天道自然、天人之分的思想，到制天用天說，思想上實又是一步進展。由於這部分思想太突出，所以曾使胡適比之爲培根的「戡天主義」[33]。荀子說「大天而思之，孰與物畜而制之？從天而頌之，孰與制天命而用之？望時而待之，孰與應時而使之？因物而多之，孰與騁能而化之？思物而物之，孰與理物而勿失之也」[34]？「制天」是說要控制自然，「用天」是說要利用自然，這要求在中國思想史上是破天荒的。但在荀子，其發展亦只止於此，因爲眞要實現這個要求，還有許多其它的條件待發展，如西方在培根以後，有伽利略利用實測的工具探測天象，有笛卡爾等人的機械宇宙觀，更有牛頓的物理學、光學、力學和天文學等重要的成就，才能促進近代科學的發展。從西方這一個背景來看，荀子的「天論」，仍只是「前科學的」思想而已。內在於荀子系統說，他眞正要完成的是「禮義之統」的思想系統，以及它功能的發揮，他眞正關心的問題，與

---

[31] 〈柳先生集〉，「天說」。

[32] 均見〈誠意伯文集〉，卷四。前一條見「天說上」，後一條見「天說下」。

[33] 胡適，〈中國古代哲學史〉，荀子章。

[34] 同前註[28]。

孔孟一樣是在政治、社會的重建，不是在科學。天論思想在荀子思想本身已缺乏積極性，後來歷史上，像劉禹錫雖然重提過「與天交勝，用天之利」㉟這類的話，因跳不出荀子所說的範圍，所以在思想上只是重複而未能創新。

四、荀學的復興

從以上兩節所說，我們知道荀子在先秦學術思想中，居有極重要的地位，對後世也有一定的影響。可是荀子在秦、漢以後歷史上所享有的聲譽，與他的成就顯然未能相符。許多思想家受他的影響，並不斷轉述他的觀念，因迫於正統的偏見和壓力，連他的名諱也不敢提。荀子不幸的遭遇，大抵有兩個原因：第一，是因爲他主張性惡，且竭力抨擊孟子，尤其是孟子的性善說。嗣後兩千多年，幾無一人能善解性惡學說，僅是從文字表面，就認定它與孟子相反對，而孟子却又一直受到尊崇，宋以後更被奉之爲亞聖，無形中對了解荀子就形成更大的阻力。第二，是由於荀子與法家有相當的關聯，尤其是弟子李斯助秦爲虐的行徑，照中國傳統對師生關係的看法，老師對學生的行爲，至少要負相當大的道義責任，因此荀子很難被諒解，在反秦的悠久傳統裏，他幾乎成了一個忌諱的人物。這種被棄置的情勢，一直維持到清末，當西方新思潮侵入，原來的正統思

㉟ 同前註㉚，「天論下」。

想逐漸遭到無情的攻擊，在這個新時代機緣下，一些向來遭受苛評或被忽視的思想家，都相繼被提倡新文化的人士，重新提了出來，予以再認識再評價，最著名的例子，除荀子之外，如墨子、韓非子、王充、李覯、李贄等。其中研究或討論最多的是墨子，〈墨子〉裏墨經部分，至今仍然被不斷發掘和整理中，一個衰亡了將近兩千多年的古老學派，竟又起死回生，成爲中國當代的「顯學」，這一現象，除了墨學本身的價値之外，無疑的，它反映了近代中國學術思想活動一個主要的動向。

在過去的五、六十年中，荀子雖不及墨子走運，但他在較爲緩慢的過程中，却有越來越受到重視的趨勢，近二十多年來，不但研究的量大幅增加，質也相當的提高，已由廣泛的討論，進入專題的探討，早期研究荀子的學者，喜歡用西方人的觀念傅會比附。如今已進入對荀學本身價値的發掘。儒家傳統裏的思想家，被當代學者寫成專著的，荀子是較多者之一。有些學者，卽使不專門研究荀子，也都喜歡寫篇文章表揚一番。

依照我們的了解，荀學能在當代復興起來，至少有下列幾個原因：

(一)民初新文化運動時期，遭到責難和攻擊最多的，就是正統的儒家。因爲當時新興的知識份子多反對袁世凱，袁氏的政權恰又利用孔教做護身符，遂使儒家首當其衝。不過客觀的了解，以當時強烈的西化傾向，卽使沒有孔教運動和袁世凱的利用，儒家仍然逃不掉新知識領袖們的批評。他們當時提倡科學、民主，而把中國不能產生科學(近代的)與民主的責任，歸咎於儒家。在民主這一點上，不但攻擊孔子，也波及到荀子，吳虞就曾寫「讀荀子書後」一文發表於「新青年」㊱。文中指責荀學與共和相悖的有三點：⑴荀子的禮三本說，被認爲是「吾國天地君親師五字牌之所由立」。⑵荀子尊君思想，被認爲是「倡持寵固位，以順爲正，終身不厭之術」。⑶愚民政策。

在民初反孔氣氛的高漲下，荀子雖在民主這方面遭到非議，却在提倡科學中獲得在現代中國復興的契機。自胡適、梁啓超、章太炎以來，提到荀學，都喜歡講他的科學思想（「天論」）、邏輯思想（「正名」）以及他的心理學（「解蔽」）。

(二)在傳統時代，正統被視爲評斷思想價值的主要標準之一，不合正統的，往往就視爲異端，一種思想，一旦被視爲異端，不但遭到排斥，也可能因此被湮沒。新文化運動時，正統觀念被打倒了，過去被正統派當作異端的，在這個思想解放的新時代，有機會被重新提出來，經過一番新的解釋，逐漸恢復了他們在歷史上應有的地位，因而擴大了思想史的視野。荀子也就是在這樣的情勢下，被提出重估，終於使學術界公認了他的價值。

(三)自十九世紀中葉以來，在西方思潮的影響下，逐漸興起一陣趨新的風氣，這種風氣，到新文化運動時期，達於高峯。知識份子一面吸取西方的新知識，同時也用新的標準去評價舊的傳統。於是舊傳統裏一些接近新標準的思想，就特別受到重視。嗣後在西方受哲學教育的年輕學

㊱見「新青年」三卷一號。

者絡續回國，根據他們的知識背景，很自然地會去利用墨辯和〈荀子〉「正名」這類的材料，作爲溝通中西思想的橋樑。老一輩講荀子的，有幾位就是鑽研西方邏輯的學者。

（四）除了時代的因素之外，荀學能於當代復興，它思想本身代表一個複雜而不凌亂，嚴整而不枯燥的系統，它的理論對具有西方知識訓練的學者有吸引力，實是另一個重要的原因。先秦諸子，代表中國哲學的黃金時代，代表性哲學家有孔子、孟子、老子、莊子、墨子、荀子、韓非子等，現代初步做研究的年輕學子，很難由孔、孟下手，因對儒家後來的發展，如沒有廣博的了解，就很難對〈論〉、〈孟〉做系統性的討論。老子雖只五千言，但代表相當成熟的哲學智慧，企求在學術上有所發展的人，開始的階段亦並不相宜。墨子研究的人太多，再要有新的詮釋並不容易。莊子過分表現他的獨特性，研讀的人心態如不能相應，根本不能入。荀學是一個有規模且具智性的系統，凡是受過點西方哲學訓練的人，都容易和他相應，由於他內容豐富，牽涉面雖廣，却不流於空泛，在觀念上可說具有百川歸海的氣勢，實是進入古代中國哲學的一個有效門徑。數十年來，荀學所以一直被許多學者不厭地加以鑽研，其故或在此。

復興古學的工作不簡單，既需要工力，又需要熱情；既需要現代表達的訓練，又需要對古人有同情的了解。更重要的一點，是要能持之以恒，現在許多青年，大半只是爲讀學位而讀書，缺乏內在持久的動力，往往稍有收穫就停止不進了。何況復興古學，還只是爲了創造中國現代文化和現代哲學吸取養素，必須等到新文化新哲學建立起來，古學再生的任務才算達成。

五、今後研究荀子的方向㊲

做任何一門研究，必須先了解前人對這一門研究的成果。近幾十年來做荀子研究的，大抵有三個方面：⑴考證荀子其人與其書；⑵荀書的校釋；⑶學說的研究。考證方面由於材料的限制，能有結果的，前人大抵已經得到，沒有結果的，除非有新資料出現，否則這類工作已很難有多少進展。

校釋的工作，目前急需要做新的總集。王先謙的集解，是荀學一大功臣。晚清的學者，由於受經世致用思潮的影響，使他們的眼光能跳出經學的訓詁，轉而注意諸子，他們當然沒有料到，接下來會有一個諸子復興的時代，他們却為步向復興的工作舖了路。由於王先謙和他以前喜愛荀子者的工作，使當代治荀學的人，省下不少氣力。不過集解成於一八九一年，九十多年來又有好幾十家做過補釋或補正的工作，研究荀子的人，如果一家家去翻檢，甚感不便。如果有一部新的集註，把這些補釋補正做番精選，全部集合起來，將是一件有意義而必要的工作。新的集注，除包括徵引各家的姓名、資料出處、註文之外，同時也應告訴我們各家發表或出版的年代。集註者如能將所徵引各家做一個評價，並加上他們的略歷，附於書末，就更具參考價值。新集注，只求

㊲關於研究荀子的方法，讀者可參看韋政通：「我怎樣研究荀子」一文，見〈荀子與古代哲學〉附錄。

選擇精當與否，不必避繁，不可像梁叔任的〈荀子約注〉，約是約了，約得根本無法使讀者了解原著，書又有何用？以前的註釋家，多半只優於訓詁，拙出義理，現代的註釋家，應在兩方面都有相當的訓練，缺乏理解思想的能力，有時對訓釋會無從定奪。

學說的研究方面，以往的學者多半做整體性的研究，它的優點是可以使讀者對荀子的思想系統有一全面性的了解，缺點是對個別性的問題，難免不能深入。今後應多做專題研究，對荀學內部做深入的了解，這些專題可以包括：

1. 教育思想

這個題目還很少人做過。由於荀子屬智性心態，重視後天學習和知識的價值，理想又在政治社會方面，所以他的教育方法和孟子有顯著的不同。荀子的教育思想，可以「勸學」、「修身」、「不苟」、「儒效」、「解蔽」、「性惡」等篇為主，再參考其他各篇。

2. 政治思想

荀子的政治思想，代表先秦儒家在新時代新環境裏所表現的適應性，其中最突出的，是提出富國、強國的觀念，雖然他達到富強的方式，仍不離孔、孟藏富於民和節用裕民那一套，這觀念在儒家傳統裏，仍有劃時代的意義。另一方面表現這種適應性的，是他不諱言霸道和用兵，這些都與孟子顯出強烈的對比。這個題目雖為研究荀學者一向所注意，但如擴大範圍與先秦前後各家的政治思想做番比較，仍然有它的價值。

3. 禮 學

這不是要就禮做籠罩全系統的研究，而是以禮爲專題，集中荀書所有論禮的部分，做詳細的分析，並把它和〔論〕、〔孟〕、〔大、小戴記〕以及〔左傳〕所記論禮的資料加以比較，看看荀子在這方面是否有特殊貢獻。我想只有把荀子禮學放到一個較廣的背景去討論，才能眞正了解他的意義。

4. 對「人」的了解

荀書這方面的資料相當豐富，他對儒、聖王，人禽之辨，都有特殊的見解。他不但討論了歷史上許多人物，也分析了社會上各種的角色。對應着天神信仰的傳統，儒家是要求從這種控制下解放出來，並抬高了人在宇宙的地位和尊嚴，荀子使這一發展達到高峯。他的人性見解，可附在這一專題下一併處理。

上面不過是舉幾個例子，每一個精讀過荀子的人，都可以本於自己的興趣、特長，發現自己所喜愛的專題。

在學說研究方面，有一個新的領域值得開發，這就是中國思想史中的荀學。由於兩千多年很少人提到荀子，一般的印象都覺得荀學中斷了。在現有的幾本中國哲學史或思想史的書裏，戰國以後，就很難再找到荀學的蹤影，史實並非如此，這猶待我們去發掘。下面列舉一些線索，凡前文第二節講荀學影響提過的，不再重複。王先謙集解一書前也附了十幾家論及荀子的文獻，爲節省篇幅，亦不複述。

1.〈尸子〉、「分篇」：「天地生萬物，聖人裁之；裁物以制分，便事以立官，君臣父子，上下長幼，貴賤親疏，皆得其分曰治」。這是荀子的「明分達治」說。〈尸子〉書的年代雖不可知，從這類思想看，在荀子以後的可能性爲大。

2.民國十九年馮友蘭曾有「大學爲荀學說」一文㊳，就兩書句法、語意做比較，證據不夠堅實，採信者仍少。「大學」的內容，似乎是把孟、荀的思想做了一次新的綜合，形成一個頗富創意的新系統。其中最突出的就是格物、致知說，在「大學」原也只是兩個觀念，究竟是什麼意義，實很難說。宋代理學家藉用了它，使它在理學中佔極重要的地位，就程、朱一系所發展的意義而言，至少在思想類型上，是很接近荀子的。

3.〈禮記〉各篇，有不少部分受荀子的影響，例如「學記篇」特別重視後天學習的重要，以及君師合一和「知類通達」的觀念。「禮運篇」論禮的複雜功能，十分像荀子的「禮論」，所說「聖人脩義之柄、禮之序，以治人情」，完全和荀子以禮義治性的思想相合。這些大概都是荀子學派的思想。

4.思想史中的荀學，最值得注意的是北宋李覯（泰伯），我覺得他是歷史上唯一能承繼荀學精神的思想家，下列各點爲二人思想共同的特色：⑴以禮涵攝衆德；⑵重視富強；⑶不忽視人的

㊳ 此文見〈古史辨〉，第四冊。

慾望；⑷反對迷信；⑸經驗主義的性命論。李覯和荀子一樣，都是被忽視的人物，如能加以研究，並與荀子做精細的比較，將可使荀學在北宋這一段思想史，佔重要的一頁。

5.「法後王」之說，在荀子系統裏，一方面是在點出禮義的歷史根據，另一方面又是爲言統類作準備的，後來歷史上曾多次被談到或加以新的發揮，這裏舉三個例子：⑴明代張居正全集、文集三：「辛未會試程策」有法後王之說；⑵錢大昕、〔十駕齋養新錄〕「法後王」：「荀卿法後王之說，王伯厚深詆之，愚以爲王氏似未達荀子之意也。孔子曰：吾學周禮，今用之，吾從周。孟、荀生於衰周之季，閔戰國之暴，欲以王道救之。孟言先王，與荀所言後王，皆謂周王，與孔子從周之義不異也。荀卿豈逆料李斯之仕秦，而令其用秦法哉！」⑶兪正燮、〔癸巳存稿〕「法後王」：「荀子所言後王卽本朝，先王卽本朝開國之君，儒者之道蓋如此。立權度量，考文章，改正朔，易服色，殊徽號，異器械，此其所得與民變革者也。而後儒反守周禮，不知變革，夫爲下而倍，烖必及其身。」

這一類的線索，如廣泛搜集，細加鑒別，將來不但可以充實思想史，對發揚荀學也是一大功績。

一九七八年八月

朱熹論「經」、「權」

——朱子倫理思想新義的發掘

朱熹對經、權問題的討論，多見之於師生之間的問答，弟子們所以不斷提出這個問題，有兩個原因：一是由於〈論語〉．「可與共學章」中所講的「權」字，後儒推衍其義，頗多異說，究竟那一種說法才是正確的呢？二是孔子以後，論及經權的學者很多❶，他們都認爲二者的關係雖密切，但經與權畢竟不同，而程頤（一〇三三——一一〇七）獨持異議，以爲權就是經，令人不解。

以上兩個疑問，起於同一個來源，即孔子所講的「權」，究屬何義？〈論語集注〉乃朱熹一再改訂之作，成書時年已四十八，書中對權字的解釋以程氏之說爲主，但援引孟子「嫂溺援之以手，權也」爲例，推想權與經應該是有分別的。在〈論語集注〉裏，朱熹對程氏之說是肯定的，

❶ 這方面的資料線索，可參考以下兩書：(1)錢鍾書，〈管錐編〉，左傳第三十則，成公十五年，第二〇六～二〇九頁。(2)韋政通，〈中國哲學辭典〉，「權」字條，第八〇三～八〇五頁。

雖有不同的意見，文字上只表示是由孟子之說而推及。在朱熹與弟子有關經權的問答中，態度就不一樣，他對程說有很多正面的批評。在二十八條的問答中，有十六次涉及程頤，而有十次是對程說表示不以爲然的。程、朱之間的差異是，程頤權卽經的主張本是駁斥漢儒以「反經合道爲權」的說法❷，而朱熹對漢儒的說法則一再表示贊同。當然，朱熹的思想受程頤影響很大，他的內心對程頤始終保持很高的尊敬。因此，一方面爲了忠於自己，他不能完全依從程說；另一方面又爲了不使弟子們有所誤會，因而曾再三爲程說辯解。

正由於朱熹把握到孟子「禮」與「權」的區分，所以對漢儒反經之說能有同情的了解，從這裏出發，朱熹在問答之際，對經權問題遂反復予以申論，於是形成一個相當有意義的獨立論題。本文的目的，就在滙集其相關資料，探討其意義，賦予這個論題以新的形式和新的解釋，希望能把此一古老的論題，重新復活於今日的倫理學中。據我所知，這個問題在當代朱子學的研究中，迄未引起充分的關注，因此我的工作，當可爲複雜的朱子思想體系，補入重要的一章。

下文共分四節，除結論外，前兩節着重在經權及其相關概念的分析，第三節是從實踐上探討

❷ 程子原文是：「漢儒以反經合道爲權，故有權變權術之論皆非也。權，經也，自漢以下無人識權字。」（〈論語集註〉引），所謂漢儒蓋指：(1)〈春秋繁露〉「玉英」：「夫權雖反經，亦必在可以然之域，……權，譎也，尙歸之以奉鉅經耳。」(2)〈公羊傳〉桓公十一年：「權者何？反於經然後有善者也。」(3)趙歧〈孟子註〉：「權者，反經而善者也。」

朱熹如何應用及演習他的經權理論。

一、經與權

這一節是要討論經、權這兩個概念的關係。經是經，權是權，經權非一，如依照程頤說權就是經，就應廢了那權字，這是朱熹討論經權問題的基本觀念③。正因爲權不就是經，才有二者的關係可言，這個關係實表現儒家倫理學一個重要的發展，因在關係的討論中，不僅在理論上豐富了倫理學的內涵，在實踐上也增強了應變的能力。思想史上最先把二者關聯起來思考的是孟子，後來雖有許多學者涉及這個問題，但沒有一個能像朱熹在此一論題上留下豐碩的成果。

朱熹「經權非一」和程頤「權卽經」的想法雖不同，但並非敵對。程頤的想法是強調倫理的絕對性。如果朱熹是採取敵對立場，他勢必主張倫理的相對性，事實上並非如此，倫理的基本立場，他與程頤完全一致，這也就是他在批評程子的同時，又一再爲程子辯解的主要原因。朱子和程子的不同，是因受了孟子的啓發，因而注意到人在某一特殊處境中實踐倫理時，可能違反明顯的規律去做道德決定這一事實，這個啓發使他了解到漢儒「反經合道爲權」的說法，不僅不與孟子相悖，且是孟子說權最恰當的詮釋。因此，朱熹在理論上勢必面對一個問題，卽如何解除程子

③見〔語類〕卷三十七，第三册，第一六四六頁。

與漢儒之間的衝突？細看朱子的相關言論，這個衝突並不難解決。

先看朱熹如何說明經權之間的關係。

朱子說：「經是常行道理，權則是那常理行不得處，不得已而有所通變底道理。」❹根據這一條說明，朱子把經權的關係轉變爲常變的關係，「常謂之經，變謂之權」，文獻上最早出現於〈韓詩外傳〉❺，據說是孟子所言。「經是常行道理」，例如君仁、臣忠、父慈、子孝❻，當這些道理一旦行不通的時候，在不得已的情況下，於是有通變的要求。通變可採取種種不同的策略，如程頤所反對的權術，便是其中之一。如果權作爲權術，不但程子反對，朱子也必定反對。依照朱子的解釋，「變」就是「反」，也就是「反經」❼，經此解釋，可以把漢儒反經之說吸納到經權的關係中來。可是另一方面，朱子又一再強調，經權雖不同，但通變之權，並不因此就與經分離❽，他甚至說「合於權，便是經在其中」❾，照這樣說，經與權之間的變化，只不過是同質之變，也就是說，形式上雖有變，仍保持實質上不變，如此與反經之說便產生明顯的矛盾。反

❹ 同前，第一六三九頁。
❺ 見〈漢魏叢書〉，第一册，第七六頁下。
❻ 同前註❸，第一六四二頁。
❼ 同前註❸，第一六四七頁。
❽ 同前註❸，第一六四二頁。
❾ 同前註❸，第一六三九頁。

經，不論是形式上或實質上都是違反了經，以孟子之說爲例，男女授受不親的「禮」代表一種社會規範或習俗，也就是一種「經」，現在遭遇到「嫂溺」這一特殊的情況，如仍服從原來的禮，那就是見死不救，與人道的原理不合，「嫂溺援之以手」是根據人道的原理所做的道德決定，這個決定孟子稱之爲「權」，權就明顯違反了經（禮）。既允許在通變時可以反經，又以爲雖可權而又不離乎經，這矛盾如何克服？這矛盾和程子與漢儒之間的衝突雖不相同，却可以一併解決。

程子和朱子對漢儒「反經合道爲權」之說，所以有不同的反應，蓋因程子深惡反經之說，而他所意識到的「經」字的意義，可能與漢儒不同，漢儒意識到的經，相當於男女授受不親的「禮」，而程子所意會的「經」則近乎「道」⑩，這近乎道的經如何能反？既說反經（無異反道）又說合道，豈不自相矛盾？正因爲程子主觀地認定漢儒「反經」之「經」乃近乎「道」，道只是常行之理，因而他連權變權術之論也一併非之，於是在「漢儒以反經合道爲權，故有權變權術之論皆非也」之後接着說「權、經也」⑪，也成爲邏輯上必然的推論。

但朱子的了解不同，朱子注意到反經合道之說中的經與道顯然不屬於同一個層次，他說：「反經合道一句，細思之亦通。緣權字與經字對說，纔說權便是變，却那箇須謂之反可也。然雖

⑩ 例如程子說：「夫臨事之際，稱輕重而處之以合於義，是之謂權，豈拂經之道哉！」（〈二程全書〉，「粹言」一，第六頁上）。

⑪ 朱子〈論語集注〉引。

是反那經，却不悖於道，雖與經不同，而其道一也。」⑫在另一次問答中，又說：「道是箇統體，貫乎經與權。」⑬所謂統體就是統攝萬有的最高本體，是比經與權更高更基本的存有，在儒家，存有不只是純智性的思考對象，它是即存有即活動的，因此能「貫」，道貫於萬物，所以成就萬物，道貫乎經與權，使經權的活動皆有所依。因道既貫乎經又貫乎權，經與權都同具道的成分，在這個意義上可以說權就是經。又因道與經權不屬於同一個層次，所以權雖然反經，却可不悖於道。這樣，程子與漢儒之間不但不衝突，經由朱子的解釋，實可將孟子、漢儒、程子諸說加以會通。同時由道一觀念的引入，在倫理的絕對性這一點上，也可使程、朱的立場趨於一致。由上引朱子「雖是反那經，却不悖於道」之言，可知朱子自身的那個矛盾，並不是思想上眞有矛盾，不過是概念上的混淆而已，當朱子說通變時可以反經，是與權對說的經，比道要低一層次；當朱子說雖可權而又不離乎經時，這個經字的意義，已不同於「反經」之「經」，而相當於「不悖於道」的「道」。因此，朱子說「權實不離乎經」⑭的「經」字只要了解爲「道」，混淆就可以澄清。「經」在朱子的用法，有時稱爲「大法」⑮，有時逕稱之爲「萬世常行之道」⑯，「經」與

⑫ 同前註③，第一六四七頁。
⑬ 同前註③，第一六三八頁。
⑭ 同前註③，第一六四二頁。
⑮ 同前註③，第一六四三頁。
⑯ 同前註③，第一六三八頁。

「道」本來就是不分的。又如朱子說「合於權，便是經在其中」⑰，可以確定這個「經」就是「道」。

二、權、義、時中

當人面臨某一特殊情況，一般的常理行不通，因不得已而行權，行權是要求變通，變通就可能被迫違反常理（社會規範），這不論是對個人或社會都是一個相當嚴重的問題。爲此，漢儒主張在「反經」的同時，還必須以能「合道」爲其標的，朱子對這一點更是再三致意。如果反經而不能合道，那末公然允許違反常理的行爲，很容易使人流於肆無忌憚，甚至玩弄權術詭詐，還自以爲是行權，成爲朱子所謂「借權以自飾」⑱，使爲非作歹者假藉行權的名義以掩飾其醜行，這當然不是行權的本意，「合道」的要求就能針對這些可能的流弊而有所防範。

現在的問題是：反經又要合道，此如何可能？義、中或時中等概念的介入，以及由權、義、時中連環而生的一套思想，主要就在解答這個問題。反經是一種脫序的行爲，但脫序僅是行權過程的一部分，還沒有觸及行權的要點，行權的要點是在人被迫脫序之後，針對特殊情況及特殊難

⑰ 同前註❸，第一六三九頁。

⑱ 同前註❸，第一六三七頁。

題，在解決的過程中，因此而產生新的道德決定，這個道德決定不能與最高的道德原理相悖。所以行權不是爲道德開方便之門，而是爲了克服倫理的難題，豐富倫理生活的內涵，擴大道德原理的應用，這是一件困難的事，孔子當年視「與權」比「共學」、「適道」、「與立」都要難，大概也就是爲了這個原因。

朱子解「可與權」爲「遭變事而知其宜」⑲，言遭遇特殊情況及特殊難題時，須權衡何者爲宜，何者爲不宜，而宜不宜取決於義。朱子有權「須是合義」之說⑳，合義卽知其宜。變事之來，事起倉促，事先並沒有任何準備，義就是在這種情況下做道德決定的唯一依據。作爲權衡依據的義，並非客觀存在足以取法的規範，義者宜也，這是要訴諸個人良知的，良知表現的恰當與否，要靠個人的修養，所以說非仁精義熟者不能行權。朱子所以堅持非大賢以上之人，不可輕言權，也是這個道理。

義之所以介入於權變之說，是因義本身就具有隨應時變的特性。義卽是宜，而宜不是一定不易的，同此一事，在此爲宜，在彼可以轉成不宜，宜不宜要看具體的情況來決定，不顧具體情況而一味拘執，當年孔子卽深不以爲然，因有「疾固」、「絕固」之說，固就是拘執，卽一旦認定爲宜便永不改變㉑。孔子主張對天下事，沒有一定專主的（無適），也沒有一定反對的（無莫），

⑲ 同前註③，第一六三三頁。
⑳ 同前註③，第一六三八頁。
㉑ 參考陳大齊，〔孔子學說論集〕，第六一頁，一九五八年，臺北正中書局。

只要合於義（良知認可）的便可依從（「義之與比」）㉒，在這裏，與比和與權，二者同須依於義而後可，這就是朱子說權須是合義之所本。

權與義的關係既明，二者與中的關係又如何？朱子曾以秤爲喻加以說明：「以義權之，而後得中。義似秤，權是將這秤去稱量，中是物得其平處。」㉓「權」是在遭遇變事時，還沒有做下道德決定之前，正在權衡取捨的心理活動，權衡取捨必有所本，這就是「義」，所以說「以義權之」。權衡取捨的心理活動，必須做下最後的決斷，行權的過程才算完成，這最後的決斷就叫「中」，「物得其平」是說決斷要下得不偏不倚，要合於中道，要做得恰到好處。通權達變的行爲如不能達到這樣的結果，就不足以言行權，所以朱子說：「權是時中，不中則無以爲權。」㉔「權是時中」，是說在權變的活動中，必須能「隨時以處中」，時是特殊的，適於此時之中，未必適於彼時之中，所以說「中無定體，隨時而在」㉕。朱子又有權乃「一時之中」之說㉖，說明不論是行權的活動或行權的結果，都只是對應特殊情況，不得已而產生，可一而不可再，「可

㉒ 見〈論語〉、「里仁」，第十章。

㉓ 同前註❸，第一六三三頁。

㉔ 同前註❸，第一六三七頁。

㉕ 朱子，〈中庸章句〉解「君子而時中」。

㉖ 同前註❸，第一六三八頁。

暫而不可常」㉗，絕不可任意推廣，借權以自飾。「子莫執中」，孟子評以「執中無權」，就是因子莫以變爲常，所以賊道。朱子因此而有「中之活者」與「中之死者」之論㉘。中之死者如子莫對中的拘執，中之活者卽隨時而處中的時中。

義、中或時中這些概念，在古代典籍中，都有複雜的涵義㉙，朱子把它們結合到經、權問題中來，於是產生了特殊的效果，不但爲權變的行爲提供了參考架構，且爲解決經、權問題提出一種有效的方法。

三、權的實踐

朱子在這方面共涉及到三個問題：⑴什麼樣的人才能行權？⑵什麼情況下才能行權？⑶什麼事件才算是權？前兩個問題是討論行權的條件，後一個問題是將權納入具體事例做實驗性的考察，藉以顯示這一類行爲的特性。

㉗ 同前註❸，第一六四〇頁。

㉘ 〈朱子大全〉，卷五八，第一五頁下，答宋深之第一書。

㉙ 參看韋政通〈中國哲學辭典〉，「義」（第六七八頁）、「中」（第二一〇頁）、「時中」（第五一二頁）各條。

什麼樣的人才能行權？這個問題本由孔子所引起，孔子以爲「與權」比「與立」還要難，因此朱子逕言只有聖人方可與權㉚，這是個合理的推想。但朱子又說：「觀聖人此意，畢竟是未許人用權。」㉛這就未必是孔子之意，因「難」與「未許」並不一樣。看朱子「權是不得已而用之」「終非常行之理」等言㉜，可以揣想他眞正的意思，不是權不可用，而是他對行權這種行爲有着高度的戒心，擔心一般人爲了自己的方便而任意爲之，還自以爲是行權。

行權爲何如此之難？可藉王弼（二二六——二四九）的話來說明：「權者道之變；變無常體，神而明之，存乎其人，不可豫設，尤至難者也。」㉝是說在權變之行中沒有既成的規律可循，變事之起又是一特殊的情境，事先完全難以逆料，當事者可能必須在一剎那的未來裏預測行爲的結果，並做下決定，在這情形下，只有依靠個人心靈的妙用。「神而明之，存乎其人」，用朱子的話說，就是「欲其權量精審，是他平日涵養本原，此心虛明，純一自然。」㉞在這裏，朱子是指高水準的道德修養，在王弼所謂「神而明之」未必有道德的涵義。朱子又說「非見道理之

㉚同前註③，第一六三四，一六三八頁。
㉛同前註③，第一六四〇頁。
㉜同前註③，第一六三七，一六四〇頁。
㉝皇侃，〈論語集解義疏〉引。
㉞同前註③，第一六三五頁。

精審透徹純熟者，不足以語權」㉟，當然也只有具高水準道德修養的聖賢才能做到。用現代人的眼光來看，朱子認爲聖人方可行權，無異權不可用，因聖人對現代人而言根本不可期，而經權却是任何人都可能面臨的眞實問題。如不拘泥於文意，對上面這個問題，朱子似可有這樣的結論：好的手段才能衍生好的結果，壞的手段不能實現好的目的，在常態下固應如此，在非常情形下也不可有例外。

次一個問題是什麼情況下才能行權？唐代馮用之說：「夫權者，適一時之變，非悠久之用。……聖人知道德有不可爲之時，禮義有不可施之時，刑名有不可威之時，由是濟之以權也。」㊱如要爲這些提示提供實例也不難，因嫂溺而抛棄男女授受不親之禮，恰符合第二個提示；舜父殺人，孟子主張舜竊負而逃的故事㊲，可作爲第三個提示的例子；歷史上許多忠孝不能兩全的故事㊳，可作爲第一個提示的例子。嫂溺援之以手，是行權的佳例，無可爭辯。竊負而逃雖也可以說是行權，但其間有私情與國法衝突的問題，可引起爭論。忠孝不能兩全正是道德的兩難問題，無論你選擇做忠臣或做孝子，都可能被認爲對或錯。從後面兩個例子看來，在什麼情況下才能行

㉟ 同前註③，第一六四三頁。
㊱ 馮用之，「權論」，〔全唐文〕，卷四〇四。
㊲ 見〔孟子〕，「盡心上」。
㊳ 參看錢鍾書，〔管錐編〕，第一册，毛詩正義，第四九則，第一三四～一三六頁。

權，實在不是一個容易解決的問題。

朱子對這個問題只有原則性的提示，一則曰「經常之道，如何動得其間，有該不盡處，須是用權」[39]，再則曰「事也有那反經底時節」[40]，三則曰「事有必不得已處，經所行不得處，也只得反經。」[41]三說僅得一義，卽「必不得已」，正因爲經常之道行不通，才造成不得已的情況，既不得已，就只得反經。問題是不得已並沒有客觀的尺度，甲認爲是不得已的，乙不一定有相同的認定，如寡婦改嫁，縱然事實上是因生活無依而出於不得已，別人還是可能認爲她是失節，對情況認知的不確定性，當也是造成行權困難的一大原因。

第三個問題是什麼事件才算是權？這個問題使朱子在前兩節所說的「反經合道」及「以義權之而後得中」的理論在實際上面臨考驗。朱子論及的事件可分兩類，一類是以古聖王爲行權的範例，一類則是他親身的經驗。這兩類都可以看作經權理論的演習。

在第一類的事件中，朱子提到堯舜禪讓、湯放桀、武王伐紂、伊尹放太甲、周公殺管、蔡等，認爲這都是聖人行權的實例。下面引兩段作爲檢討的依據。

(1)「經是萬世常行之道，權是不得已而用之，須是合義也。如湯放桀，武王伐紂，伊尹

[39] 同前註[3]，第一六四二頁。
[40] 同前註[3]，第一六四三頁。
[41] 同前。

放太甲，此是權也，若日日時時用之，則成甚世界了？……然禹、舜之後六七百年方有湯，湯之後又六七百年方有武王，權也是難說。」㊷

(2)「且如周公誅管、蔡與唐太宗殺建成、元吉，其推刃於同氣者雖同，而所以殺之者則異。蓋管、蔡與商之遺民謀危王室，此是得罪於天下，得罪於宗廟，蓋不得不誅之也。若太宗則分明是爭天下。故周公可以謂之權，而太宗不可謂之權。」㊸

臣忠於君是經，臣弒君是反經，湯、武弒君的結果，是戰爭的勝利及新權力中心的建立，這種權力政治和戰爭的遊戲，是歷史上常見的事件，朱子所以獨以爲是聖人行權的範例，完全是因爲在儒家的傳統裏，湯、武早就被理想化了，所謂「湯、武革命，順乎天而應乎人」㊹是也。因爲湯、武是被理想化的聖人，所以才說他們的弒君行爲乃合義之權。對不採取儒家立場的人，朱子的判斷很難使人信服。再從歷史的觀點看，在上述事件中，成功幾乎是唯一的判準，因爲任何對成功有所貢獻的事就被認爲是合理的，如果以爲這就是行權，那是因爲目的可使手段合理，顯然與朱子的理論要求不合。理想化正表示這一類的例子並沒有實際的意義。因此，無論是理想化的觀點或歷史的觀點，朱子的經權理論都很難應用到「湯放桀，武王伐紂」這類事件中來，也就

㊷ 同前註③，第一六三八頁。

㊸ 同前註③，第一六四一頁。

㊹ 《周易》，「革」彖辭。

是說，這類事件根本無法接受朱子經權理論的考驗。

朱子認爲太宗爲爭天下而弒兄，不是行權，這個判斷符合他理論的要求。周公呢？因周公是聖人，朱子主張惟聖人方能行權，因此周公弒兄不管眞實的原因是什麼，必須視之爲權。周公的情況與湯、武、太宗的確都不同，或許能符合朱子所謂「事有不得已處」，但既然弒兄，又視之爲權，無論如何都不能避免「目的使手段合理」的缺點。依照朱子的理論，反經的行爲大概只能允許違反男女授受不親之類的禮俗，弒兄這樣的罪行絕不可能被允許。如果一般人弒兄是罪行，周公弒兄就是行權，也是說不通的。縱然周公的行爲是爲安定王室救天下蒼生，也只能用另外的標準（如大義滅親）使他的行爲合理化，但這樣就必須擴大朱子權論應用範圍。

下面再從朱子的親身經驗看他是如何處理經權問題的。

問：居喪爲尊長強之以酒，當如何？

答：若不得辭，則勉徇其意亦無害，但不可至沾醉，食已復初可也㊺。

依照古禮，居喪期間不可飲酒，這是「經」，「尊長強之以酒」是「反經」，在此情況下，究竟要遵守古禮不從長者之意呢？還是順從長者而違反古禮呢？情況雖不嚴重，但仍是一個道德的兩難問題，因當事者必須在守禮與敬老之間做一選擇。由朱子的答覆，他考慮很周詳，「若不

㊺〔語類〕卷八九，第三六七六頁。

得辭」，表示強之以酒時，起先宜婉辭，辭顯示你知道古禮之當守，固辭不獲是不得已，既不得已，不妨從權，「權須是合義」，義是隨應時變的，「勉徇其意」即暫捨守禮之宜以取敬老之宜，可解當前的難局；但仍有「不可至沾醉」及「食已復初」的限制，因醉了不僅悖禮，也失去敬老之義；「食已復初」是因行權乃出於不得已，以後不可輕易援例而行。

或問：親死，遺囑教用僧道則如何？

答：便是難處。

問：也可以不用否？

答：人子之心有所不忍，這事須仔細商量㊻。

這個問題的難處，是由於兩代間信仰的不同，父親（或母親）信僧道，兒子是儒教信徒，本於儒教的立場，當然希望喪禮能依照儒家的禮俗，這樣就要違背遺囑，違背遺囑又是不孝，所以爲難。在儒家，孝是最重要的道德。因此，當事者問「也可以不用否？」朱子回答那樣做會使爲人子者良心不安，但以朱子的立場，又不能公然主張用僧道之禮，孝與用僧道之禮相糾結，是難住朱子的最大原因。不過照問答的內容推想，當事者如願從權——遵照遺囑用僧道，朱子當不致反對。何況這樣做也並不與朱子的理論相悖。

㊻ 同前。

或問：設如母卒父在，父要循俗制喪服用僧道火化則如何？

朱子反問：公如何？

答：只得不從。

朱子：其他都是皮毛外事，若決如此做，從之也無妨，惟火化則不可。

或人：火化則是殘父母之遺骸。

朱子：此話若將與喪服浮屠一道說，則是未識輕重在㊼。

對這個問題朱子所以能立卽做下決斷，是因在用僧道中出現了喪服和火化兩種情況，有助於脫出孝與用僧道相糾結的困境。如父親堅持要循俗制用僧道，在喪服方面可以從權，理由是服裝問題畢竟是「皮毛外事」，本來就是有變化的。但火化則不可從，因火化是「殘父母之遺骸」，不僅違背儒教的禮俗，實難安人子之心——這個理由當可打動爲父者之心。朱子這樣處理，旣維護了儒家的立場，又可以解除父子間的衝突，可謂情理兼顧。從這個例子，對解決經權問題，朱子已爲後人留下一個重要的啓示：只要能把握道德的大原則，次要的原則，在遇到困難時，不妨斟酌輕重，暫予捨棄，這就是行權㊽。

㊼ 同前。

㊽ 參考楊慧傑，〈朱熹倫理學〉，第一四九頁，一九七八年，臺北。

四、結　論

中國思想史上的經權問題發端於孔子，孔子以後雖有不少學者涉及此一問題，但一直要到朱子才發展出一個比較成型的理論。

刺激朱子對經權問題做深入思考的主要原因，是因程頤不滿漢儒「反經合道爲權」之說，朱子既敬重程子，又同情漢儒，因此逼迫他必須面對此一衝突，並尋求一合理的解決。從他對程子反復不定的言論，可以想見這個問題會使他感到困擾，後來終於在「經」與「道」的區分中找到解決問題的關鍵。因「經」與「道」都有常行之理的意義，所以很容易混同。程子以爲「反經」卽「拂經之道」，可見他意識中的經是與道混淆了，與漢儒「反經」之經實不同其義。依照朱子的了解，經與權是相對概念，道既超越於經權又內在於經權，就其超越於經權而言，所以雖反經却不悖於道，就其內在於經權而言，說權卽經（因皆同於道）亦無不可。如此朱子不但把程子與漢儒之間的衝突做了合理的解決，且使漢儒之說有了進一步的發展。

漢儒僅說「反經合道爲權」，朱子進一步追問此如何可能？解答這個問題，單靠「道是箇統體，貫乎經與權」，還不足以爲權變的行爲在理論上提出明確的指導，這方面的理論效果，由於義、中或時中概念的介入，以及與權的關係的討論中，才逐漸發展出來。這些概念本散見於各種典籍之中，經朱子的結合，遂成爲解決經權問題的核心理論。

經權的理論並不是一套概念的遊戲，它須要對權的實踐起指導的作用，對特殊境遇中遭到的道德難題的解決，提供實際有效的方法。因此我以朱子的相關言論及其親身的經驗爲實例，對他的理論加以考驗。考驗的結果發現，朱子倫理意義的經權論，並不適合應用於「湯放桀，武王伐紂」這一類的歷史事件，這類事件中如果也有它的權宜性，則權宜性的準則應別有所指。同時我也發現，朱子的理論經親身的演習，對在禮敎或禮俗範圍之內的道德難題的解決，顯然有相當大的效果。

經權問題在倫理學中是一重要問題，由於人類的境遇變動不居，且日趨複雜，因此永遠會有新的難題，倫理學在這方面有極大的發展潛力。朱子生於南宋，由於歷史和文化背景的影響，他涉及的道德難題，在社會變遷中會自動消失，但他的理論和啓示確已觸及現代處境倫理中的若干核心問題。如何讓朱子的理論接受現代的考驗，並以新的經驗新的知識去充實或重建這方面的理論，是這時代的倫理學者面臨的新挑戰。

一九八一年十二月十日

現代中國儒家的挫折與復興

——中心思想的批判

一、前　言

當十九世紀中葉，西方文化向古老的中國挑戰時，在思想上中國主要是以儒家爲基線而回應的，因此本文擬藉探討傳統儒家思想在西潮衝擊下所遭到的挫折，以及由挫折而激起復興儒家的努力，以了解這一回應的過程，和回應過程中所產生的若干問題。

在十九世紀的後期，中國在西方帝國主義的強大壓力下，雖屢戰屢敗，但朝野的知識分子，對自己傳統的信心，並未十分動搖，因此本文所說的挫折，不始自十九世紀，而是指民國四年以後〈新青年〉對儒家傳統的攻擊和破壞。此外本文所說的復興，則是指當代新儒家在民間對儒家傳統的維護，以及重整的努力。

挫折與復興，是為了討論中國在追求現代化過程中的思想問題而選擇的兩個重點，透過這兩個重點，一方面有助於了解古老中國適應現代思潮的部分過程，更重要的是能夠使我們清晰地把握到一個傳統過渡到現代，所引起的一些主要思想問題的癥結所在。六十多年來，這些問題，曾是中國知識分子爭論的焦點之一。我們希望能對這些問題，做一點澄清工作。六十多年的時光，在「新」與「舊」的對立中，在「反傳統」與「擁護傳統」的拉鋸戰中過去了，希望這樣的對立和爭論，早日成為歷史的陳跡，讓我們這一代為中國文化的未來，做更多積極而富創造性的工作。

二、儒家的挫折

由於西方文化的影響，清末的譚嗣同和梁啓超，對儒家傳統已有相當嚴厲的批評❶，不過他們的用心，只是想打開傳統的封閉，在舊的基礎上接受新知，以求適應新潮流。這一情勢，到了民國初年，就大不同，以〈新青年〉為中心的反儒家運動，不再承襲前人新舊調和的態度，開始全面抨擊儒家傳統，轉向西化。自從漢代儒家取得獨尊的地位以來，敢向孔子做正面而猛烈攻擊的，〈新青年〉實開其端❷。孔子早已是中國文化的象徵，民族信心之所寄，當孔子的權威被侵

❶ 參看韋政通〈中國哲學思想批判〉，該書對譚、梁的反傳統思想有專章討論。

❷ 〈新青年〉以前，吳稚暉等人在巴黎創刊（一九〇七年）的〈新世紀〉，已有抨孔言論，但猛烈的程度，不能與〈新青年〉相比，對國內似乎也沒有產生什麼影響。

犯，在當時仍佔多數的舊式士大夫，他們心理上所受的挫折和創傷，是極其嚴重的。由於這些原因，使得〔新青年〕的某些反儒家的言論和它的作者，幾十年來一直爲各式保守主義者所詬病，甚至視爲導向中國赤化的罪魁禍首，對〔新青年〕所代表的新文化運動的貢獻，及其歷史的意義，反而被他們忽視了。

今日要對〔新青年〕的反儒家言論做適當的評價，必須對當時的歷史背景做一番省察。如果我們對民國開國前後的歷史景象和歷史事件有概略的了解，那麼就不難知道，民初的反儒家運動，在客觀情勢上實很難避免。

(一)〔新青年〕反儒家運動的起因

民初反儒家運動的出現，從歷史的觀點看，有遠因亦有近因，西潮衝擊屬前者，帝制運動、孔教運動屬後者。

1.西潮衝擊

研究社會變遷的學者烏格朋（W. F. Ogburn），曾主張物質文化的變遷，較非物質文化爲速。衡諸中國在西潮衝擊下所引起的變革步驟，就正是如此。自鴉片戰爭和英法聯軍之役，使中國遭到喪權辱國的慘敗以後，最感到迫切需要的是西洋人優良的火器和工業技術❸，在「師夷之長技以制夷」的決策推動下，於是有自強新政的措施。這個運動自一八六一至一八九四年，重點在開礦、練軍和舉辦輕工業，累積了三十三年的一點成績，經不起甲午一戰的考驗，雄霸東亞數千年的大國，竟敗給島國日本。日本之崛起，由於維新的成功。此役之敗，促使中國士大夫覺悟到，非變法已不足以圖存，於是有康、譚的維新運動。維新運動雖因保守勢力的阻撓及清廷的昏愚而失敗，但對促進近代中國社會文化的變遷，却有着重大的影響，清末散佈於全國各地的現代性學會，就在此一運動的前後，如雨後春筍般興起❹，這些開創新風氣，傳播新知識的學會，爲後來的新文化運動，奠定了一部分的社會基礎。

維新變法運動失敗以後，推翻滿清的革命，已勢不可免。革命的震盪，雖使共和政體在形式上已出現，但政治和社會的混亂，却有增無已，這不能不使少數開明的知識分子痛感失望。當一個傳統在應變的過程中屢次受挫，並爲國人帶來深沉的痛苦時，這些知識分子對這個傳統喪失信心，因而激起反抗的聲浪，實已是無法避免的事。

2. 帝制運動

一九一五年九月十五日，當陳獨秀在上海創辦〈青年雜誌〉時，雖然正值籌安會公開作帝制

---

❸ 李鴻章爲設立江南製造局上恭親王書：「中國文武制度，事事遠出西人之上，獨火器萬不能及。」又說：「庶幾取外國之長技，以成中國之長技。」

❹ 關於清季學會以及學會分佈的情形，可參看王爾敏「清季學會與近代民族主義的形成」一文，見〈晚清政治思想史論〉。

活動後的一個月，但該雜誌並非爲反對帝制而辦。根據發刊詞，辦雜誌的宗旨是：「國勢陵夷，道衰學弊，後來責任，端在青年。」在〈青年雜誌〉第一卷的六期中，除第四期外，每期都有討論青年的文章，尤其是第六期，共有四篇之多❺，當時陳獨秀捨棄許多重大的國事不談，單把注意力集中於青年，可能是因爲他看到民初在政界和議壇上活躍的士大夫們，早已道德淪喪❻，對他們已不抱希望，才決心培育新青年，以接替國事。陳氏的用心，度之當時國情，的確代表一種正確的遠見。假如〈新青年〉後來眞能朝着這個目標發展，對國家必將產生更多積極而富建設性的貢獻。不幸洪憲帝夢剛碎，復辟之議又起，代表歷史逆退現象的活劇一再上演，不斷給予陳獨秀等人新的刺激，〈新青年〉的言論轉向反儒家，就在這個期間。〈青年雜誌〉在一九一六年二月十五日第六期後停刊，同年九月一日復刊，因陳獨秀已應蔡元培之邀，赴北大任文科學長，雜誌也由上海遷往北京，並更名爲〈新青年〉。復刊後的〈新青年〉，已少談青年問題，陳氏在第二卷各期的論文，差不多都在討論儒家與孔教問題，被稱爲反孔第一炮的易白沙「孔子平議」，

---

❺〈青年雜誌〉（第二卷起改爲〈新青年〉）第一期有中英對照的「青年論」；二期有高一涵「共和國家與青年之自覺」；三期有「青年論」、「德國青年團」；五期有高語罕「青年與國家之前途」，另有「英國少年團規律」、「青年與性慾」二文；六期有四篇：「戰雲中之青年」、「青年之敵」、「英國少年團」、「巡視美國少年團記」。

❻梁啓超在「袁政府僞造民意密電書後」一文有這樣的話：「蓋四年以來，我們士大夫之道德，實已一落千丈，其良心之痲木者，十之而七八。」（引自李劍農〈中國近百年政治史〉，第四六七頁。）

和吳虞的「家族主義爲專制主義之根據論」，也都發表在第二卷。第一卷在上海出版時，銷路不佳；第二卷反儒家的大膽言論，才使它轟動一時。〈新青年〉所以會轉向反儒家，是因爲它的作者們，認定儒家與帝制運動有不可分離的關係❼，並爲帝制運動提供理論上的支援，要不然「天壇憲章」爲何一定要附尊孔條文？爲了使帝制活劇在民國史上不再出現，就必須消滅它的歷史依據，攻擊的矛頭就自然指向儒家了。

3.孔教運動

民國成立，蔡元培任教育總長，因鑑於清季學部所頒教育宗旨中，有忠君、尊孔二項，忠君與共和政體不合，尊孔與信仰自由相違，所以主張刪除。稍後袁世凱醞釀稱帝，企圖利用孔教做擋箭牌，於民國三年九月，發佈祀孔令，當時擁護孔教者，多爲軍閥、舊官僚和復辟派❽，其中支持最力者爲康有爲。康氏甚至在袁世凱倒斃後，仍不死心，於民國五年秋，復上書黎元洪、段祺瑞，要求定孔教爲國教，列入憲法中，如此有悖民主潮流的行爲，終於激起陳獨秀的反擊，陳氏由孔教與憲政的不相容，推至孔子之道與現代生活的相背，由於這類言論頗能迎合當時青年知識分子厭惡帝制的心理，大受歡迎，於是愈演愈烈，終導致對儒家傳統的全面攻擊。這時候反對

❼ Chow Tse-tsung（周策縱）The May Fouth Movement, p. 47, Cambridge: Harvard Univ, Press, 1960.

❽ 鄭學稼〈中共興亡史〉，第一卷上，第二五二頁。

孔教的，已不只是〈新青年〉，蔡元培、吳稚暉都曾響應⑨，就連提倡國學，並正主講於國學會的章太炎，也公開宣佈，凡已入孔教會而復願入國學會者，必須先脫離孔教會⑩。因孔教運動遭有識者所唾棄，而株連及孔子，可謂不幸的演變。

(二) 攻擊儒家的主要言論

索洛金(P. Sorokin)認為，文化現象可分理論層次（如佛教理論）、行動層次（如實行佛教教義的僧侶），和物體層次（如佛像、廟宇、經典）⑪，儒家在中國傳統所扮演的角色，實包括這三個層次而無遺。〈新青年〉的反儒家言論，重點放在破壞孔教，破壞禮法，破壞舊倫理（忠、孝、節），破壞國粹，破壞貞節⑫，大部分屬於行動層次，偶有涉及物質層次（如打倒漢文），對儒家的理論層次，如仁、義、心、性等問題尚少提到。這種偏向，頗值注意，因「五四」以降的新儒家，維護儒家的立足點主要是站在理論層次上，這使得六十多年來反儒與擁儒者

---

⑨ 蔡元培反孔言論，見陳獨秀「再論孔教問題」一文所引（〈新青年〉二卷五期）；吳稚暉的反孔言論，見〈吳敬恆選集〉，書信(一)，第一三八頁。

⑩ 見顧頡剛編，〈古史辨〉第一冊序文。

⑪ 徐道隣譯述，索洛金原著〈危機時代的社會哲學〉，第三三頁。

⑫ 見陳獨秀「新青年罪案之答辯書」，〈新青年〉六卷一期。

往往是站在不同層次上在爭辯。

〈新青年〉的反儒言論，所以偏向於行動層次，主要是因爲儒家在這個層面所暴露的弊病，在新潮的衝擊下，較容易察覺。清季衞道之士所保衞的不過是些僵化的敎條，社會生活所反映的又盡是些腐化的禮敎，再加民初擁護孔敎者，多屬敗德無行的舊官僚，這些不知變通、不合人道和腐化的現象，在新型知識分子的心目中，都被視爲儒家傳統的罪狀。清末民初的社會種種守舊僵化的現象，促使〈新青年〉的作者羣形成一個基本的假定：凡是舊有的都是壞的，凡是新來的都是好的。這個受制於特殊情境的錯誤假定，乃〈新青年〉言論日趨猛烈的基因，也使這羣作者在後來的歷史中不能獲得諒解的主要原因。

下面我們就把〈新青年〉反儒家言論中，被認爲與現代新思潮有尖銳衝突的幾個主要論題列示出來：

1.儒家傳統與民主科學

〈新青年〉一開始就出現這樣的言論：「所謂新者無他，卽外來之西洋文化也；新謂舊者無他，卽中國固有文化也。……二者根本相違，絕無調和折衷之餘地。」[13] 吳虞說：「儒敎不革命，儒學不轉輪，吾國遂無新思想、新學術，何以造新國民？」[14] 〈新青年〉的領導人陳獨秀，

[13] 汪叔潛「新舊問題」，〈新青年〉一卷一期。

[14] 吳虞「儒家主張階級制度之害」，〈新青年〉三卷四期。

也持同樣的論調：「歐洲輸入之文化，與吾華固有之文化，其根本性質極端相反。」⑮所以他堅決主張：「吾人倘以新輸入之歐化為是，則不得不以舊有之孔教為非；倘以舊有之孔教為是，則不得不以新輸入之歐化為非，新舊之間絕無調和兩存之餘地。」⑯

在歐洲輸入的文化中，最為陳獨秀們重視的是民主與科學，這一點在〈新青年〉的發刊詞裏就已標舉出來，代表發刊詞的「敬告青年」一文，所示該誌努力的六大目標的第一項，就是「自立的而非奴隸的」，陳氏所做的解釋是：「各有自主之權，絕無奴隸他人之權利，亦絕無以奴自處之義務。」這顯然是指民主。第六項目標是「科學的而非想像的」。以這兩大目標，作為新文化運動努力的方向，歷史證明是完全正確的。不過依據他們自己對固有文化和歐化之間不能並存的假定，要在中國實現民主與科學，就非要打倒儒家的舊傳統不可，陳獨秀在以「新青年罪案之答辯書」為題的文章裏，就正是順着這樣的邏輯答覆他的反對者，他說：「本誌同人本來無罪，只因為擁護那德莫克拉西（Democracy）和賽因斯（Science）兩位先生，才犯了這幾條滔天的大罪（指破壞孔教、破壞禮法、破壞舊倫理者）。要擁護那德先生，便不得不反對孔教、禮法、貞節、舊倫理、舊政治；要擁護那賽先生，便不得不反對舊藝術、舊宗教；要擁護德先生又要擁護賽先生，便不得不反對國粹和舊文學。」

⑮ 陳獨秀「吾人最後之覺悟」，〈新青年〉一卷六期。
⑯ 陳獨秀「答佩劍青年」，〈新青年〉三卷一期。

以上的言論，顯然蘊涵着若干缺點：

第一，在追求中國現代化的過程中，引起傳統與現代之間的緊張關係，甚至新舊對立，都是不可避免的現象⑰。但對立並不表示絕無折衝的餘地，文化可以創新、價值也能轉換，但新舊文化之間，不可能劈成兩半，捨其舊而取其新。羅素曾說過，西方文明乃猶太宗教、希臘文化、近代科學等三種來源的產品⑱。馬克斯・韋伯（Max Weber）更有力地闡述了基督新教倫理與現代資本主義間的精神關聯⑲。〈新青年〉的作者們，因對文化傳統的綿延性缺乏了解，才有此魯莽的論斷。

第二，陳獨秀把「舊有的孔教」與「輸入之歐化」之間，用「是」與「非」的二元價值觀，強迫人二者擇一，這是依據價值判斷而來的獨斷論式，根本不是對中西文化的客觀認知。根據語言學家的了解⑳，人們使用二元價值觀點，主要在表現強有力的感情，以增進戰鬥精神。這一點有助於我們了解〈新青年〉的反儒家言論，爲什麼那樣猛烈又富有情緒上的感染力？這是以往道統論者對付異端常使用的方法，不但引起無謂爭端，甚至產生災害。一輩以宣揚新思想爲職志的

⑰ 參看郭正昭等譯，C. E. Black 原著〈現代化的動力〉，第八頁。
⑱ 羅素，〈中國問題〉，第十三章：「中西文明的差異」。
⑲ 張漢裕譯，馬克斯・韋伯原著〈基督新教的倫理與資本主義的精神〉。
⑳ 柳之元譯，早川原著〈語言與人生〉，第十三章，「二元價值觀點」。

知識分子，在思想的基本訓練上，比傳統的士大夫，似乎並沒有多少進步。

第三，〈新青年〉的作者羣，在思想上所表現出來的缺點，最嚴重的是，他們提倡民主、科學，可是在他們的思想和性格上，却具有反民主、反科學的明顯傾向。前面曾說過，清季士大夫所保衞的不過是一些傳統的教條，他們是一羣教條主義者，教條主義與民主精神相悖，是應該加以批評。詎料這些新文化運動者，他們頌揚民主，奉民主爲絕對眞理，絕不容許懷疑與批評，這是新教條主義。新教條主義也是反民主的。他們提倡科學，可是他們討論問題，却缺乏科學的認知態度。陳獨秀認爲只有民主與科學，才「可以救治中國政治上、道德上、學術上、思想上一切的黑暗」，這種科學萬能的信仰，是一種「科學主義」，「科學主義」往往不知不覺走向科學的反面。如果我們能把握新文化運動者在思想和性格上的激情傾向，不但能了解他們所以只收到破壞性的成果[21]，較少建設性的收成的眞正原因，而且也可以幫助我們理解，爲什麼後期的〈新青年〉會轉向宣傳馬克斯主義，爲二十年代至三十年代間，帶來社會主義的狂潮。列寧十月革命的成功，是這一轉變的外在誘因，內在的原因，是因爲馬克斯主義或社會主義的革命性新思潮，更能滿足新知識分子反叛性格上的需要。

2. 家族主義與個人

[21] 見前註[8]之書，第二六二頁。

陳獨秀在〈新青年〉第一卷，就寫過一篇重要的文章：「東西民族根本思想之差異」。這篇文章爲新文化運動出了一個大題目：一方面要求個人或個性的解放，一方面對傳統的家族制度提出批評。據陳氏的了解，西洋民族是以個人爲本位，東洋民族則以家族爲本位。在這裏，又一次運用了二元價值觀。根據二元價值觀，好和壞都是絕對的，個人本位和家族本位之間，無法調和，因此只好「以個人本位主義，易家族本位主義」。爲何要放棄家族本位主義？因爲它已產生四點惡果：(1)損壞個人獨立自尊的人格；(2)窒礙個人思想的自由；(3)剝奪個人法律上平等之權利；(4)養成依賴性，戕賊個人之生產力。

陳獨秀提出的傳統家族主義與現代個人主義不相容的題目，觸發了吳虞的靈感。吳虞在現代知識方面，不及陳獨秀廣博，但對傳統的了解，則似過之。吳首先發表了「家族制度爲專制主義之根據論」㉒，緊接着又發表「讀荀子書後」㉓，兩文的論點是一致的。他由陳文對家族本位主義的批評，聯想到家族制度與專制主義的關係。爲了澈底消滅專制餘孽，吳虞攻擊家族制度，搗毀它在傳統的依據，實代表思想上的有力反應。

吳虞說：「君之既握政教之權，復兼家長之責，作之君，作之師，且作民父母，於是家族制度與君主政權遂相依附而不可離。儒教徒之推崇君主，直駕父母者上之，故儒教最爲君之所憑藉

㉒ 見〈新青年〉二卷六期。
㉓ 見〈新青年〉三卷一期。

而利用。」㉔指明家族制度與君主政體相依附的事實，是吳虞看出眞正問題所在。但二者之間究竟依靠甚麼才能交相依附？這一點吳虞也看得很準，他說：「蓋孝之範圍無所不包，家族制度之與專制政治，遂膠固而不可析。」㉕又說：「儒家以孝弟二字，爲二千年來專制政治、家族制度聯結之根幹。」儒家的孝既然是聯結家族制度與專制政治的根幹，要推倒此二者，就必須從「非孝」下手：「夫孝之義不立，則忠之說無所附；家庭之專制既解，君主之壓力亦散。」㉖於是他寫了一些攻擊孝道的文字，有的是從實利的觀點說明孝道之不合現代生活，有的是指陳古人行孝的殘酷故事，文字潑辣而有力，引起不少反響。民國十年，胡適爲〈吳虞文錄〉做序，推崇備至，不但認爲他「是中國思想的一個清道夫」，更稱譽他是「四川省隻手打倒孔家店的老英雄。」㉗

吳虞由專制主義，推想到家族制度，由家族制度，又推想到孝道，抽繭剝筍，一層又一層，攻到孝道，的確已攻到傳統儒家的深處。孝道在傳統中所牽出的問題，確是既複雜又嚴重，不過嚴格說，吳虞的功勞，仍在發掘問題上，對問題的解決則是錯誤的，對問題的探討，依然不能深

㉔ 吳虞「讀荀子書後」，出處同前註。
㉕ 吳虞「家族制度爲專制主義之根據論」，出處同前註㉒。
㉖ 同前註。
㉗ 〈胡適文存〉，第一集，第七九四頁。

入：

第一，吳虞非孝的理由之一，是因孝不合現代生活，合理的思考應是根據現代生活的需要，重新界定孝的意義，並限制孝的範圍。因老子曾說：「六親不和有孝慈」，他就根據老子之說，以爲有「和」就不必有「孝」。有人問他：「旣不主張孔氏孝弟之義，當以何說代之？」回答是：「余將以和字代之，旣無分別之見，尤合平等之規，雖蒙離經叛道之譏，所不恤矣。」㉘吳虞竟不知道，「和」是儒家價值哲學中最基本的觀念之一。在儒家，個人則要求內心的和樂，宋儒所求的孔、顏之樂，就是要把「和」的價值實現於個人，達到身心調協的目標。在家庭裏，和睦更是重要的的理想，所謂「家和萬事興」。此外，政治以「政通人和」爲目標，國與國之間則以「協和萬邦」爲理想，最後則以人能與天地萬物爲一體的和諧狀態，爲人生修養的最高境界㉙。吳虞似不知道，儒家言孝，所以強調順從，就是爲了使家庭成員之間保持和睦的一種手段。孝在原則上無人能懷疑，問題在怎樣才算是孝？它的內容是要能適應時變的。

第二，爲甚麼我們說吳虞對問題的探討不能深入？他說「孝之義不立，則忠之說無所附」，雖已點到忠與孝混同的問題，但他不了解，要解答家族制度爲何是專制主義的根據一問題，必須把握忠、孝混同問題做深入的探討，因爲這才是問題的關鍵所在。否則只一味指摘儒家曾助長專

㉘ 同前註㉕。
㉙ 參看韋政通〔中國文化概論〕，第三三八頁。

制，又缺乏詳實的論據，自然不能使人心服。過去就曾有人站在維護儒家的立場撰文，認為忠、孝混同思想的形成，是經過法家的有意安排，到了漢人偽造的〈孝經〉，遂在文獻中取得了崇高的地位，因而才使儒家的孝道蒙上了千古不白之冤㉚。但根據我的研究㉛，忠、孝混同的思想，實是孝道思想的演變和政治制度的演變，二者之間交互影響的產物。這種思想在四書之一的〈大學〉（如：「孝者，所以事君也。」）已出現，在〈大戴記〉（如：「事君不忠非孝也。」）、〈小戴記〉（如：「忠臣以事其君，孝子以事其親，其本一也。」）和〈呂氏春秋〉（如：「人臣孝，則事君忠。」）裏更多，〈孝經〉不過是把當時早已流行的思想，做了更有系統的整理和發揮而已。子女對父母的愛是一份自然而強烈的感情，專制君主如果能將這份感情，從臣民的身上轉向自己，自然是使得權位獲得鞏固的一股有效力量。問題在通過何種途徑，才能達到這種要求？這就不能不探求忠、孝混同在中國傳統中所以形成的原因。關此，我在一篇舊文中㉜，曾提出幾點解釋：

(1)忠、孝混同的思想，可能與君位世襲有關。在世襲制度中，世子與國君的關係，在血統方

㉚ 徐復觀「中國孝道思想的形成、演變及其歷史中的諸問題」文，見徐著〈中國思想論集〉。

㉛ 韋政通「中國孝道思想的演變及其問題」文，原刊〈現代學苑〉六卷五期，後附錄於〈現代化與中國的適應〉。

㉜ 同前註。

面，君乃世子之父，當盡孝；在政統方面，國君也是世子的君，當盡忠；就世子來說，盡孝抑是盡忠，在行爲中很難釐清出一條界線。貴族政制是世襲，專制政制還是世襲，漢初專制政體定型後，在教太子時，忠、孝兩種規範，仍是很難加以分辨的。

(2)孔、孟以後，在孝道思想演變的過程中，孝的價值在社會上已逐漸被提昇到取代一切價值的地位。在專制政制的結構中，忠君的價值，又必然被定爲最高的價值，這就與社會另一最高價值的孝道，勢必發生衝突。唯一能解除這衝突的辦法，就是使忠、孝混同，這樣可兩全其美。

(3)儒家主張德治，所以孔子以爲克己復禮，可以使天下歸仁；孟子以爲人人親其親、長其長，可使天下平。這種思想到〈大學〉的八條目，更發展成一個系統。依〈大學〉，齊家之道可通於治國，則事父之道，自亦可通於事君。所以「孝者所以事君也」的話在〈大學〉裏出現，實是極其自然的事。

吳虞對家族制度相關的問題，探討雖不深入，但他攻擊家族制度和闢孝的言論，對當時新知識分子要求的個人或個性的解放，產生很有力的影響。個人或個性的解放，乃新文化運動很重要的節目，在這一節目上，陳獨秀、胡適、高一涵等人的言論都有貢獻。他們不但翻譯了彌爾（J. S. Mill）的〈論自由〉，也討論女權問題，這方面的言論，到民國七年的〈易卜生專號〉達到高潮。像中國如此重視傳統，又生活在重重權威下的民族，如果沒有這一步解放，很難把國人的潛能激發出來。〈新青年〉在這一點上很有貢獻。

3. 禮教與法治

禮教問題在傳統社會極其複雜，孝不過是禮教的一個節目，禮教才是傳統家族主義最有力的支柱。因此，要打倒家族主義，就必然要攻擊禮教。不過在〈新青年〉的言論中，禮教問題却是在與法治要求的對顯中被提出來。陳獨秀在「東西民族根本思想的差異」一文中[33]，既以「個人」與「家族」相對，又以「法治、實利」與「感情的虛文」的禮教對舉，以爲西洋是以「法治」爲本位，東洋以「感情的虛文」爲本位。法治代表平等無階級，禮教重尊卑階級無平等，二者之間「萬萬不能調和」。

吳虞說：「中庸云：親親之殺，尊尊之等，禮所生也。蓋儒家之論等差，一曰親疏之別，二曰貴賤之差，凡名物制度，咸因此而生差別，是儒家以禮爲法也。」[34]儒家以禮爲法，一方面乃傳統儒家重德化所使然，另一方面則因儒家反對法家的法治形態，因此，社會所賴以控制者，是禮教不是法治。維持禮教的力量來源主要不是政治權力，而是代代遞傳不絕的傳統。儒家爲了捍衛禮教，因此必須維護傳統。禮教是傳統社會公認合式的行爲規範[35]，任何社會都必須要一套行爲規範，就這一點說，儒家重視禮教並沒有甚麼不對。禮教之弊，一在其演變爲三綱，一在禮教

㉝ 見〈新青年〉一卷四期。
㉞ 吳虞「禮論」，〈新青年〉三卷三期。
㉟ 費孝通〈鄉土中國〉，第五三頁。

規範演變成僵化的形式主義。前者使君、父、夫三者形成絕對的權威，然後才流毒無窮。後者使程伊川那樣的儒者說出「寡婦餓死事小，失節事大」違反人道的話來。陳獨秀攻擊禮教，就是針對三綱之說，認爲此「皆片面之義務，不平等之道德，階級尊卑之制度」㊱，與以平等、人權爲基礎的歐洲法制精神不合。

在反對舊禮教方面，最激烈、影響力也最大的是魯迅。魯迅的〈狂人日記〉在民國七年的〈新青年〉發表㊲，風靡了當時的青年男女。日記裏有一段話曾被廣泛傳誦：「我翻開歷史一查，這歷史每頁上都寫着仁義道德幾個字。……仔細看了半夜，才從字縫裏看出字來，滿本都寫着兩個字，是『吃人』！」吳虞看到〈狂人日記〉，曾寫了一篇「吃人與禮教」響應，他說：「我覺得他這日記，把吃人的內容，和仁義道德的表面，看得清清楚楚，那些戴着禮教假面具吃人的滑頭伎倆，都被他把黑幕揭破了。」㊳那麼我們怎麼辦呢？吳虞接着說：「到了如今，我們應該覺悟，我們不是爲君主而生的，不是爲聖賢而生的，也不是爲綱常禮教而生的。什麼文節公呀！忠烈公呀！都是那些吃人的人設的圈套，來誑騙我們的。我們如今明白了，吃人的就是講禮教的，講禮教的就是吃人的呀！」從此，「吃人的禮教」，和「打倒孔家店」的口號，爲反傳統的

㊱ 陳獨秀「憲法與孔教」，〈新青年〉二卷三期。
㊲ 見〈新青年〉四卷五期。
㊳ 見〈新青年〉六卷六期。

人士所津津樂道，也爲當代保守主義者所深惡痛絕，目之爲新文化運動者的有力罪狀。

啓蒙運動本來是一個熱情與理智交融的運動，沒有熱情不能擴大它的影響；沒有理智，不能收穫它的成果。這個運動在中國「五四」前後所表現的，是熱情有餘，理智不足，因此達到了破壞性的目的，沒有獲得預期的成果。其中的原因，值得探究：

第一，像吳虞、魯迅這班人，他們雖有接納新知的熱忱，但他們所能掌握的新知識，畢竟很有限，靠從日本轉借來的一點新知，來從事如此重要的思想運動，自難期望有積極性的建樹。

第二，在民國六、七年之交，新知識分子渴望新思潮的心理，固然很迫切，但新知識累積的基礎畢竟很膚薄，就是那一點點的新知識，也沒有經過足夠的時間，讓他們消化，有的只是當口號叫叫，或拿來做攻擊傳統的武器。於是當另一波新思潮冲來，立即守不住陣脚，紛紛向馬克思主義或社會主義投降。一言以蔽之，中國以〈新青年〉爲中心展開的新文化運動，是一個不夠成熟的運動，因此它也沒有能爲中國的現代化奠定深厚的基礎。

4.定於一尊與多元主義

民國元年，康有爲的弟子們在上海成立孔教會，他們有一個主要的目標，就是希望把孔教在民國的憲法裏定爲國教，後來因帝制、復辟運動的失敗，希望終於落空，但却爲反儒家的人士提供了另外一個大題目。

康有爲的國教運動，是一種董仲舒式的運動，他雖與袁世凱不和，但仍希望能憑藉政治權力、壓抑新思潮，恢復儒家的獨尊地位。好在不久袁世凱倒臺，否則國教運動很可能會成功，那樣可能爲中國的現代化帶來更大的阻礙。保皇黨人，根本不知道，董仲舒和田蚡使孔子定於一尊的運動，曾使在先秦時代代表人本主義理想的儒家，在思想上乾坤倒轉㊴。這一歷史的前例，〈新青年〉的作者們，比較看的清楚，絕不會放過又一攻擊傳統的好機會。

在這一題目上最有貢獻的是易白沙。被人稱爲放抨孔第一炮的易白沙，曾在〈新青年〉發表「孔子平議」長文，文中最有意義的部分就是批評孔子被定於一尊，他說：「閉關時代的董仲舒，用牢籠手段，附會百家，歸宗孔氏，其悖於名實，擁（壅）沮學術之進化，則一而已矣。漢武帝以來，二千有餘歲，治學術者，除王充、嵇叔夜、金正希、李卓吾數君子而外，……實多抱孔子萬能之思想。」又說：「孔子之學，只能謂爲儒家一家之學，必不可稱以中國一國之學。蓋孔學與國學，絕（迥）然不同，非孔學之小，實國學範圍之大也。朕卽國家之思想，不可施於政治，尤不可施於學術。」㊵陳獨秀在給吳虞的信裏，也曾討論這個問題，陳說：「竊以無論何種學派，均不能定爲一尊，以阻礙思想文化之自由發展。」㊶正與易說「壅沮學術之進化」相一致。

㊴ 關於這一段思想演變的過程，可參看韋政通〈中國思想史〉第十二章：「董仲舒」。
㊵ 易白沙「孔子平議」，〈新青年〉一卷六期，及二卷一期。
㊶ 見〈吳虞文錄〉卷上。

由上所說，可知易、陳等人所以不滿定於一尊的主張，是因爲那樣將妨害學術進步，阻礙文化思想的自由發展。在新文化運動時期，由於各種新思想紛至沓來，思想界形形色色、多彩多姿，很自然趨向於多元主義㊷。民國八年成立於北京的少年中國學會，是一從事社會文化運動的社團，曾試圖組織學術或事業研究會，擬分別組成教育研究會、哲學研究會、心理研究會、文學研究會、社會學研究會、經濟研究會、生物學研究會、土木工程研究會、地質學研究會等㊸，此一計畫，後來雖未實現，但可反映出知識多元要求這一傾向。知識的多元要求，必與思想言論自由的要求伴隨而生，也必與「定於一尊」的思想不能相容。在這一點，〈新青年〉實促進了從傳統到現代過程中的一個基本變化的可能。

（三）反儒家運動的歷史意義及其影響

〈新青年〉攻擊儒家的言論，曾促使一部分傳統力量的消退，另一方面擴張了新思潮的影響力，二者之消長，形成以後文化思想變革中連鎖反應的一個新起點。以下我們就要從連鎖反應中，觀察反儒家運動的歷史意義及其影響。

㊷ 周策縱說：「五四時代一個最基本的思想因素，是一種多元主義。」，見「五四運動告訴我們什麼？」，〈大學雜誌〉，四八期。

㊸ 〈中國現代史專題研究報告〉第一輯，第二五二頁。

1.文學革命

在〈新青年〉雜誌上展開的文學革命，最初只不過是一個文體革新的運動。清末的革命黨人，爲着宣傳上的需要，早就辦過多種白話報，但影響不大。到了〈新青年〉時代，白話文運動與反儒家運動先後而起，後來成爲新文化運動中成效卓著，影響最大的一個運動。因爲它提供了一種新的文學工具，對思想與感情的解放，產生了最直接而有效的功能。嚴復翻譯西洋名著，曾強調信、達、雅三個條件，就因用的是古文，結果流佈未廣。「五四」以後澎湃的新思潮，如果不是因爲白話文的被普遍採用，不可能有那樣大的聲勢。當時提倡白話文，所以能順利成功，是因它緊跟着新思想運動而起，後者爲它提供了千載難逢的良機。反儒家的思想解放運動，雖僅是促成白話文運動的部分原因，但就促其順利成功的一點說，仍不能不說是它歷史意義的一部分。

2.知識青年的覺醒

如果說〈新青年〉的反儒家言論，和它對民主、科學、個人價值以及法治精神等的肯定，是一種啓蒙運動，而啓蒙運動的目標又是在覺醒國民的話，那麼後來的歷史證明，這個運動是相當成功的。

就在反儒家言論的高潮中，民國七年末，包括羅家倫、傅斯年在內的北大學生，組織了「新潮社」，並於翌年元月創刊〈新潮〉。據發起人之一傅斯年的回憶：「我們雜誌純是由覺悟而結合的。」他們覺悟了甚麼？可從籌辦〈新潮〉的旨趣看出來：(1)批評的精神；(2)科學的主義；(3)革新的文詞㊹。由這三點可以看出，〈新潮〉大抵是在〈新青年〉的影響下誕生的。於〈新潮〉同時稍前創刊於北京的雜誌，有王統照、徐彥之、鄭振鐸等的文藝刊物〈曙光〉，瞿秋白、耿濟之、許地山等的〈新社會〉㊺，他們也都是受〈新青年〉影響的一羣年輕人。研究「五四」運動的專家周策縱曾統計過，在「五四」運動時期，全國有一千多種新辦的刊物㊻，這些刊物把啓蒙運動的影響力擴及全國各大都會。「五四」運動就是一羣覺醒的青年，爲了要把他們的覺醒付諸行動，才鬧起來的。演變到「六三」，終於因爲全國各大都會的商人、工人和學生們結合起來採取一致行動，於是造成一次空前的全民覺醒運動。

據胡適的了解，民國八年的學生運動，曾獲得如下的收穫：(1)引起學生的自動精神；(2)引起學生對於社會國家的興趣；(3)引出學生作文演說的能力、組織的能力、辦事的能力；(4)使學生增加團體生活的經驗；(5)引起許多求知識的欲望㊼。這是站在一個教師的立場所看到的。中華民國的創建者孫中山先生，對「五四」運動，曾有一段精彩的評論，他說：「自北京大學學生發生五

㊹ 傅斯年「新潮的回顧與前瞻」文，見〈傅斯年選集〉第三册。

㊺ 同前註⑧，第四八六～四八七頁。

㊻ 見前註㊷之文。

㊼ 胡適「我們對於學生的希望」，見〈胡適選集〉〈雜文〉。

四運動以來，一般愛國青年無不以革新思想，爲將來革新事業之預備，於是蓬蓬勃勃發抒言論，國內各界輿論，一致同唱，各種新出版物爲熱心青年所舉辦者，紛紛應時而出，揚花吐艷，各極其致，社會遂蒙絕大之影響。……此種新文化運動，在我國今日誠思想空前之變動，推原其始，不過由於出版界之一二覺悟者從事提倡，遂致輿論放大異彩，學潮瀰漫全國。……故此種新文化運動，實爲最有價值之事。」㊽這一段話可視爲〈新青年〉思想運動的歷史意義及其影響的絕佳證詞。

3. 國故整理與古史討論

〈新青年〉的反儒家運動，餘波盪漾，在連鎖性的反應中，又出現了一個屬於整理國故的推翻古史的運動，整理國故的呼聲，首倡者爲章太炎，提出具體計畫者是胡適，實行這個計畫最有力的是顧頡剛㊾。顧是一位極具雄辯又富想像力的史學者，由於他的熱情和毅力，推動了古史的討論，在民國九年起的十餘年間，疑古成爲學術界的一時風尙，後來編成的七冊〈古史辨〉，代表那一時期學術上的輝煌成就。〈古史辨〉的工作，由疑古而釋古，除了史學本身的成就外，對

㊽〈孫中山自由民主言論彙編〉，第二二五頁。

㊾章太炎整理國故的著作有〈檢論〉、〈國故論衡〉等；胡適整理國故的計畫和方法，見「國學季刊發刊宣言」、「古史討論的讀後感」、「治學的方法與材料」、「紅樓夢考證」等文；顧頡剛這方面的成就，以〈古史辨〉爲代表。

中國的現代化運動也有一定貢獻，因經由古史的討論，使上古帝王的權威被推翻了；由於上古帝王的權威被推翻，道統的觀念就失去歷史的依據；道統觀念失去歷史的依據，建基於道統觀念的崇古價值取向，自然喪失其支柱，面臨崩塌的命運。尹凱士（Alex Inkeles）說：「一個人愈趨向於現在及將來，而不趨向於過去，愈現代化。」[50]如果這話是眞，那麼〈古史辨〉的工作是有助於中國現代化的。

顧頡剛是北大學生，也是新潮社重要分子，他所以能在中國當代史學上佔一個重要的地位，開始是因爲受到〈新青年〉言論的鼓舞，顧氏在回憶中曾如此說過：「要是不遇見孟眞和適之先生，不逢到〈新青年〉的思想革命的鼓吹，我的腦中積着的許多打破傳統學說的見解，也不敢大膽宣佈。」[51]果然，他成爲民初反傳統風潮中的後起之秀，也由於這方面的貢獻，終於使他獲得中國古史的牛頓和達爾文[52]的美譽。

---

[50] 林清江譯，Myron Weiner 編：〈現代化〉，第七八頁。

[51] 同前註[10]，第八〇頁。

[52] laurence A Schneider. Ku Chieh-Kang and China's New History, p. 19, Berkeley: California Univ, press, 1971.

三、儒家的復興

儒家傳統經過〈新青年〉掃蕩性的攻擊以後，雖遭到嚴重挫折，但不久就有人出來，重新肯定孔子的價值，並逐漸走上儒家復興的路。假定在「五四」以後，能很快地發展出一個像四十年代以後那樣有規模有內容的復興工作，那麼我們就比較有寬裕的時間在這個基礎上，經由批判從事更積極的文化創新的努力，那樣也許就能趕上歷史演變的脚步。可是在「五四」以後，中國卻經過北伐統一運動的震盪，和由日本侵略帶來的長期民族苦難，使知識分子得不到足夠的時間和安穩的環境，展開有規模有深度的復興工作，並進而走上新文化建設性的階段。要晚到四十年代末，少數幾個有力的孔子信徒，流亡到港、臺兩地，三十年來，他們在比較安定的環境裏，動心忍性，以流浪天涯之心境[53]，努力重振儒家，不過時機似乎晚了一步，因爲不論是外在世界或中國內部，社會、文化的變遷都太快。

但無論如何，這歷經二三十年的儒家復興的掙扎和努力，代表中國當代文化的一種現象，對這一現象的檢討和分析，不但有助於了解中國思想現代化的部分過程，對儒家傳統在現代的命運，也將獲得一點確切的認識。

---

[53] 牟宗三〈道德的理想主義〉，自序。

(一) 儒家復興的歷史背景及其先驅

這裏所說的「歷史背景」，是指起於「五四」前後，一直到抗日期間，這段時間內宏揚儒家，比較有影響力的人物和思想，以及其他有利於儒家復興工作的歷史條件。

1. 梁漱溟和梁啓超

〈新青年〉反儒家運動達到高潮的時候，與胡適同一年進入北大的梁漱溟，就在思想革命的大本營，豎起儒家旗幟，開始提倡孔學。民國七年，梁在北京大學日刊登一廣告，徵求共同研究東方學（孔子與釋迦）的人，結果應徵的學生寥寥，只在哲學研究所開了一個「孔子哲學研究會」[54]。至於爲何要如此做，據梁自己說：「今天的中國，西學有人提倡，佛學有人提倡，只有談到孔子羞澀不能出口，……孔子之眞，若非我出頭倡導，可有那個出頭？這是逼得我自己來孔家生活的緣故。」[55]他的豪傑之行，以及堅強的性格，不久（民國十年）就出版了他的成名作：〈東西文化及其哲學〉，它雖然是一本被胡適評爲「籠統」、「武斷」的書[56]，在當時思想界却

[54] 梁漱溟〈東西文化及其哲學〉，第一六頁。

[55] 見前註書自序。

[56] 胡適「讀梁漱溟先生的東西文化及其哲學」文，見〈胡適文存〉第二集。

有影響力。因為這是首次將中國文化納入世界文化架構討論的作品，內容雖欠謹嚴，比較文化的方法是極富創意的。嗣後不久，梁拋棄教職，去從事「村治運動」，他相信這個運動能為中國開出一條路。可惜他改造社會的設計是迂濶不切實際的，方法又是由傳統價值觀念所支配的教育。傳統鄉土社會主要問題的癥結之一在「匱乏經濟」，不把「匱乏經濟」逐漸朝向「豐裕經濟」的路子走，問題就不能解決。梁的改造工作，完全無助於這一新的發展，因為他的目標是「化社會為學校」，要求擔任社會學校教員的村治幹部，「幫助鄉民開出其人生向上的精神，用他的志氣激發鄉民的志氣，用他的活力引發鄉民的活力，用他的生機引發鄉民的生機。」[57]這是把古代學習聖賢之道的一套教育方式應用到現代來教育大衆，梁似乎不能了解，這一套教育方式，和維持這套方式的價值體系，是不足以幫助我們建設一個適應現代需要的新社會的。村治工作雖失敗，但他所表現的實踐精神，使他成為中國當代一個具有號召力，且接近先秦儒家救世精神的儒者。梁雖然也有政治野心，可是不像康有為，想利用孔教做那董仲舒式的事業。他提倡孔子學說，却極厭惡康有為[58]。

差不多在梁漱溟豎起儒家旗幟的同時，梁啓超遊歷戰後的歐洲歸來，那是民國八年的三月。一年後發表〈歐遊心影錄〉，書中有這樣的話：「歐洲人做了一場科學萬能的大夢，到如今却叫

---

[57] 胡應漢「梁漱溟先生年譜初稿」，香港〈人生雜誌〉二九五～三〇一期。

[58] 同前註[55]。

起科學破產來。」[59]又說：「我們可愛的青年啊！立正，開步走，大海對岸那邊有好幾萬萬人，愁着物質文明破產，哀哀欲絕的喊救命，等着你來超拔他哩，我們在天的祖宗三大聖和許多前輩，眼巴巴盼望你完成他的事業，正在拿他的精神加佑你哩。」[60]以梁氏在當時社會的聲望，又值「五四」剛過，新思潮已佔優勢的時候，此言一出，頗足驚人，自然容易被保守派利用。民國十二年集思想界精英的一場科學與玄學的論戰，就是在這一背景下導發的。科、玄之戰後來由於吳稚暉的參戰，和胡適的聲援，使主張科學者佔了上風，但傳統儒家的思想，也藉着這場令人矚目的論戰，再度引起年輕一代的注意。論戰中站在傳統這一邊的主將，是跟隨梁啓超歐遊受過西式教育的張君勱，這樣的人才，在〈新青年〉時期的守舊派中是找不到的。

2.民族主義運動與中國本位的文化宣言

民國二十年的「九一八」事變，是影響當代中國歷史行程的大事，對中國的現代化運動產生嚴重的阻抑作用。當國族瀕臨危亡之際，最重要的工作是如何團結人心，一致抗日，於是民族主義的要求空前強烈，在民族主義情緒高漲下，爲重振儒家傳統帶來大好時機。在科、玄論戰中，代表傳統派的張君勱，及時把握了這一時機，於民國二十二年首先寫成「民族與復興運動」，及「民族復興之學術基礎」兩書，接着又成「中華民族復興之精神的基礎」和「中華民族性之養

---

[59] 梁啓超〈歐遊心影錄節錄〉，第一二頁。
[60] 同前註，第三八頁。

成」兩文[61]，其旨不外復興傳統文化精神，重振儒家學說。當年〈新潮〉的重要角色傅斯年，也撰文主張「中華民族是整個的」[62]，以促進民族的團結。國府也在提倡發揚民族精神，恢復固有道德，國民黨推行的新生活運動，是建基於傳統倫理之上的。就在這振興傳統倫理的風氣下，恢復了於民國元年被蔡元培廢除的紀念孔子誕辰典禮，時爲民國二十三年。在國民政府首次舉行的孔誕紀念會上，應邀演講孔子學說的，就是爲復興儒家傳統首舉義旗的梁漱溟[63]。

「七七」抗戰爆發的前夕，中國哲學會在南京召開第三屆年會，被哲學界稱爲怪人的沈有鼎，宣讀了「中國哲學今後的開展」的論文，認爲「哲學在中國將有空前的復興」，並且預測將要復興的中國哲學，是以儒家哲學爲動因的「窮理盡性的唯心論大系統」[64]。如果以四十年代以後，對復興儒家有貢獻的唐君毅和牟宗三的思想爲準據，沈有鼎的預言，是相當正確。此外，在抗戰期間，錢穆圖以振興國史，達到復興民族的目的，他對民族文化的昭甦，充滿信心，他說：「近者以敵國外患之深侵，而國內漸臻於統一。以一年半之艱苦抗戰，而國人遂漸知自力更生之爲何事。蓋今日者，數十年乃至數百年社會之積病，與夫數千年來民族文化之潛力，乃同時

---

[61] 程文熙「張君勱」文，見〈中國文化綜合研究〉，第一六〇頁。
[62] 見〈傅斯年選集〉第六册。
[63] 講題：「孔子學說的重光」，見梁氏〈教育文錄〉。
[64] 賀麟〈當代中國哲學〉，第四七頁。

展開我國人之眼前，……要之，我國民族之復興，必將有待於吾國人對我先民國史略有知，此則吾言可懸國門，百世以俟而不惑也。」[65]這位「當代朱熹」，他的名望，是那年代傳統派當中，唯一能與西化派鉅子胡適在學術思想界爭一日之長短的人物。在抗日時期，對宏揚傳統文化，發揚民族精神，居功甚偉。

民國二十四年，王新命等十位教授，發表「中國本位的文化建設宣言」，宣言第一句就是：「在文化的領域中，我們看不見現在的中國了。」很顯然這並不是本諸認知的態度來討論文化問題，僅是表達了主觀的感受。宣言也談到，中國本位的文化建設是創造的，創造的目的要使中國「不僅能與別國和別國人並駕齊驅於文化的領域，並且對於世界的文化能有最珍貴的貢獻」。要求的目的是正確的，但僅靠本位文化是達不到的。根據宣言的文字所反映的，它受着外侮日促和全盤西化雙重的壓力和刺激，內外夾逼的因素，促使清末流行的「中體西用」的主張再度復活。胡適評這篇宣言「是今日一般反動空氣的一種最時髦的表現」[66]，不免忽略了當時客觀環境的需要。

3. 馮友蘭和熊十力

馮友蘭於民國十九年刊佈〈中國哲學史〉上册，五十年來，這是國內流傳最廣讀者最多，唯

[65] 錢穆〈國史大綱〉引論，第二七頁。

[66] 胡適，「試評所謂本位的文化建設」文，見〈胡適文存〉第四集。

一的一部比較完整的中國哲學史。抗戰期間又寫〈新理學〉，並獲教育部學術獎第一獎，據審查該書的張君勱說，那是爲「獎勵國粹，以增信心」㊲，從此聲名大噪。〈新理學〉是欲以西方的新實在論哲學和邏輯做模子，以宋明理學做原料，重鑄造一個新形上學系統，所以開宗明義就說，〈新理學〉是「接着」宋、明以來底理學講底，不是「照着」宋、明以來的理學講底㊳。有人批評新理學所講的理、氣、心、性等概念，與理學家所講的多不相合，甚至有人責難他所講的，與身心渺不相涉㊴，就是沒有注意到他根本不是要「照着」理學講的，他的工作主要不是研究理學，因此他不必對歷史上的理學負責。『新理學』的確代表一種哲學意義的新工作，也代表儒學復興的一種方式，不論成績如何，在中國當代的哲學史上，都會佔一個地位。馮友蘭如果有錯，是錯在他功利和實用的動機太強，他竟欲以一套本不具實用意義的抽象理論和形式概念，去實現安心立命、治國平天下的願望，你看他說：「爲天地立心，爲生民立命，爲往聖繼絕學，爲萬世開太平，此哲學家所應自期許者也。況我國家民族，值貞元之會，當絕續之交，通天人之際，達古今之變，明內聖外王之道者，豈可不盡所欲言，以爲我國家致太平，我億兆安心立命之用乎？雖不能至，心嚮往之。」㊵學問是「接着」傳統講的，理想却又是「照着」傳統說的，自

㊲ 張君勱「一封不寄信——責馮友蘭」，見張著〈中西印哲學文集〉（下）。
㊳ 馮友蘭〈新理學〉，第一頁。
㊴ 同前註㊲。
㊵ 馮友蘭〈新原人〉自序。

身的不一致，無怪乎啓人疑竇，招致不必要的批評和責難。中國傳統的哲學家，一向多負有道德教化的使命，因此應世的念頭很重，這是中國純理哲學不發達的一個原因。馮氏受西洋哲學的訓練，如果就朝着純哲學的路子發展，淡泊名利，極可能爲中國哲學開闢新道路，成爲中國當代名副其實的哲學家。從馮友蘭的例子，說明在思想上要眞突破傳統，多麼不容易。

另一位想爲當代中國哲學建立新系統的是熊十力。他在中國當代思想界，是一孤獨的靈魂，冷眼旁觀，不逐時流，却能獨闢蹊徑。熊十力和梁漱溟，同爲儒學復興的先驅，他們在反儒家的氣流籠罩下，使隱而不彰的儒家思想，重新放出光輝。

熊十力初嘗從歐陽竟無學唯識學，因而奠定學問基礎。後因不滿唯識學，遂脫離師門，獨自奮鬥，於是有〈新唯識論〉之作。〈新論〉主旨在闡明體用不二，評判佛家空、有二宗，而折衷於〈易〉，思以〈易〉生生之元德，挽救耽空溺寂之頹流。熊氏於「參稽二氏（指佛與道），卒歸吾儒」[71]以後，因深玩大〈易〉，獨具慧心，深覺「兩千餘年來，國人失其剛健創進之活氣」[72]，今欲再造中國的哲學傳統，必須先復活易理所示的剛健精神。熊十力的思想在當代沒有產生多少影響，但因他對儒家堅強的信念，以及他那孤獨而不媚世的人格，深深地感召了他的從徒。

[71] 熊十力〈十力語要初續〉，第二七頁。
[72] 同前註，第二六頁。

(二)儒家復興的主要理論

熊十力的從徒中，出了兩位重要的人物，他們是牟宗三和唐君毅。二氏年相若，志同道合，三十多年來並肩奮鬥，爲儒家在當代開一新生面。他們的學問植基於西洋近代德國理想主義的傳統，曾以康德的範疇論、先驗主義，和黑格爾精神現象學的形上系統，作爲復興儒家的理論骨架。由於思想訓練和知識基礎都有越出先儒之處，再加上卓越的思想才華，使他們能產生規模宏濶、內容繁富的思想體系。二氏思想發軔於中、日戰爭期間，成熟於大陸變色前後，三十多年來，已在港、臺兩地，建立了新儒家學派。

對新儒家學派的理論，我們將從「對傳統儒家的認同」，和「對西方文化的適應」二方面做重點的檢討。在這步工作未進行以前，我們認爲有必要先考察一下，新儒家人士（包括其先驅）對〔新青年〕反儒家言論的反響。

1.對反儒家言論的抨擊

「五四」前以〔新青年〕爲中心的反儒家運動，破壞多，建設少，之所以如此，由於領導人的性格，以及環境的多方刺激等複雜的因素。如果我們能認識這些複雜的因素，對這一幕歷史，本也可抱同情的態度去了解。不幸因爲攻擊到孔子的權威，使新儒家人士心理上受到深沉的挫折，再加上國破家亡帶來的生活慘痛，以及把文化問題和人事問題纏在一起的情緒糾結，難免把內心的一股怨氣，發洩在「打倒孔家店」那班人士的身上。

抨擊反儒家言論表

論點	內容舉要	資料出處
以辨眞僞之考據代善惡標準	孔子爲中國文化之柱石，功在中國，乃胡（適）氏倡爲打倒孔家店之口號，是對孔子有正確之認識乎？……胡氏習聞清代學者之遺風，亦以反對空譚心性號於國中，追隨淸儒之後，稱其治學方法爲能實事求是，……然與理學之注重義理者，自爲兩事。以推尊考據學之故，而遽謂義理之學可以打倒，是直以智識上辨眞僞之考據，代道德善惡之標準，安在其可乎？	張君勱：「胡適思想界路線評論」文
悍於求變，忍於謀安	凡此皆晚近中國之病，而尤莫病於士大夫之無識，……急於強起急走以效人之所爲，……於是轉而疑及於我全民族數千年文化本源，而惟求全變故常以爲快。不知今日中國所患，不在於變動之不劇，而在於暫安之難獲。必使國家有暫安之局，而後社會始可以有更生之變。……而牖啓此種力量之發舒與成長者，自覺之精神，較之效法他人之誠摰爲尤要。不幸此數十年來，國人士大夫，乃悍於求變，而忍於謀安，果於爲率導，而怠於務研尋。又復羼以私心，鼓以戾氣，其趨勢至於最近，乃繼續有加益甚而靡已。藥不對病，乃又爲最近百病纏縛	錢穆：〈國史大綱〉引論

	之一種根本病也。	
偏激的意見和態度	首先要提到在此五十年代中之所謂新文化運動，……在正面則是感受外來影響，追隨世界潮流，而在反面則是對於中國固有文化之唾棄與抨擊，比如打倒孔家店，線裝書扔毛厠裏，廢置漢字，和全盤西化等，此等也只是標語化，口號化，全是一種偏激的意見和態度，而並不會轉成爲一種嚴肅的、深細的思想問題來討論，來爭持。……	錢穆「五十年代中之中國思想界」文
喪失自信	1.國中少數學者，不特不能窺見前人制作之精意，專毀謗先人以自眩其新奇，冥冥之中，使國人喪失其自信力，實卽所以摧毀其自己。……孔子自孔子，不因秦漢後君主專制之政而損其價值，陽明自陽明，不得以明末人心性空談而抹煞之。今人讀古書，當求古人之眞面目，不可合其相連以起者而排之。要而言之，從善意方面加以解釋，自能於四千年之歷史中求得其精義，以範圍國民心志。若徒加以謾罵，甚至以宦官、外戚、纏足、科舉、娶妾等事，概以歸罪於孔子之教者，直喪心病狂而已。	張君勱：〈明日之中國文化〉
	2.他們把科學與民主視爲文化之全部，而此兩者又是西方的，所以也是西方文化之全部，是中國所沒有的，	牟宗三：〈道德的理想主義〉

中國文化沒有這兩者，所以中國文化全是老的，而「老」以封建來規定，所以中國文化是封建的、過時的，全當否定。而且以爲要吸收這個新的，必須去掉老的，視中國文化與科學及民主爲不相容的對立。我們試看由西方的武力先把滿清政府打敗，繼把我們的民族打敗，最後把我們的文化打敗。其實西洋人並未打敗我們的文化，當然無所謂敗不敗。……西洋人並不敢說打敗我們的文化。……所以打敗我們的文化是我們自己代人行事，起來自己否定的，這就叫做自失信心，自喪靈魂，此之謂「自敗」。

導向馬、列主義

1. 然自倡新文化運動之主要刊物之〈新青年〉，成爲陳獨秀宣傳共產主義之刊物，魯迅諷刺中國社會文化之刻薄文章，一天一天的風行以後，順勢所趨，終於培養出一些視人如物之唯物論者，既無中國歷史文化意識，亦不重視民族生命之貫通的發展，反而膜拜馬、列，視俄國爲其精神上的祖國之共產主義者。

唐君毅：〈人文精神之重建〉上册

2. 故數十年，以民主自由科學號召之知識份子，欲澈底揚棄中國文化精神之結果，反開啓欲澈底否定彼等所謂自由民主，以科學學術爲政治工具之馬、列主義者之成功。

唐君毅：〈中國文化之精神價值〉

3. 三十年來知識份子對於民主的貢獻不期乃如此，社會

牟宗三：〈道德的理想主

	上泛民主主義愈流行，愈墮落，則政治上愈專制，愈極權。墮落氾濫的結果是共產黨之出現，知識份子乃遭歷史以來所未有之荼毒，此豈非其自身自造之命運而何？	義〕
	4.消極的、反面的、打倒的宣傳與運動，總勝不過積極的、正面的、建設的。輕薄的、俏皮的、尖酸的標語與口號，總勝不過大力的、憤慨的、堅強的。「五四」新文化運動之後，繼之以共產主義運動，正爲同樣是宣傳、是運動，同樣是標語、是口號，則後來居上，亦是勢有宜然的了。	錢穆：「五十年代中之中國思想界」文
重功利、輕理想	當時之新文化運動者，介紹西洋思想，從不重視西洋之理想主義潮流、與宗教精神、人文主義。對德國之學術，尤爲忽略。而斤斤於英、美之實驗主義、功利主義、自然主義。而又不重依此諸主義，以實際解決社會政治經濟之問題，而或以之破壞傳統文化。	唐君毅：〔人文精神之重建〕上册
情感的氣機之鼓蕩	新文化運動之內容是消極的、負面的、破壞的、不正常之反動的、怨天尤人的，……因爲「五四」時的新文化運動，本無在生命中生根的積極的思想與義理，只是一種情感的氣機之鼓蕩。……如果，「五四」時的新文化運動是負面的破壞的思想內容，便不能不再來一個否定	牟宗三：〔生命的學問〕書

	而歸於撥亂反正之正面的與健康的思想內容。此則必須扭轉那淺薄的乾枯的理智主義。至於考據，則其餘事。……而今胡（適）氏輩排除異己，窒塞聰明，斲喪生命，依草附木，苟且以偷生之無恥無知之徒，竟謂北大當年何故請熊十力爲教授，此喪心病狂之壞種，竟爾竊據學府，發此狂吠。殊不知北大之所以爲北大，正在其能請熊先生與梁漱溟先生諸人耳。庶孽無知，不但北大之罪人，亦蔡氏之罪人也。	
科學主義	一個人不能潛心於科學本身之研究，而只是「用科學」，就成爲科學一層論、理智一元論的態度，頂無謂、頂無聊，任何學問不能入。……講科學方法，不落於學問本身，而是在外邊轉，頂無聊、頂害事，而科學一層論，理智一元論的態度，最大的害處就是抹煞意義與價值。	牟宗三：〔道德的理想主義〕
非孝者全無心肝	人爲甚麼該當「孝」？這是經不起理智的疑問與分析的，這不是一個科學的對象，這是不能平鋪而爲具體事實的，這是沒有理由的。既沒有理由，就可以化除。在守孝時要吃素、穿素衣、……假若是近視眼，也不可帶金框鏡。我們的理智主義者可問：既可以帶銀框，爲什麼不可帶金框？不都是金屬嗎？既可以吃青菜豆腐，爲什麼不可以吃猪肉？這不都是可以吃的物質材料嗎？既可	牟宗三：〔道德的理想主義〕

	以穿棉麻的粗布，爲什麼不可以穿絲綢？這不都是可以穿的物質材料嗎？沒有理由。旣沒有理由，要這封建的限制幹什麼？但是我們很容易看出，關於這類的事可以這樣去追問去分析嗎？當他這樣一問時，他的心已經死了，可謂全無心肝。	
主張激烈、過於共黨	不僅「五四」時代許多知識份子在文化上的主張，若與今日的共黨相對比，則他們是左派，而共產黨反爲右派。卽在今日流亡在外的許多知識份子，其反中國文化的情緒，且過於共產黨。	徐復觀：〔中國思想史論集〕

由上表所列的言論，很少能算是對問題經過冷靜思考的反應，依然只代表另一股「情感的氣機之鼓蕩」。假如有人接受這些言論，除了激發懷恨的情緒外，對新文化運動這幕歷史，又能得到幾分正確的認識呢？在這裏，我們不願像新儒家對〔新青年〕的言論那樣懷抱敵意，只打算對這些言論中所蘊涵的問題，做點簡要的分析，作爲進一步了解他們復興理論之一助。

第一，張君勱批評胡適「以智識上辨眞僞之考據，代道德善惡之標準」，這話批評胡適究竟對不對，暫且不問，可以指出的是，這一論點顯然是科、玄論戰時，張氏對人生觀問題所持看法的延續。當年張君勱和丁文江展開論戰，他所有的主張，是建基在一個假設上，卽：科學對人生觀問題無能爲力。我們不必費功夫去檢討他們使用的科學和人生觀是什麼意義，至少人生觀不可能脫離人的行爲，至少科學訓練能給予人比較可靠的認知能力。個人的行爲，往往在重重的選擇中進行，當人面臨任何一次選擇時，認知的能力顯然是誘導行爲的一種力量。

第二，如果說〈新青年〉的言論是對傳統儒家的一種反動，那麼新儒家主張對〈新青年〉「再來一個否定」，就是反動的反動。根據黑格爾的辯證法，反反便可得正，根據中國當代思想史的發展，我們看到的，是反反以後還是一個反，於是形成傳統派和西化派長期互相攻訐而來的對峙之局，結果彼此都受限，雙方都遭殃，爲當代中國思想界帶來的是一片混亂叫囂之聲，不是努力現代化需要的思想發展。如果能用理智的批判態度去檢討新文化運動，那麼破壞就不全是可詛咒的，而可化爲文化建設過程中的一部分功績。

第三，至於說新文化運動對傳統的破壞，使國人喪失自信，這有倒果爲因的嫌疑。恰巧相反，新文化運動所以有濃厚的西化傾向，正是十九世紀中葉以來國人逐漸喪失自信的結果。中國人在近代所以喪失自信，一由於國力不足以抵抗外侮，二由於中國文化缺乏應變力[73]。新儒家却不這樣想，因爲他們對中國文化有異乎常人的信心，堅信「自能於四千年之歷史求得其精義，以範圍國民心志」，可是他們的信心誠如柏格森所說：「信心的力量並不表現在移山，而在於並未

[73] 由於中國文化缺乏應變力，因此很難接受現代化，C. E. Black 在其〈現代化的動力〉一書中，認爲最可能的原因是政治及學術界領導人都認爲傳統的眞理是對的，因而不能丟棄。甚至在今天，多數中國領導者，還保留了中國是世界重心的一種本位式的世界觀（見郭正昭等譯本，第一一八頁）。

看到有山可移。」因此他們面對種種病態的現實依舊信心十足，仍敢說「西洋人並未打敗我們的文化」，他們對儒家宗教式的信奉，使個人與世界眞實的情況疏離了。

第四，新儒家多認爲反儒家運動與馬、列主義在中國的興起，有一種因果關係存乎其間。眞實的情況可能是這樣：由於打倒孔家店，造成當時青年心靈的空虛，空虛的心靈有助於馬、列主義的乘虛而入。但我們仍然可問：比馬、列更早來到中國的實驗主義、功利主義、自然主義等西方思潮，爲何未能在空虛中滙成壟斷性的思想，獨讓馬、列主義抬了頭？要了解這問題，當時國際的情勢（例如列寧十月革命的成功），國內的需要（例如反西方帝國主義），以及傳統文化的潛在影響力[74]，都是值得研究的重要因素。我們沒有充分理由說，共產黨的得勢，是打倒孔家店的必然結果，反傳統是許多非西方國家走向現代化的過程中很難避免的現象，只是在中國那樣一個特殊的歷史條件下，恰好湊上了一角，助成共產黨興起的衆多因素中之一因。如果便因此把這筆帳全寫在反儒家人士的身上，不僅有失公允，也未免高估他們的影響力。由於新儒家人士這類不夠謹愼的言論，引起反對者的不滿，陳康就曾站在相反的觀點，對這個問題提出解說，他說：「造成共產黨今日的狀況原因很多，在思想方面如若說是由於儒化思想的破壞，不如說是由於數千年儒化思想的成功，因而使得我們大多數的中國人缺乏科學的批評精神和邏輯的論證能力所

[74] 關於中國文化與中共在大陸獲得一時勝利之間的關係，有下列數文可參考：(1)唐君毅〈中國今日之亂的中國文化背景〉；(2)錢穆「中國歷史上關於人生理想之四大轉變」；(3)陳康〈論思想統一問題〉。

致。」[75]他的話一樣言之成理。我們建議今後對這類問題的發言權，讓給對這段歷史有研究的專家們，出自意氣的爭論，是不容易有結果的。

第五，牟宗三所說的「科學一層論、理智一元論的態度」，目前通用的名詞是「科學主義」(Scientism)，照 D. W. Y. Kwok 的解釋：「一般地說，科學主義是把科學的有限原則，予以普遍應用，使它成爲文化定理的一種信念；嚴格地說，科學主義應界定爲把自然的常則，視爲其他社會科學的常則，社會科學的知識，唯有經由科學方法而後得之。」[76]科學主義的害處，固然是抹煞了傳統的意義與價值，但也表達了另一套的意義與價值，因爲它要以科學代宗教，科學的宗教或科學萬能的信仰，代表一種新的意義與價值的系統，這對科學的發展是有妨礙的。「五四」時代提倡科學的陳獨秀、胡適、吳稚暉，都不是科學家，屬於中國科學社的那羣專業性的科學家，反少爲人知，也正反映出「五四」以後學術風氣的一斑。

第六，表中批評非孝的言論，似是針對胡適「我對於喪禮的改革」一文而發[77]。胡適所討論的，是指傳統文化規定孝子在喪期中，經由喪禮喪儀而表現的孝行，屬於風俗習慣的層次，這個

---

[75] 見前註之文。

[76] Kwok, D. W. Y. (郭穎頤) Scientism in Chinese thought (1900-1950). p. 21. New Haven: Yale Univ, press. 1965.

[77] 見〔胡適文存〕第一集。

層次的文化，是必然隨着時代的演變而有所改變。像古禮中規定孝子在喪期中「三日不食，朝夕哭」，以及喪後又要「寢苫枕塊三個月，日夜不脫衰經」，現代已無人遵行了；爲什麼？因爲它有害身心，且無此必要。這些不合理的習俗，正是由於少數知識分子開始對它懷疑，又經不起理智的分析，才慢慢被淘汰的。喪禮、喪儀的改革，並不等於不要兒女孝順父母，改革的目的只在消除不合人道人理的習俗而已。牟宗三因肯定孝道，連帶着也把與孝行相關的習俗一起肯定，認爲我們不應當對那些習俗懷疑，這裏似反映出海耶克（F. A. Hayek）所說的保守主義的一個基本特徵：「他們對因變動而產生的新事物持一種懦怯的不信任的態度。」[78]

2. 對傳統文化的認同

中國自秦、漢以來，雖然有外來的佛教，也曾有過宋、明兩代亡於異族的記錄，但中國人對自己傳統的認同，一直沒有發生過嚴重的問題。因爲佛教不像近代的西洋文化，是跟在大砲軍艦後面進來，使中國人心理上遭受沉重的挫敗，驟然的挫敗容易引起報復，所謂義和團心理就是這樣產生的。佛教究竟是什麼時候來到中國？無人能確實回答。這說明佛教是在自然的狀況下悄悄地進入中國社會。鴉片戰爭以後與西方文化的遭遇，情勢大異於往昔，帝國主義的聲勢，和高度的科技文明，使中國人「只聞以夏變夷，未聞以夷變夏」的信念保不住了，反而被逼着對西方做

[78] Hayek, F. A. The Constitution of Liberty, pp. 399-400, Chicago Univ. press. 1960.

大幅度的適應，這與整個的民族尊嚴攸關，自然引起強烈的防衞。經過幾十年的掙扎，新文化運動終於使「適應」佔了優勢。接着「九一八」帶來的民族存亡危機，再度使「認同」的呼聲響徹雲霄。崛起於四十年代的新儒家，所以對傳統有強烈的認同，即由於他們早期的思想是在這一危機中醞釀而成。大陸淪陷，流亡海外，使危機意識更加深，也更激發他們對傳統文化的熱情，這種意識和熱情，自然影響他們對新文化運動的態度，也始終不能對當代「適應」與「認同」的兩極性矛盾做合理的處理。

(1)歷史文化精神的肯定

當代首先提倡「歷史文化精神」的是錢穆，抗戰初期，他就主張研究國史的目的，「在積極的求出國家民族永久生命之泉源，爲全部歷史所由推動之精神所寄」，並認爲「我民族國家之前途，仍將於我先民文化所貽自身內部獲得其生機。」[79]錢氏畢竟是史學家，所說還不能離開史料太遠。四十年代以後的新儒家，不但肯定中國歷史文化精神，且根據黑格爾，建立起一套所謂「精神發展史觀」。依這種史觀，去了解中國的歷史文化，則可以「通觀時代精神之發展，進而表白精神本身表現之途徑」，因此，中國的歷史洋溢着「精神之實體」[80]。

且先看看他們對歷史文化的解釋。牟宗三反對用科學方法研究歷史文化，因爲用科學方法就

---

[79] 同前註[65]，第七及二八頁。

[80] 牟宗三〈歷史哲學〉自序。

「必須把歷史文化推出去，視爲外在的物質材料。但是這樣一來，則歷史文化毀矣，孔子、耶穌死矣。」他主張研究歷史文化的態度，「是把文化收進來，落於生命上，落於生活上，看歷史文化是聖賢豪傑精神之表現，是他們的精神之所貫注；看聖賢豪傑是當作一個道德智慧的精神人格來看。」[81]又說：「內在於創造動力與精神表現上看文化，這是論文化的基根觀點之認識。」[82]唐君毅說的更清楚：「蓋文化之範圍至大，論文化最重要者，在所持以論文化之中心觀念，如中心觀念不清或錯誤，則全盤皆錯。」[83]由此可知，他們論歷史文化，是依據自已的文化哲學和歷史觀。他們的文化哲學和歷史觀的中心觀念是什麼呢？回答是：歷史文化乃精神實體的表現。就中國文化而言，這精神實體就是「仁心」，因此，唐君毅所了解的中國文化精神之神髓，「唯在充量的依內在於人之仁心，以超越的涵蓋自然與人生，並普遍化此仁心，以觀自然與人生之一切，兼實現之於自然與人生而成人文。」[84]抱如此文化觀的人，自然會覺得，「此精神從未衰微，亦永不會衰微。」[85]因爲這種精神，根本只存在於主觀的信念中。

[81] 牟宗三〈道德的理想主義〉，第二三七頁。
[82] 同前註書，第二六〇頁。
[83] 唐君毅〈中國文化之精神價值〉自序。
[84] 同前註。
[85] 唐君毅〈人文精神之重建〉，第二五五頁。

除了以上的解釋以外，新儒家必須肯定歷史文化之理由還有：(a)有四五千年的歷史；(b)有一貫之統緒；(c)不信中國歷史文化在本源上有何不足；(d)歷史文化乃無數代的中國人，以其生命心血所寫成；(e)歷史文化乃中國民族之客觀的精神生命之表現[86]。基於這些理由，他們在「文化宣言」裏，一再呼籲中國與世界研究中國文化的人士，不要只以客觀冷靜的態度去研究，要抱「同情」，尤需存有「敬意」，「敬意」向前伸展增加一分，智慧的運用，亦隨之增加一分，了解亦隨之增加一分。否則必視中國文化「如死的化石」，自無精神價值可言。

抱着「客觀冷靜的態度」看歷史，和抱「同情而存敬意的態度」看歷史，其間的效果有多大差別呢？這裏舉一個有趣的對比來看。劉邦是一個歷史人物，牟宗三本着「同情與敬意」所了解的劉邦，是一個「生命充沛，元氣無礙」、「生機不滯」的「豁達之才」，是一個「生命之揮洒，固足以俯視一切，並非任何成規所能束縛」的天才[87]。提倡實驗主義、科學方法的胡適，本着「客觀冷靜的態度」所了解的劉邦，是「一個無賴」，「是個不事生產的無賴」，一句話，劉邦不過是一個「無賴的皇帝」[88]。不同的態度，對同一個人物，看法竟有天壤之別。懷抱着這兩

---

[86] (a)(b)(c)三點見唐君毅〈中國文化之精神價值〉，第三四九及三五三頁；(d)(e)兩點見牟宗三、唐君毅、張君勱、徐復觀聯名發表的「爲中國文化敬告世界人士宣言」。

[87] 同前註[80]之書，第一四九～一五〇頁。

[88] 胡適〈中國中古思想史長編〉，第二一三、二五一、二八四頁。

種不同態度的人，擅在一起，如何能溝通，如何能互相尊重？前者是企圖把歷史美化、神聖化；後者則有鄙視、醜化的嫌疑。這兩個例子所顯示的態度，都不是我們研究歷史文化應持的態度。

對新儒家的歷史文化觀，我們再提出兩點檢討：

第一，我們承認，任何人有發表他自己思想的自由，因此，新儒家的歷史文化觀，如只止於個人或少許人的信念，我們會把它只當作一種思想形態來了解。可是新儒家們却宣稱：「我們決不願意這些思想只被稱爲我們幾個人的思想。」[89]他們的思想，負有使佔全人類四分之一人口的中國人，在生命與精神上得到正常的寄托和安頓的使命。一種思想系統，一旦和宗教性使命感結合，它就不只是一種思想形態了，而會轉變爲價值評判的標準，攻擊敵對者的武器，凡是不能接受這套思想的人，都被認爲不對，甚至有罪。萬一再與政治權力相結合，後果就不堪設想。

第二，近代中國所遭受的主要文化問題，是西方文化壓迫中國人適應。百年來的適應過程中，已迫使中國人不得不承認，不但文化的枝葉有問題，文化的本根也有所不足。要眞正深切地認識到這一點，必須從單一傳統的「文化約束」中跳出來，以世界文化爲背景，了解中國文化的當前處境。具備這樣的胸襟和眼光，才可能爲中國文化尋找出路。只有認識到這一點，才能知道當代中國文化的問題，不只是復興儒家的問題，而是中國人自覺地要求文化有創造性的轉變，在創新的過程中，要從舊的社會結構發展出新的社會結構，要使舊的價值系統經由知識的考驗重新

[89] 見前註[86]的文化宣言。

做適當的調整。從事文化思想工作者，努力的目標，應該是殫心盡力，俾有助於這一創新的過程的完成，並去研究過程中出現的新問題。中國文化如缺乏充分發揮自由創造力的環境，做到創造性地重建，認同的危機是很難克服的。

(2)孔子的人格及儒家人文精神的肯定

孔子究竟是怎樣的人物？在漢以後的兩千年，正如梁啓超所說，是各自以爲孔教，而排斥他人以爲非孔教[90]，歷代儒者實多是以主觀構想的形象，去描繪孔子，因此爭論不已。降及近代，康有爲遙承漢代孔子爲素王之說，奉之爲宗教的教主；章太炎反對孔教，以孔子比之爲整理古籍的劉歆；後來講中國哲學的馮友蘭，又以孔子與蘇格拉底相比，依然難有定論。新儒家對孔子如何了解呢？

唐君毅先後寫成「孔子與人格世界」、「中國之人格世界」兩文[91]，前文就世界之學者、事業家、天才、英雄、豪傑、聖賢等各類型人格，以烘托出孔子人格的偉大，以爲穆罕默德、釋迦、甘地、耶穌、武訓皆「偏至的聖賢型」，唯孔子代表「圓滿的聖賢型」。後文則就中國歷代有功於民生日用之人物、學者、文學家、藝術家、儒將與聖君賢相、豪傑之士、俠義之士、氣節之士、高僧、隱逸與仙道、獨行人物等各類型人格與孔子之對較，以顯出孔子之所以爲大聖。因

---

[90] 梁啓超「保教非所以尊孔論」，見〈飲冰室文集〉。

[91] 前文見〈人文精神之重建〉，後文見〈中國文化之精神價值〉。

此他認爲要了解孔子的眞價值，應當「直接對其人格之崇敬入手」，透過對其人格的崇敬，所了解的孔子是：(a)孔子的人格精神，「是超一切對待的，孔子亦很嚴正、很剛健，然而此嚴正與剛健，卽在太和元氣中」；(b)「孔子之大，大在他是如平地、如天地」；(c)「孔子之至平常而不見顏色，不見精彩，乃上帝之精光畢露之所在。」依照唐君毅的想法，孔子簡直變成上帝的化身，比稱爲「上帝之子」的耶穌還要高，因爲耶穌雖爲「上帝之子」，仍然不能不活在人間，凡是活在人間屬於人類一分子者，都不可能是「超一切對待的」。唐君毅似乎比康有爲又進一步，不但視孔子爲中國一國的教主，且希望有一天孔子能成爲全世界的教主。

比推崇孔子爲教主思想更進一步的是牟宗三，他不多談孔子是否爲教主，他直下就肯定「儒家爲人文教，中國的文化生命爲人文教的文化生命。」他說：「人文教之所以爲教，落下來爲日常生活之軌道，提上去肯定一超越而普遍之道德精神實體，此實體通過祭天祭祖祭聖賢而成爲一有宗教意義之神性之實、價值之源。」92不但肯定儒家爲人文教，連帶着傳統的「三祭」，也一起肯定了。牟和唐一樣，相信儒家人文教代表「圓滿諧和形態」，基督教和佛教皆不具備此形態，因此被認爲是「離教」。唐、牟二先生爲何要強調宗教化的儒家？據他們自己的解釋，是因爲「好多年來之中國與世界人士有一普遍流行的看法，卽以中國文化是注意人與人間之倫理道

92 牟宗三〈生命的學問〉，第七五～七六頁。

德，而不重人對神之宗教信仰的」93，爲了這個原因，他們不但竭力證明中國文化中確有對神之宗教信仰，且更上一層，斷定儒教乃世界上最圓成的宗教。

當代新儒家爲何稱儒家爲人文教？因爲儒家最重要的成就在人文思想和人文精神。唐君毅根據自設的價值判準，判定墨子的思想是次人文的，莊子的思想是超人文的，法家的思想是反人文的，騶衍的思想是非人文的，惟有孔、孟儒家，才能代表眞正的人文思想94。依唐氏的解釋，儒家人文思想的意義，是「指對於人性、人倫、人道、人格、人之文化及其歷史之存在與其價值，願意全幅加以肯定尊重，不有意加以忽略，更決不加以抹煞曲解，以免人同於人以外、人以下之自然物等的思想」。當唐氏做這樣的解釋時，似乎沒有想到儒家從先秦開始，就與各家互相批評互相排斥的歷史。甚至爲了抬高儒家的地位，不但堅信儒家「足以善化一切消融一切，爲人間之大本」，卽是連同着儒家對其他各家的攻訐和排斥，也要承認其爲必要，如唐君毅說：「孟、荀便終必須闢道家、責陳仲、距楊朱、反莊周，因爲不如此，便顯不出儒家精神。」95

儒家的人文思想或人文精神，對現代人類有何意義呢？牟宗三在「人文主義的完成」96一文

93 見前註86之文化宣言。
94 唐君毅〈中國人文精神之發展〉，第一七～一八頁。
95 見前註85之書，第一九一頁。
96 見〈道德的理想主義〉。

中，檢討了西方人文主義思想發展的問題及其限制，最後歸到儒家的人文主義，認爲儒家如果能轉出並肯定民主與科學，這樣「儒家式的人文主義」，卽「足以成爲文化生命前進之最高原則」。依牟氏的了解，西方文化已趨於自毁，只要能夠把西方文化之特質（民主、科學），融攝於中國文化中，那麼當代儒家的發揚，「豈徒創造自己而已哉？亦所以救西方之自毁也。」牟氏深信，經由這步融攝工作，「其作用與價值，必然爲世界性，而爲人類提示一新方向。」97

面對着以上這幅令人心神嚮往的圖象，我的看法是：

第一、孔子將來會不會成爲全世界的教主？儒家式的人文主義能不能爲人類提示一新方向？在學術的領域裏，無人能回答這樣的問題，也不必回答這樣的問題。新儒家在這裏所說的孔子，所說的「儒家式的人文主義」，是道德烏托邦裏的孔子和人文主義。從心理分析的觀點來了解，他們編織的這幅動人的圖象，可能產自由自我膨脹而來的「高度的統攝感」，「自我偉大感」，和一種自得的「在世界的巔峯感」。這些都是自我迷戀（narcissism）的精神現象，只好讓給有興趣的精神病理學家去診斷。

第二、先秦儒家的確具有人文主義的思想和信念，孔子的不語怪、力、亂、神，孟子對個人道德尊嚴的自覺，以及荀子「天人之分」的思想，這些都代表中國古代思想中的偉大表現，因爲經由這些思想的傳佈，才使中國文化從原始的宗教和神話的氛圍中掙扎脫出，逐漸走向人文的世

97 見前註之書，第四頁。

界；才使中國人從帝、天的崇拜中，逐漸廻轉到人類自身，認識人本身的力量和責任；這是古代儒家對中國文化最有價值的貢獻。今天我們對這個傳統，應該去了解，爲什麼儒家的人文思想在後來的歷史上未能順暢地成長和發展？以及這個傳統對現代中國文化創新的過程中還有什麼意義？

第三、儒家是不是宗教？孔子是不是教主？回答這問題似乎並不太困難。至少我們有根據的說，儒家在先秦興起時，是以人文運動的姿態出現的，而不是一個宗教運動。先秦的典籍裏，也沒有視孔子爲教主的記載。從「天將以夫子爲木鐸」，和「天不生仲尼，萬古如長夜」一類的話，也許孔子的從徒，很希望孔子成爲一個教主，可是因孔子對原始天神抱懷疑的態度，以及他的後起者（孟子、荀子）和他自己，都具有凸出的人文性格，使得這個願望終於沒有能夠實現。儒家被宗教化，始於漢代，一方面儒者企圖以天命作爲天子超越的限制，同時天子也想利用天命解釋皇權的根據。前者想的是「以天制君」，後者想的是「天命所歸」，於是祭天的宗教活動復興。此外，爲了教孝，把古老的祖先崇拜也一起加強。再加上專制帝王爲了利用儒家而祀孔，從此祭天、祭祖、祭孔的三祭，與儒家結下不解之緣。經過這一發展，儒家宗教化了，儒家對社會的功能也擴大了。但也因此錯綜複雜的演變，儒家的人文精神也式微了。

(3)心性之學

當賀麟寫〈當代中國哲學〉，介紹抗戰時期的哲學思想，就已把唐君毅、牟宗三劃入唯心論，那時候他們剛露頭角。嗣後四十年，唐、牟在哲學方面的主要工作，差不多就在建造沈有鼎於一九三七年所預言的「窮理盡心的唯心論大系統」，不過，新儒家為了保持中國哲學的特性，不喜歡用西方哲學「唯心論」一詞，他們稱這方面的思想為「心性之學」。

為什麼復興儒家，必須要講心性之學？照新儒家們共同的看法，是因為「中國的學術文化，當以心性之學為其本源」[98]，像樹一樣，根如果不能保持生命，怎能期望它有茂盛的枝葉？中國傳統的心性之學，以孟子的心性論為主流。主流之外，尚有墨家的「知識心」，莊子的「靈臺心」，荀子的「統類心」，唐君毅一面把孟、墨、莊、荀四家言心之思想，比喻為宮殿的四壁[99]，一面又為正統感所支配，「以孟子所言之德性心或性情心，為吾人之本心所在」[100]，因為孟子的德性心，既是「人之當然的義理之本原所在」，又是「人之道德實踐的基礎」[101]。

傳統心性之學至宋、明而後大盛。對於這一階段的心性之學，唐氏的〈中國哲學原論〉，和牟氏的〈心體與性體〉，採用了近乎西方哲學表達的方式，做了相當有系統的整理，這兩部卷帙浩繁的書，為復興儒家的代表作。宋、明儒學所以有進於先秦儒家者，據牟宗三說：「一所以實

[98] 見前註[86]之文化宣言。
[99] 唐君毅〈中國哲學原論〉上冊，第七一頁。
[100] 見前註書，第七四頁。
[101] 見前註[86]之文化宣言。

現康德所規劃之道德形上學，一所以收攝融化黑格爾之精神哲學也。而同時亦是一使道德與宗教爲一，使形上學與道德爲一也。」[102]很明顯，心性之學的系統化，是以康德的「道德形上學」，和黑格爾的「精神哲學」作爲啓導的。牟氏就康德的先驗論，認爲宋、明心性之學的中心問題，首在討論道德實踐所以可能的先驗根據，由此再進而討論實踐之下手問題。前者是本體問題，後者是工夫問題[103]。康德所討論的問題只止於前者，工夫問題根本未涉及，道德形上學，必須本體與工夫兼備，卽存有（Being）卽活動（Activity），而後才算完成。

比康德道德形上學更轉進一層的宋、明心性之學，是一個極複雜的系統，其間引起的爭論也很多，牟宗三把它分爲三系（唐君毅也有相似的看法）：

(a)五峯、蕺山系：此承濂溪、橫渠、而至明道之圓教模型（一本義）而開出。此系客觀地講性體，以〈中庸〉、〈易傳〉爲主，主觀地講心體，以〈論〉、〈孟〉爲主。

(b)象山、陽明系：此系不順由〈中庸〉、〈易傳〉回歸於〈論〉、〈孟〉之路走，而是以〈論〉、〈孟〉攝〈易〉、〈庸〉，而以〈論〉、〈孟〉爲主者。

(c)伊川、朱子系：此系是以〈中庸〉、〈易傳〉與〈大學〉合，而以〈大學〉爲主[104]。

[102] 牟宗三〈心體與性體〉，第一冊，第三九頁。

[103] 見前註之書，第八頁。

[104] 見註[102]之書，第四九頁。

(a)(b)兩系可會通爲一大系，牟氏稱之謂「縱貫系統」，伊川、朱子所成者，牟氏稱之爲「橫攝系統」。前者代表宋、明儒之大宗，因爲它「合先秦儒家之古義」；後者爲歧出之旁枝，因爲它不能卽本體而起工夫，且「將知識問題與成德問題混雜在一起講」，顯與孔、孟古義不合。照孔、孟古義，人的道德實踐，是遵循着盡心知性而後知天的路數發展，所以人性就是天性，人德就是天德，人的盡性成德的事，皆所以贊天地之化育。宋、明之大宗承此古義發展，於是有性理卽天理，人的本心就是宇宙心，人的良知之靈明就是天地萬物的靈明，人的良知良能就是乾知坤能，遂極成爲「天人合一」的思想。這一套思想，在新儒家看來，不僅能成就人內在的精神生活，也是人類外在行爲所以能合理之唯一依據[105]。

新儒家深知中國的心性之學，爲並世中外治中國哲學者所忽略或誤解，所以被忽略或誤解之故，除了不知道心性之學爲中國學術文化之根外，主要缺乏相應了解的方法。依新儒家，凡是把中國心性之學當作西方心理學，或哲學中理性的靈魂論，及認識論形上學去了解，根本上都是不對的。一個人要了解心性之學，其本身必須從事道德實踐，「必須依覺悟而生實踐，依實踐而更增覺悟，知（良知之知）行二者相依而進。」[106]

唐、牟二先生對傳統心性論的整理，及其問題的疏導，在哲學的範圍之內，有相當價值。遺

[105] 見前註[86]之文化宣言。

[106] 同前註。

憾的是，爲了堅持正統觀念，勢必爲後世留下一些無謂的爭端。如認爲孟子性善論爲心性論的正統，於是對荀子漢儒經驗觀點的人性論，都只能消極地肯定其價值，殊不知荀子和漢儒了解人性的方法，根本與孟子不同，其基本路數，與現代人運用社會科學方法探討人性，比較接近。順着孟子的先驗人性論，它是對人性做了價值的肯定，並爲成聖成賢之所以可能提供內在的根據，可是落實到現實的人生，尤其是與現實人生的過惡，很不容易發生交切的關係，這一點唐君毅也看出來，他說：「至於人之心性情既善，人何以有不善？何以會由食色之間隔，而失其惻隱羞惡之心，以歸於殘賊無恥等？若此問題是客觀的問，何以世間之人之善的心性情，雖偶有表現，而不能擴大充實，以皆成聖成賢，更無一切之不善？」此蓋非孟子所能答，亦非孟子之問題[107]。我們認爲這些才是人性論中的重要問題，孟子不重視這些問題，不僅說明性善論有其限度，而且也缺乏深度。新儒家們，反對近代科學的心理學把人性當作經驗的對象看，他們不知道，心理學，尤其是心理分析學，就正是嘗試對上述孟子所不能答的問題，做進一步的探索，並已有相當的成就[108]。

其次，牟宗三根據正統觀念，判定伊川、朱熹爲歧出之旁枝，主要原因是因爲他們把知識問題引入道德問題，造成了混淆。我們的了解是，伊川和朱熹的努力，不但不是造成混淆，而是想

[107] 唐君毅〈中國哲學原論〉原性篇，第三一頁。

[108] 如 Erich Fromm, The Heart of Man。

突破孟子心性論的範限，把心性問題的討論，轉上一個新的方向，這正是程朱理學的新貢獻，我們有什麼理由因爲他們不合孟子的古義，就說他是歧出呢？

3. 對西方文化的適應

儘管當代新儒家，認爲對傳統儒家的認同，爲絕對必要，但對西方輸入的民主、科學，總不能視若無睹；儘管新儒家對新文化運動提倡民主　、科學的態度十分不滿，但對這一對西來的嬌客，仍不能不自求適應。要了解他們如何自求適應，要從三方面來觀察：

(1)對民主的態度

從清末維新運動開始，中國對民主政制，就已從事現實的奮鬥。民國成立，民主政制的形式，已告實現。後來的民主運動者，要思考中國的民主問題，本來就可以直接從這兩次民主失敗的歷史下手。〈新青年〉提倡民主、科學，一開始就與反儒家的言論糾纏在一起；新儒家的基本精神在認同傳統，因此對民主、科學只是在傳統價值的基礎上求適應，這使他們對民主、科學的思考，反而繞出去走了曲路。

中國傳統有沒有民主？新儒家比清末的「古已有之」論者高明多了，他們不但指出中國傳統無民選、無憲法的事實，而且對中國所以沒有產生民主政制的原因，也有探討。據唐君毅的了解，中國無民主政制的原因：(a)是因中國廣土衆民，不像希臘的城邦，與近代之工業國家，容易舉行選舉；(b)大地主大門閥在唐、宋以後卽已崩潰；(c)科舉制度使「白屋出公卿」，社會比較平等；(d)中國過去（尤以近世爲然）各社會文化領域分途發展之勢不顯，缺各種社會文化團體之存在，以爲政治民主的後盾[109]。這些了解，大抵有參考價值。此外，唐氏與陳獨秀的看法相反，認爲儒家與民主之間沒有衝突，他說：「儒家明明以社會敎化爲本，以人民爲本，如何會成爲反民主？」[110]「以社會敎化爲本」，與「以人民爲本」，這的確是儒家始終所堅持的。從理想層次看，我們很難說儒家與民主之間有何衝突。不過，民主政制在西方是一存在的事實，民主政制傳入中國，要在中國實現，發生衝突的，自然不是中國的文化理想，而是中國社會文化的現實。就中國社會文化的現實看，與民主之間有衝突早已是有目共睹的事實。以儒家爲例，儒家敎化中所持重的三綱對權威人格的培養與強調，思想觀念的正統化，以及因維護正統而打擊多元價值觀，凡此皆與民主難以相容。

新儒家雖然承認中國沒有民主政制，對沒有民主的原因也有相當認識，但因他們對傳統儒家懷有「敬意」，因此一旦面對儒家的缺憾，不免引起內心的不安，於是不能不尋找一些理由，使儒家縱然有其缺憾仍能不失其崇高。這就是前面說的「繞出去了走曲路」。

唐君毅說：「他可以眞相信人皆可以爲堯舜，一切人都可登天國，這是中國儒家之大平等精

---

[109] (a)(b)(c)三點，見唐著〈人文精神之重建〉，第四一四及二六七頁。(d)見唐著〈中國文化之精神價值〉，第三七五頁。

[110] 見前註[85]之書，第一九八頁。

神。……這是中國文化之無盡寬濶、偉大、莊嚴的泉源之一信仰，而亦正是一切民主精神之最後唯一根據。」因此唐氏認爲「儒家思想有最高的民主精神」[111]，而政治或民主政治，以及政治上的一切主義，都是「次級概念」[112]，「從中國歷史文化之重道德主體之樹立，卽必當發展爲政治上之民主制度」，所以中國近代的民主憲政運動，照新儒家們看，「卽成爲中國文化中之道德精神自身發展之所要求」[113]。關於這一點，新儒家的先驅梁漱溟，有不同的看法，他認爲中國文化根本是「另走一路」，「不是同西方人走一條路線」，所以中國文化若順着自己的路線走，永遠也不會有民主和科學的成就出來[114]。另外新儒家之一的張君勱，他對當代中國民主憲政的締造，有過親身參與的經驗，所以告誡國人：「若謂今後全部文化之基礎，可取之於古昔典籍之中，則吾人期期以爲不可。自孔、孟以至宋、明儒者之所提倡者，皆偏於道德論，言乎今日之政治，以民主爲精神，非可求之古代典籍中也。……與其今後徘徊於古人之墓前，反不如坦白承認今後文化之應出於新創。」[115]一個具現實政治經驗的學者，與一往理想主義者畢竟不同。

(2)對科學的態度

---

[111] 見前註[85]之書，第四一二～四一三頁。

[112] 見前註[85]之書，第二〇一頁。

[113] 前見註[86]之文化宣言。

[114] 梁漱溟〈東西文化及其哲學〉，第八四頁；〈中國文化要義〉，第二八三頁。

[115] 張君勱〈明日之中國文化〉，第一三二頁。

中國之需要科學比需要民主，更無異議。當二十年代社會主義的狂流在中國氾濫時，連少數對民主有堅強信念的知識分子，也曾發生動搖[116]，但對科學，自清末以來，一直受到熱烈的歡迎。其所以如此，思想方面的原因，可能是因爲科學與價值問題關聯少，可作爲一種生活方式的民主，則與價值問題關涉多，一觸及價值問題，就絕不可避免地要與部分傳統發生衝突。

當代新儒家對中國需要科學亦從無異詞。不只如此，他們對科學可能給予中國文化的貢獻，也有深切的認識。牟宗三說：「知識不建，則生命有窒死之虞，因而必蹈虛而漂蕩。」又說：「故名數之學，及其連帶所成之科學，必須融於吾人文化之高明中而充實此高明。」[117]唐君毅說的更詳細，他認爲科學對中國有如下的多種價值：(a)幫助中國民族求生存；(b)科技所成的器用世界，可爲人格精神交通之媒介；(c)分析辨類的科學理智，可幫助成就中國之國家社會組織；(d)超越直接經驗的科學理智，可以使仁心的流行，不自限於直接經驗之世界；(e)科學知識之重普遍概念等，使人精神更能貫通周運於主客之間，及不同時空之事物與經驗間；(f)科學之引發從事批判貫通之哲學，可以絕去緣科學概念等而生之偏執；(g)理智之運用於科學，可使中國人的理智力，得不卷曲於主觀個人人事關係中，以化爲世故心、猜疑心、作僞心等[118]。如果從這樣一個認識的

[116] 如胡適便是一個顯著的例子，見胡氏「當衆洗腦給大家看」的談話（〈自由中國〉雜誌十卷六期）。

[117] 牟宗三〈道德的理想主義〉，第三頁。

[118] 見前註[94]之書，第一五六頁。

基礎上做相干的思考，就必然會去檢討中國文化妨礙科學發展的種種因素，並去努力消除這些因素，以助成中國科學的順暢發展。新儒家因對傳統儒家存有敬意，每當問題逼着不得不承認一些缺憾時，又深恐國人因此對儒家喪失信心，總是馬上繞出去把儒家理想強調一番，所以當唐君毅說了科學對中國的若干價值，顯出中國文化的缺陷以後，接着就說：「中國文化本身之需要，只是要充量發展其仁教。因此一切科學之價值，都只是為了我們要發展此仁教。……由此而我們之主張發展中國之科學，便完全是從中國文化中之仁教自身上立根，決非出自流俗之向外欣羡之情，或追趕世界潮流之意。」唐氏似乎不知道發展仁教與發展科學根本是兩回事，似乎也不知道敬愛中國文化與研究科學，也根本是兩回事。發展科學就是中國當前的文化理想之一，它本身是一目的，發展科學不可以視為發展仁教的工具。同時一個科學家，縱然熱愛中國文化，可是這份熱愛之情，無助於他科學本身的成就，就像一個做醫生的兒子，如果要替自己的父親看病，他絕不可以把對父親的一份敬意，作為診斷的依據，因為這根本是兩回事。

中國究竟如何才能發展科學？牟宗三對此有與實現民主相同的說法，就是要由傳統的「理性運用表現」，轉出「理性的架構表現」，他說：「在此一轉中，觀解理性之自性是與道德不相干的，它的架構表現以及其成果（即知識）亦是與道德不相干的，在此我們可以說，觀解理性之活動及成果，都是非道德的。」⑲因此牟氏承認「道德中立」之說，和「科學之獨立性」。這些話

⑲ 牟宗三〈政道與治道〉，第五八頁。

多少是對科學知識的特性有識之言，雖道德中立說早已受到批評。不過說到這裏，牟氏很不放心，怕科學獨立之說，有使人遺忘傳統道德的危險，於是語氣一轉，接着就說：「但若只停在這一層上(指科學獨立)，而不承認其與道德理性有關係，或以爲只要有觀解理性卽可處理一切，而不承認有超觀解理性的道德理性之特殊義用，則是錯誤的。」依據價值判斷，把道德與科學分爲上下二層，依照新儒家們的看法，發展科學不過是「中國文化中之道德精神，求其自身之完成與升進所應有之事」⑫⓪，因此，牟宗三雖承認科學有其獨立性，仍無法避免流於唐君毅發展科學只是爲發展仁教的同一結論。到此，我們不難看出，唐君毅的「仁教」與「科學」，牟宗三的「觀解理性」與「道德理性」等的種種說法，實仍隱含着張之洞「中學爲體，西學爲用」的主張，所不同者，只是新儒家說的較複雜難辨而已。

(3)中西文化觀

中西文化的比較，自清末以來，一直就是一個很熱門的話題，但因有效的比較方法沒有建立起來，以及對中西文化研究成果的有限，使得許多中西對比的論調，不是流於膚泛的觀察，便是出於主觀的臆測，例如薛福成以「道的文化」與「器的文化」對比，辜鴻銘以「自成自樂的世界觀」與「物質主義的世界觀」對比，梁啓超以「精神文化」與「物質文化」對比，胡適以「眞正的唯物文明」與「眞正的精神文明」對比，梁漱溟以「意欲持中的文化」與「意欲向前的文化」

⑫⓪ 見前註⑧⑥之文化宣言。

對比，馮友蘭以「生產家庭化」與「生產社會化」對比，錢穆以「孝的文化」與「愛的文化」對比[121]。

當代新儒家的「中西文化觀」，和上述各家都不同，他們不但有方法，而且有目的。如牟宗三論斷中西文化，是「直透孔、孟所開闢之本源，以之爲評判之標準」。唐君毅也說：「中國文化之高明、敦厚、廣大寬平之精神之表現於中國之文化歷史者，吾人尤必須先肯定其價值。在評判中西文化之長短時，吾人之標準，亦不能離中國思想之根本信念。此根本信念，卽人確有異於禽獸之心性，人之一切文化道德之活動，皆所以盡心盡性，而完成一人之人格。」[122]從牟、唐二氏的言論，我們可以知道，他們的中西文化觀，是要以「中」論「西」，以中國文化的信念爲標準，去評判中西文化的優劣。這樣的論法，第一是預設了中國文化優於西方文化，否則怎麼能以中國文化爲評判的標準？第二他們基本的態度，是在對中西文化做價值判斷。基於前一點，他們以爲西方人應該向中國文化學習；基於後一點，他們認爲西方近代文明正「日趨於自毀」。玆先就後一點說起。

牟宗三說：「西方名數之學雖昌大（賅攝自然科學），而見道不眞。民族國家雖早日成立，而文化背景不實。所以能維持而有今日之文物者，形下之堅強成就也。……中世而還，其宗教神

[121] 見黃文山〈文化學體系〉，第六一六～六一七。

[122] 見前註[83]之書，第三五九頁。

學之格局一經拆穿，終不能復。近代精神，乃步步下降，日趨墮落。」[123]基於這一了解，牟氏覺得西方的「名數之學」和「民族國家」，今後對中國文化還有價值，因爲它可補中國文化之不足，對西方文化言，已無價值，因爲這些成就，已使西方日趨於自毀。最後導出這樣的結論：世界文化的未來，將是「儒學第三期之發揚」，也就是說，未來人類的新文化，將是儒家精神＋民主＋科學。

唐君毅對西方近代文化的態度和牟宗三是一致的，他明言反對近代一切以生物眼光看人的思想，例如「只從要求物質的生存之眼光看人」的馬克斯，「只從性欲之眼光看人」的佛洛依德，「偏從人之求權力之眼光看人」的尼采、亞德勒，「只從交替反應之眼光看人」的巴洛夫與一些行爲主義的心理學者等，這些思想「在根本上，都是不能認識人性之本，而未把人眞當作人的。」[124]自然，當牟、唐貶抑西方近代文化時，他們不能就抹煞民主、科學的成就，但在要使儒家文化成爲世界文化的使命感推動下，乃由側面攻擊民主與科學。在他們看來，西方文化雖有「形下之堅強成就」，但因「見道不眞，文化背景不實，則不足以持永久」[125]，西方的民主正墮落爲「軀殼之個人主義」、「情欲之自由主義」，西方的科學精神，因表現爲無體、無力、無理[125]，

[123] 見前註[117]之書，第四頁。
[124] 見前註[85]之書，第五五九頁。
[125] 同前註[123]。

已使「自足於事法界而發展到物勢觀，實在是已到了人類要毀滅的時候。」[127]

新儒家對西方近代文化所做的種種價値判斷，以及對民主、科學的側面攻擊，都只是爲了達到一個目的，這目的是：迫使西方人承認，西方要有前途，必須學習東方的智慧，他們所謂的東方智慧，自然是以儒家爲代表的。根據「文化宣言」，新儒家們認爲西方人應向東方文化學習的有五點：(a)「當下卽是」之精神，與「一切放下」之襟懷；(b)圓而神的智慧；(c)溫潤而惻怛或悲憫之情；(d)使文化悠久的智慧；(e)天下一家之情懷。

新儒家對中西文化的種種說法，很難令人信服，他們的中西文化觀，是基於一股宗教性的熱忱，希望儒家能成世界性的文化，希望孔子能成爲全人類的教主。如果再做深一層的分析，新儒家的狂熱，是由於中國人在近代西方文化的壓力下長期受挫的情緖而來，過去百年是西風壓倒東風，新儒家希望有一天也能東風壓倒西風，如此而已。新儒家已看出，「眞正的西方人之精神之缺點，乃在其膨脹擴張其文化勢力於世界的途程中，他只是運用一往的理性，而想把其理想中之觀念，直下普遍化於世界，而忽略其他民族文化的特殊性，因而對之不免缺乏敬意與同情的了解。」[128] 這些指陳是有相當的道理，可是我們也可以反問，依據新儒家所宣揚的文化理想，假如

---

[126] 見前註[117]之書，第一九六頁。

[127] 見前註[117]之書，第二〇〇頁。

[128] 見前註[86]之文化宣言。

眞有一天能行之於世的話，這些缺點，豈不是仍要躬自蹈之？

一九三四年，胡適曾說過，中國固有文化，有三點是可以在世界上佔數一數二的地位：第一是我們的語言的文法是全世界最容易最合理的。第二是我們的社會組織，因爲脫離封建時代最早，所以比較的是很平等的，很平民化的。第三是我們的先民，在印度宗教輸入以前，他們的宗敎比較的是最簡單的，是最近人情的；就在印度宗敎勢力盛行之後，還能勉力從中古宗敎之下爬出來，勉強建立一個人世的文化；這樣的宗敎迷信的比較薄弱，也可算是世界稀有的[129]。新儒家們希望西方人應學習我們的那五點，自然是他們心目中所認爲的中國文化最偉大的地方。胡適的了解，與新儒家的看法，比較起來，前者似乎說的太少太淺了些，後者又說的太高太玄了些。五點中的第一點：「當下卽是」的精神和「一切放下」的襟懷，與第二點「圓而神的智慧」，在中國文化裏縱然有，也不過是少數儒者、道家、高僧等個人生活的體驗或境界，這種體驗或境界，絕非中國（或東方）所獨有。第三點是溫潤而惻怛或悲憫之情，像這樣的道德情操和聖者的胸懷，不論中西，自古以來都屬罕見。如果就一般的觀察，西方宗敎徒的社會服務的精神和自我犧牲的精神，似乎皆較中國人爲優。在當代史上，西方有個史懷哲，印度也出了個甘地，中國還沒出現過這類聖者型的人物，新儒家們要輸出中國智慧時，又如何自解呢？第四點是如何使文化悠久的智慧。我敢說，除新儒家外，大概還沒有人敢說他知道有這樣的智慧。中國文化悠久雖是一

[129] 〔胡適文存〕第四集，第四七六頁。

事實，可是第一，悠久並不就等於偉大。第二，中國文化所以悠久，得之於地理環境的因素，可能遠勝於中國文化的智慧。你瞧瞧！自海上交通工具發達，中國地理環境所造成的天險被軍艦與大砲攻破以後，中國文化是處在怎樣一個搖搖欲墜的局面？至於第五點，西方人很容易答覆的，因爲西方早在一九四六年，就發起成立了聯合國組織，已把「天下一家的情懷」，付諸行動。西方自有基督教以來，可以說一直就是抱着這樣的理想在傳教。西方近代的科技成就，更已爲「天下一家」的理想，提供了多向溝通的條件。這種理想在中國，理念之外有何實質貢獻？

我們認爲，在還沒有從事各文化大規模的比較研究以前，應先學習消除「我族中心主義」的文化偏見，應先學習去了解歷史文化的相對觀，因爲這樣有助於各個不同文化、不同社會成員之間的相互了解，也有助於我們了解爲什麼其他民族的價値觀念會和我們的不同。在這方面，文化人類學家潘乃德 (Benedict Ruth) 女士的文化模式說，實是最富啓示性的工作。像新儒家那樣強調中國文化的「一本性」和優越性，將越發加深中國人的文化偏見，益使中國文化陷於不利處境。

一九七二年十二月

當代新儒家的心態

一、新儒家的共性與殊性

當代新儒家依照目前研究中國現代思想史者的看法，大抵包括梁漱溟、張君勱、熊十力、錢穆、牟宗三、唐君毅、徐復觀這些人物和思想。其中梁先生早年由佛入儒，以比較中西印三支文化之作成名，而以從事鄉村建設聞名國內，並曾參與政治，晚年專心於中國文化問題的探討。張先生早期留學德國，爲政治學者，曾參與締造憲政，晚年精研宋明理學。熊先生曾學佛，因契悟〈易經〉生生不息之旨，卒歸宗於儒，博通經子之學，爲一有創見的哲學家。錢先生乃一史學家，戛戛獨造，以弘揚中國歷史文化爲職志，於當代「史料」與「史觀」兩大學派（從余英時說）之外獨樹一幟，晚年潛心於理學。牟先生乃一富原創力的哲學家，早年喜數理邏輯，並精讀康德，以康德一家之言貫通中西，重建儒學，乃其一生努力的主要目標。唐先生學博願宏，爲一文化意識與道德意識特強的哲學家，早年受黑格爾〈精神現象學〉的啓廸，以宗教的心靈與宗教家的熱忱弘揚中國文化的精神價值，一生最大的願望在倡導一個以儒家人文精神為基調的文化運動。徐先生是中國思想史專家，對傳統思想能做切近資料的分析，雖宗於儒家人文理想，由於現實政治的經驗，對傳統專制文化在現實歷史中造成的種種弊端與罪惡頗多揭發。

以上這些人物，個別地看他們的思想各有所專注而有相當大的差別。雖然有差別，但他們在心態上、方向上以及基本肯定上如略其異取其同，大抵仍有一些共同的特徵可資描述，否則以「新儒家」的名號稱謂就失去意義。下面列舉的各點是初步的嘗試：①以儒家為中國文化的正統和主幹，在儒家傳統裏又特重其心性之學；②以中國歷史文化為一精神實體，歷史文化之流程即此精神實體之展現；③肯定道統，以道統為立國之本，文化創造之源；④強調對歷史文化的了解應有敬意和同情；⑤富根源感，因此強調中國文化的獨創性或一本性；⑥有很深的文化危機意識，但認為危機的造成主要在國人喪失自信；⑦富宗教情緒，對復興中國文化有使命感。

當然還有其他的特徵，但列舉愈多，很難避免出現例外，即以上列七點而言，梁先生和徐先生對道統似乎並不重視。此外，現代中國最大的文化課題是民主與科學，新儒家並沒有忽略，不過他們對科學的了解和胡適等西化派一樣，不要說缺乏眞知灼見，連健全的常識也不足，這方面最近林毓生在「中國人文的重建」一文中有很深刻的批評。民主由於新文化運動以來，在知識界一直是熱門話題，因此新儒家對產生民主的要件，以及中國所以沒有出現民主的原因，遠比科學有相應的了解。但對民主與傳統文化的關係，看法就不一致，梁先生一方面認為「新中國之建設，必自其政治上有辦法始」，也就是要走民主的路；另一方面他和晚年的梁啓超一樣，對中國民主的前途很悲觀，宣稱「中國不是尚未進於德謨克拉西，而是不能進於德謨克拉西」。唐先生與牟先生則認爲民主乃中國文化的內在要求，內聖外王的基本格局不變，民主是要在內聖基礎上開出「新外王」。張先生因是一政治學者，又曾是民主政黨的黨魁，他說「自孔孟以至宋明儒者之所提倡者，皆偏於道德論，言乎今日之政治，以民主爲精神，非可求之於古代典籍中也。……與其今後徘徊於古人之墓前，反不如坦白承認今後文化之應出於新創。」徐先生雖也認爲儒家精神可與民主自由相通，但更重視民主的現實奮鬥。

具有上述「殊性」和「共性」的新儒家，崛起於「五四」新文化運動高潮期中，嗣後二三十年間，一直處於西化派的壓力之下。「九一八」以後雖然民族主義高漲，並未能完全改變現實處境的劣勢。一九四九年大陸由共黨奪取政權，七人中有五位避難海外，分散於臺、港、美三地，他們以流浪天涯的淒苦心境，在困境中沉潛奮發，經過二三十年的努力，終於爲中國文化建立了一個發言臺，並延續了中國哲學的一線生機。未來的演變雖難預知，但在這一歷史階段中，新儒家在糾正新文化運動的偏向上已盡了歷史的責任。這方面的努力，連一直反對新儒家的殷海光先生，也承認「他們能從非黨派性的文化傳統中豁出一個醒覺，這在目前的知識份子中是難能而可貴的」。

新儒家雖糾正了「五四」新文化運動全面否定傳統的偏向，但對這個運動中表現的啓蒙精神，並沒有認眞去了解，如「五四」人物主張思想與知識的多元主義，因而反對思想的定於一尊；主張中國傳統的改變，不應只止於政治和法律制度，作爲文化核心部分的價值系統也要革新；他們因重視個人權利而主張個性解放；這些對促進中國的現代化都有重大的意義。新儒家應該知道，六十年來所宣揚的中國文化理想以及人文精神，如不經由啓蒙精神的洗禮，很難引起這一代知識份子的普遍嚮往和共鳴。一個社會一旦接受自由民主的價值，不論過去和現在，無論多麼偉大的思想，都必須在自由競爭中接受考驗，歷史上難以磨滅的眞理無不經過重重的考驗。

由於新儒家對「五四」的啓蒙精神缺乏體認，於是有意無意間放大「五四」對傳統文化的否定一面，覺其罪孽深重，也不願深究激發反傳統思潮的歷史背景，這樣不但引起了長期的意氣之爭，也不免在觀念上形成一些自限，今日看來和西化派在心態上、觀念上竟然有若干相同的格調，例如：①雙方的思想內容儘管不同，但並未帶動思維方式起革命性變化；②由於彼此對立，也難以互相超越；③西化派對西方文化傳統，新儒家對中國文化傳統，都未能就歷史的深度探究中西文化傳統的多樣性與複雜性；④就其爭論或攻擊的言論看，雙方皆不免偏狹武斷，缺乏開放的心靈，視野和胸襟也不夠開濶；⑤不能寬容異見，也缺乏自我批判的精神；⑥過分看重思想的效能，忽略一歷史現象的形成，還有思想以外的複雜因素，像民初西化派將帝制復活及中國文化的衰落歸罪於儒家思想，新儒家投桃報李，又把共黨在中國的紅禍歸咎於新文化運動的導引；⑦除了學術性和哲學性的活動之外，雙方對傳統文化的爭議，主要由情感作用、心理聯想和價值判斷所組成；⑧都喜歡談大問題，很少反省到是否具有足夠的相干知識，因而也不能培養研究問題的風氣；⑨都具有使命感和排他性，因此道雖不同，却都以衞道者自居。假如以上指陳的各點能大抵不誤，那末我們今後的努力，除了繼承雙方已有的成果之外，針對以上所表現的心態和觀念，我們就不僅要超越「五四」，同時也要超越新儒家。

二、歷史文化觀

新儒家思想中把上述心態和觀念表現得最爲突出者，是他們的中國歷史文化觀。他們對歷史文化的主要觀點可約之爲：①歷史文化乃「仁心」的充量表現；②歷史文化是聖賢豪傑精神的表現，爲他們的精神所貫注；③歷史文化乃中國民族之客觀精神生命之表現。總起來說卽中國歷史文化乃精神實體的展現。在進一步討論之前，我們必須承認新儒家提出這樣的歷史文化觀，完全出於眞誠。他們的觀點與卡萊爾（Thomas Carlyle）於〈英雄與英雄崇拜〉中所表現的英雄史觀基本上相類似，卡氏不僅具有虔誠的宗敎感情，對精神宇宙的眞實也有牢不可破的信仰。倡導上述歷史文化觀的新儒家大抵也具備這些特質。這樣的歷史文化觀出現在思想上全面鄙棄傳統之後，事實上中國傳統社會文化也在全面崩潰中，在此背景下，爲傳統的歷史文化建立起精神的完美圖像，並不是完全不能理解的。凱特布（George Kateb）在他編的〈現代人論烏托邦〉一書導言中問道：「烏托邦會不會是一種騙局」？新儒家的歷史文化觀，儘管可能在中國文化挫敗中，喚起某些人烏托邦式的希望，但他們眞誠的動機毋庸置疑。

對如此眞誠復又感人的觀點，爲什麼要提出來討論？最重要的理由，是因這樣的歷史文化觀，不僅無助於對歷史文化眞相的了解，且可能產生反面的效果，即妨礙對歷史文化從事客觀的認知。當新儒家宣揚他們的歷史文化觀時，就會堅決反對用客觀冷靜的態度以及科學方法去研究，以爲那樣就會把歷史文化視如死的化石。他們主張對歷史文化要抱「同情」，尤其要存有「敬意」，以爲「敬意向前伸展增加一分，智慧的運用亦隨之增加一分，了解亦隨之增加一分」。新儒家在這裏實在是把「研究」或「了解」這個相當複雜的問題過分簡化了，很容易引起嚴重的誤解。也許他們這樣說只是爲了強調「敬意」，因爲現代中國的知識份子多已對自己的文化傳統失去信仰。但既然容易引起誤解，就有必要做一簡單的解說，何況新儒家至今已有六十多年的歷史，雖著書盈屋，但眞能幫助當代人了解中國歷史文化眞相的，似乎尚不多見，一部分的原因就出在研究或了解的方法以及態度上。

不論歷史和文化都相當複雜，了解其中不同的對象須持不同的態度和方法，尤其應知了解人文方面的態度與方法，多半是在嚴格的學術訓練和長期累積的功力中，慢慢摸索悟出來的。「敬意」只是一種主觀的心情，這種心情可能有助於研究對象的選擇，一旦進入研究過程，這種心情自然淡忘，研究愈深入，可能因此而增加敬意，也可能因此而減少敬意，不論增加或減少，對研究的學術品質都不是決定性因素。歷史上有不少大姦巨惡的人物，我們很難對他抱什麼敬意，但在研究價值上並不見得有遜於聖賢豪傑。「同情的了解」更主要有賴於認知的訓練以及敏感和透入的能力，如僅有道德意義的同情，不一定就有助於同情的了解。過分強調敬意易於使學術研究流於口號且不說，卽使有了長期累積的功力，如以敬意為優先，很可能因此而妨礙到知識的誠實與判斷。

「敬意」應用最合適的對象，自然是歷史上的少數偉人，抱着滿懷敬意是否就能對偉人做有效的了解呢？也許不妨就以新儒家中最重視敬意的唐君毅先生對孔子的了解做個例子，他在「孔子與人格世界」一文中，稱穆罕默德、釋迦、甘地、耶穌、武訓為「偏至的聖賢型」，以孔子為「圓滿的聖賢型」。對被尊之為聖，對尊之者而言，聖人都是最高的，不能再比高下。把孔子推崇到聖人中之聖人的地位，不僅會引起崇敬其他聖人的信徒的排拒，也不可避免地把孔子神秘化神聖化。從春秋時代發展的歷史脈絡看，孔子之所以偉大，主要的一點正在他人格的基本特質是排斥神聖化神秘化的，他領導發展的是一個人文思想的運動，不是宗教運動，他不是教主，他是道德、人文的象徵。把孔子推崇太過，使他遠離了人羣，甚至遠離歷史，孔子死矣！對孔子人格的本質而言，欲尊反抑，可見敬意伸展，未必眞能幫助我們了解聖賢。存在主義哲學家雅士培寫過一部〈偉大哲學家〉，包括蘇格拉底、佛陀、孔子和耶穌，不但有深刻的分析，且有相應的體驗，不但注意到他們的獨特性，也因他們都能超越了有限的自我，並就他們關切的終極問題上彰顯他們的普遍意義。雅士培所憑藉的主要恐怕不是敬意，而是因為他是一個識解宏通的哲學家。朱熹對孔子的敬意，當不在新儒家之下，他在答李季札書中說：「不要說高了聖人，高後學者如何企及？越說得聖人低，越有意思」。他的話對今日崇拜孔子的人，仍值得玩味。

如果新儒家所說中國歷史文化是仁心或聖賢豪傑精神的表現，那末與朱熹所說「而堯舜三王周公孔子所傳之道，未嘗一日得行於天地之間」的話（見〈朱文公文集〉，卷三六，「答陳同甫」），恰相對反，究竟那一種看法比較可信呢？蕭公權先生三十六年前在「聖教與異端」一文，討論過類似的問題，他提出的問題是：「但是在儒術獨尊的時候，例如漢唐的盛世，孔子之道是否果然實行於政治而為全國大多數人安身立命的領導原則」？蕭先生引朱子上面的話代表極端的否定答覆，同時引述張之洞、康有為之言代表極端的肯定答覆。張之洞在晚清鼓吹保教，因為他相信「我聖教行於中土數千年而無改」，從五帝三王到明清，一貫地「政教相維」，崇尚儒術。康氏主張立孔聖為國教，因為他相信「孔子為萬世制憲」，孔子「所為經傳，立於學官，國民誦之，以為率由；朝廷奉之，以為憲法」。「中國能晏然一統政治二千年者何哉？誠以半部論語治之也」。蕭氏根據史實，就歷代帝王的行事作為朱說的佐證，結論是：照我們看來，張、康僅着眼於形式，朱子獨嚴論歷代君相的心術及其政事的內容。比較之下，似乎朱說更加確切可信。

也許新儒家對上面的問題根本不感興趣，因為他們的歷史文化觀，不是採取歷史的觀點，而是哲學的觀點，由哲學的觀點論斷文化傳統最重要的是所持的中心觀念。余英時在「從史學看傳統」（〈史學與傳統〉自序）一文中提到由這種觀點看傳統，會發生一個無可避免的困難，「即每一位哲學家或思想家所持以衡論文化傳統的一組中心觀念都是個別的、特殊的。我們究竟何所取捨呢？取捨的標準又是什麼呢」？因此「這裏我們不難看到哲學觀點本身所蘊藏的內在限制」。

我們的祖先兩千年來一直保持着「天朝型模的世界觀」（此爲殷海光〈中國文化的展望〉第一章標題），十九世紀中期以後在多次對外戰爭的屈辱中，這種世界觀已一去不復返，新儒家似乎要建立一個「文化中的天朝」以彌補這種意識上的空缺。有的新儒家的確相信，儒家式的人文精神如能轉出或融攝西方的民主和科學，不但能救西方之自毀，且足以成爲文化生命前進的最高原則，並爲人類提示一新的方向。無論如何，這種想法是爲了護衞民族文化的自尊，也多少會帶給保守主義者情緒上一點滿足。可是我們今天的問題，正如林毓生指出的，是「在保存儒家道德傳統時所面臨的，如何對付歷史變遷的重大課題」，「如果不經歷基本的改變（實質意義的），儒家道德傳統對新社會是否仍舊有用、有意義」？林先生是在討論梁巨川（梁漱溟之父）時提出這些問題，針對現代的新儒家，這些問題依然有效，因爲他們始終沒有認眞正視過這些關鍵性的問題。

新儒家在歷史文化觀中所表露的心態，或許正如心理學家葛登納(Jonh W. Gardner)所說：「那些企圖逃避轉變之潮流的人有一個想法，即立足於高高在上的道德基地，他們斷言固有的一切緊緊繫於道德和精神之上，改變它們將威脅到這些道德和精神」。中國自清末以來，西方的科技首先獲得勝利，接着是政治制度，最後固守的堡壘，就正是在這「道德和精神之上」。如果沒有工業文明的衝擊，至少在這方面我們根本不必改變，當然也沒有固守不固守的問題。可是工業文明業已成爲世界性的潮流，已將人類歷史推進到一個新的階段，這個潮流使所有的非西方傳統都面臨生死存亡的考驗，一個國家如不能進入這個潮流——由工業化而現代化，未來的命運將愈來愈坎坷。一個國家的現代化，絕不能止於科技與政治制度（我國卽使這兩方面仍舊困難重重），價值系統的調整，尤其是道德價值的調整，才是最基本的。

三、民主之根與民主之花

新儒家對民主採取十分肯定的態度，此無可疑，因他們深知，中國如不走上民主之路，不能解決中國一治一亂的循環之局，不能使政權和平轉移，也無法限制當政者濫用權力，而這幾點正是幾千年來造成最大人禍的原因。新儒家對民主問題的思考值得我們重新檢討的，是在民主與中國傳統文化的關係上。這種縱貫性聯想式的思考方式，不祇是新儒家如此，從晚清到現在，已使知識份子的思想糾纏了一百多年，最主要的原因是因爲我們有一個民本思想的傳統。這個傳統到十七世紀的黃梨洲發展到最高峯，梨洲說「天下之治亂，不在一姓之興亡，而在萬民之憂樂」。

這個觀念仍是民本而非民主。同時梨洲還提出「有治法而後有治人」的主張，他想到治法的優先性，以及有治法而後有治人的先後程序，就克治專制的毒害而言，已屬對路的思考。可惜梨洲僅冒出一個孤立的理念，當他論及變法這樣重要的問題時，仍然不能不回到「以復井田、封建、學校」的老辦法上去，他理想中的政府，依舊只是一個封建郡縣並重的政府。思想家不能不受歷史條件的限制，黃梨洲在三百年前未能從民本思想中轉出民主，不能責怪他。今天我們的歷史條件與三百年前不同，民主早已突破理想的階段，目前世界上不論西方或東方，都有民主制的國家，我們中國在這條道路上走得雖相當曲折而辛酸，但畢竟已累積了近百年的經驗，檢討失敗的經驗，比「傳統——現代」這種縱貫性聯想式的思考可能更有效。

運用這種思考方式，新儒家可作爲一個典型的例子。他們認爲中國文化在本源上並無不足，中國文化裏也有不少民主思想的種子，因此，民主根本就是中國文化中的道德精神自身發展所要求。這個說法如果爲眞，必須證明在中國的傳統道德精神中，確曾要求過民主，事實上不能證明。不要說在道德精神中從無此要求，卽在受道德精神影響，而又比道德精神更落實一層的民本思想也無此要求。在這一點上新儒家的先驅梁漱溟先生的看法比較合乎事實，他認爲中國文化是另走一路，順着原有的歷史條件，中國不會走向民主。新儒家要求我們不要只以一外在的標準，來衡量中國文化之價值，在某些方面這個要求是對的，但民主、或許還可以加上近代的科學，恰恰是「外在的標準」，在這兩個標準衡量之下，中國文化的價值絕對不及西方。近代科學和民主未能在中國歷史中出現，這個事實已足夠證明中國文化在本源上確有所不足。與其戀戀不忘中國傳統中那些從未發芽的民主種子，何不多多發掘近百年來中國人民追求民主的痛苦經驗！中國的民主前途，毋須再等待中國傳統中的民主種子培育成芽，因為近百年來的中國人民為民主奮鬥所流的淚與血，早已使民主在中國現代史中生根發芽，只是尚未開花結果。中國人追求民主最深的理由，乃在澈底根除中國幾千年的禍亂之源，不必是如新儒家所說，是為了中國文化中的道德精神的進一步發展。殷海光先生曾批評新儒家「較富於根源感而缺乏展望力」，以上的分析足為佐證。

當然，在當代中國既熱愛傳統文化又喜思考民主問題的知識份子中，並不是沒有人能跳出上述的思考方式，前文提過主張「以民主為精神，非可求之於古代典籍中」的張君勱先生，另外一個就是說過「除張君勱先生外，國內最配在言論上對於民主來說話的恐怕就是區區小子了」的張東蓀先生，他在國民黨清黨後堅持「黨外無黨」走一黨專政路線的時代，因激憤遂與張君勱合組國家社會黨。在他同時代的知識份子中，他對中國的民主問題是想得比較深刻的一個，他從中國歷史文化和當代發展情勢加以反省，認為從反省中「可指示我們一條出路，這條出路可以約而言之，是必須澈底實行民主主義，因為民主主義和中國歷史上的傳統辦法完全相反。如果中國仍走歷史上的老路，則不僅中國永遠不能變為現代國家，並且中國人亦永久得不着人生幸福」。他深知「中國要變為民主却不是一件容易的事，就是因為這樣的文明在中國歷史上沒有十分可靠的根基」。東蓀先生在這方面最重要的思考，是他已想到「中國今後要實行民主政治不僅是一個政治上的制度之問題，乃確是涉及全部文化的一個問題」，因此中國要走上民主，「亦不僅是在歷史上另劃一個新紀元的事情，乃必是把中國從歷史的舊軌道中搬出而另外擺在一個新的軌道上」。（以上引文均見張氏〈理性與民主〉的「序論」及第六章「中國的過去與將來」）

如果把中國的民主問題看作是一個涉及全部文化的問題，那末在檢討中國走向民主的過程中所以困難重重的原因時，傳統文化裏那種根深蒂固的泛道德意識可能很值得我們去分析。由於這種意識，使中國傳統的政治塑造成一個「政治倫理化」的特殊形態，結果儒家內聖外王的一套在歷史上形成空中樓閣，專制帝王變成實際的聖王，作之君作之師，在政教合一的運用下，教成爲專制權力一元化合理的根據。中國人民絕不是天生的奴才性格，但三綱五常的教化，長期在專制帝王別有用心的利用下，成爲培養馴服性格的工具。泛道德意識對國人生活上的影響，恐怕很難避免余英時下面所說的弊病，余先生在「有感於『悼唐』風波」一文中說：「不幸在中國的傳統中，一旦形成任何對立，雙方（或多方）總是要把它加以道德化，使己方代表正義，而將對方在道德上判處死刑。己方既爲正義的化身，罵起對方來自然就氣壯山河；至於其中究有幾分『理』在，那就不暇顧及了。從中國傳統中轉出民主精神來（尤其是容忍異己的精神），所以如此困難重重，其中難道沒有可以使我們深刻反省的所在嗎」？小至少數人之間是如此，大至政治上的鬥爭，我們中國人不也總是「使己方代表正義，而將對方在道德上判處死刑」嗎？政敵一旦在道德上被判處死刑，接下去什麼殘忍的手段都可以加於其身，三十多年來中國大陸這種現象幾乎沒有中斷過，張東蓀說：「革命派外表上新而內裏舊，立憲派外表舊而內裏新」，其言眞堪玩味。

要矯正傳統的泛道德意識，根本之圖只有全力推行自由民主的敎育。針對實現民主而言，必須把政治從道德獨立出來（劉述先在近作「從民本到民主」一文中也提到這一點），道德固然不能政治化，政治也不能道德化（當然不是說政治與道德無關），政府替老百姓解決問題不是「德政」，而是責任，中國幾千年的歷史沒有建立起一個向百姓負責的政府，政府不對百姓負責，爲何百姓只能容忍？因爲主宰政府的皇權是獨佔的，任誰想侵犯皇權，就是冒「天下之大不韙」，其罪在一切可赦者之外。權力獨佔是專制一切病禍之源，也是實現民主要解決的最大難題。

四、批判地繼承及創造地發展

以上三節我們已率直地指出當代新儒家心態和觀念上的一些限制，所以要這樣做，是爲了對這個新傳統有較高的期待，希望今後在中國文化重建工作上能更上一層樓。回顧新文化運動以來，在吸收西學方面，至今沒有出過一部西方重要哲學家的中譯全集（想想歷史上佛敎的譯經偉業），也沒有對任何一位重要哲學家做過全面而深入的研究。大多數學哲學的人，對西方思想傳統裏那套分析、解釋、推論、系統化的思想步驟，仍多停留在口號階段，沒有認眞學習。在傳統思想的繼承與發揚方面，量不能說少，由於訓練和功力兩者不足，又缺乏學術的嚴格要求，因此品質普遍低劣。就整個大環境看，六十多年來，學術界始終爲服務於政治的意識形態氣流所籠罩，學者自棄立場，政治干預學術，結果兩方面都深受其害：學術思想貧困，政治不上軌道。在一切的短長之外，新儒家在當代中國學界，是比較能沉潛而眞誠的，他們超名利，耐寂寞，力圖延續儒家薪火。如果說在心態和觀念上表現出一些限制，一部分的原因是由於歷史的條件造成，另外則當歸咎於新儒家在發展過程中與現代學術思想潮流隔閡，因而內部不易培養自我檢討自我批判的風氣。

重建中國文化是一歷史性的艱鉅工程，工作的方式有多種，人文學、社會科學、自然科學的學者，每一個人都有責任，都可以做出貢獻。不論用什麼方式工作，都必須培養開放的心靈，並努力消除文化約束與文化偏見，否則很難用客觀的態度了解及評價自己的思想傳統，也無法眞正理解別人的觀點。「重建」不是「復興」，也不能老停在「本土運動」的意識，強調本土往往不免要與外來的對抗。重建不是爲了對抗，而是要在現代社會現代生活中革新傳統文化的精神與面貌，使我們的社會與生活能朝更合理的方向去發展。在革新的過程中，不可避免地要加以揚棄的必然要多於保留的。目前我們的社會，到處都有壞習氣和有害的觀念，追根究底，大部分與傳統有關。新儒家最大的願望之一，是希望現實政權能由儒家的思想和精神來領導，這是過去兩千多年都沒有能達到的理想，現在可能更難。在現實上不管願與不願，也不管是什麼性質的政權，民主、科學、工業化都是中國現階段文化上既定的方向，任何政權無論遭遇多大困難都必須努力達成這些目標。在這些目標上如想直接以儒家的思想和精神來領導，顯然有其困難，如僅圖在新的目標上加一個抽象的舊帽子，也沒有多大實質的意義。首先的工作，須使傳統經典裏的思想（不限於儒家）能展現使現代各科知識份子都可以接受的表達方式，不腐朽，不教條，不掩飾是非功過，透過各種方式去表達。現代教育裏，凡是專業性的課程，大部分的知識不是固有的，這個事實說明在現代社會裏，傳統文化不可能再像過去那樣居於絕對主宰的地位，如果表達方式做得好，又能做恰當的提鍊，傳統的一些智慧，依然可以成爲我們的精神資源，依然是國人之間心靈溝通的基礎。眞正要做好這些工作，必須要有深厚的學術工作爲基礎。重建中國文化如不從學術方面打基礎，將如無源之水。下面就談談站在學術立場對傳統文化思想的繼承和發揚應採取什麼樣的態度與方法。

我一向推薦一種批判的態度與方法，我自己的工作多年來一直朝這方面摸索前進。我的經驗略同於雅士培所建議的研讀哲學的方法，不妨即以此爲例，他說：「我們應該用一種，對作者有信心，而且對所研究的學科有熱愛的態度去從事閱讀。在開始的時候，我必須把正文中所講的全部認爲眞實而加以研讀。惟有讓自己完全地被它吸引，以及完全進入那門學科，而再從它的中心掙脫出來之後，才能夠產生確具意義的批判」。（見〈智慧之路〉）可見思想上的批判要奠基於眞實的了解上，其中包括熱情的投入、信任地跟隨以及盡可能地全部加以理解。這雖已是一個艱難的過程，但主要地還只是考驗耐力。更難的是還要能從信服的權威中掙脫出來。明代王陽明的思想能由朱熹的系統中奮鬥而轉出，就曾經歷過類似的歷程，陽明是憑藉了朱熹在學術上的雄厚資源才能批判朱熹。爲什麼一定要從信服過的權威中掙脫出來？因爲沒有一個個人或一個學派能獨佔眞理，就如同沒有一個民族能獨佔文明一樣，人類的文明是世界所有民族共同創造的業績，歷史上的眞理也是由無數終身獻身於學術思想的哲人(不限於哲學家)，出入於千門萬戶，在交光互影中才能顯現它的光輝。熟習不同的觀點，深入不同的思路，然後能進行批判。達到這一步，不僅要耐力，還需要勇氣與識見。學術思想的發展、創新，批判是必經之路。朱熹的學思傳統，是因經由陽明的批判，才使它在官方的利用中仍能免於僵固。陽明以後數百年，尊朱也好，抑朱也好，朱學大抵居於學術中心的地位。先秦諸子爲什麼能號稱中國學術思想的黃金時代，主要是因爲諸子百家在彼此抗衡中敢於顯露自己的見解和思路，因此互相批判，爭論不休，所謂百家爭鳴、百花齊放，正是思想活力充沛之象。有位政治學者說過：異見是社會進步的工具。在學術的領域裏，也不例外。有志於從事批判和創新工作者，應該學習容忍異見。容忍異見，不祗是表現雅量，而是對代表人類理智和自由精神最高表現的學術的尊重。

傅偉勳最近給我的信中，提到「批判地繼承及創造地發展」，恰好把我多年所思以及想要做的，用最簡約的文字表示出來。偉勳對這方面的問題，有許多獨到的見解，可惜還沒有機會寫出來。回信中我忘了告訴他，去年張灝寫「再認『傳統與現代化』——以傳統批判現代化，以現代化批判傳統」一文，已爲我們的想法提供了一個很好的例樣。張灝爲了矯正從本世紀初的梁啓超到殷海光「以現代化批判傳統」的偏向而撰此文，文章從兩個不同的角度，就傳統與近代二者之間的關係，做一種「辨證的」、「雙軌的」討論。他對前輩批判的再批判，也正點出我多年來工作的缺失，促使我的反省，深覺這種雙軌式的討論，不僅頗有助於達成「批判地繼承」的目標，也更能爲完成中國文化「創造地發展」培養出更好的條件。

林毓生於一九六七年給他老師殷海光先生的信中，就曾提出 creative reformism 的觀念，後來又修正爲 creative transformation of Chinese tradition，近年在臺灣「創造地轉化」一觀念已漸流行，這個觀念在我看來似是「批判地繼承及創造地發展」的凝縮。「中國人文的重建」一文毓生現身說法，爲他深思熟慮的觀念，做了一次精彩的展現。

去年初余英時發表「試論中國文化的重建問題」，文中也提到「中國文化重建的問題事實上可以歸結爲中國傳統的基本價值與中心觀念在現代化的要求之下如何調整與轉化的問題」，針對這個問題，他扼要地檢討了新文化運動以後思想界的成就與缺點，毫不隱諱地一再指出中國現代思想貧困這一事實，他說：「七十年來，我們都在『臨淵羡魚』的心理狀態下蹉跎過去了，但『退而結網』的工作却始終沒有認眞地進行，這是今後必須補足的一課」。「即使是對學術思想有眞正興趣的人也不免看事太易，往往根據西方某一家之言便要想貫通中西，以達到陳（寅恪）先生所謂『思想上自成系統』的境界。杜威、羅素、馬克思、黑格爾、康德等等都曾先後在中國現代思想史上扮演過『西方聖人』的角色。這種浮薄的學風一直流傳到今天，還沒有完全矯正過來」。英時在文中再三闡述的「退而結網」、「退而更化」的觀念，我想與「批判地繼承及創造地發展」之意當亦不相遠。

英時、毓生、張灝三位先生的文章，都使我獲益匪淺。更重要的是，它們代表一種思想的自覺，得來非易，本於這種自覺，將使中國文化的重建工作進入一個新的階段。

一九八二年九月十五日

兩種心態・一個目標

——新儒家與自由主義觀念衝突的檢討

一、兩種心態的對立

一九四九年離開大陸，「我們面臨着急速毀滅的俄頃」❶，少數對國家民族有責任感的知識份子，就在這天崩地裂的大變局中，迅速建立起兩個發言臺，希望藉此凝聚知識份子的殘餘力量，並在現實的幻滅中藉文化思想上的努力重燃希望。這兩個發言臺，一個是〈自由中國〉半月刊，代表自由主義，延續新文化運動的餘暉；一個是〈民主評論〉半月刊，重揚儒家道德與人文的理想，並在儒學系統化方面獲得進展。這兩個雜誌代表兩個不同形態的思想運動，但對現實政治都同樣發揮了不同程度地抗議精神。兩個雜誌於一九六〇和一九六六先後關閉，但對臺灣成長

❶ 張丕介，〈民主評論〉發刊詞，一九四九年，香港。

的這一代知識份子心靈的塑造已留下極爲深遠的影響：〈民主評論〉的思想，不但矯正了清代遺留下來的考據學風，也調整了新文化運動所產生的偏向；〈自由中國〉的思想，一直到目前仍是臺灣推動自由民主運動的主要精神支柱。

參與這兩個思想運動的主角，在學術思想方面都有相當建樹，但對現實政治的影響甚微。其中的原因，除現實政治的壓力之外，這兩個不同形態的思想，在心態上的對立以及由對立而產生的意氣之爭，也有部分的關係。意氣之爭不完全來自個人的因素，有來自歷史傳承者，也有由於思想立場的不同。後面這一因素具有決定性的影響。因新儒家的理論骨架主要係得自德國觀念論，尤其是觀念論中康德與黑格爾的哲學，於是先驗、理想、精神、意識、主體成爲這一派表達思想的主要符號，目的在復興儒家的道德理想，恢復文化的認同，哲學工作着重在形上信念與精神哲學的重建。自由主義者則以英美經驗主義和邏輯分析作爲發展其思想的工具，目的不在建立系統性的哲學，而在思想的再啓蒙。因此對思想自由的要求特別迫切，對傳統形形色色的宗教與形上學皆懷抱敵意。

德國的觀念論本是在十七、八世紀啓蒙運動大破壞之後發展出來的一種新哲學，因此在中國新文化運動的破壞之後，新儒家藉助觀念論哲學以抵抗反傳統潮流，是可以理解的。但由於中國中西衝突的背景所產生的特殊問題，因而在兩種思想形態的對決上也產生了特殊的內容。任何思想運動，如缺乏基本的信念很難前進，新儒家很強烈地抨擊自由派思想爲「科學一層論」或「理智一元論」，其所指者，正是自由派思想上的基本信念：科學主義，所謂科學主義，據郭穎頤(D. W. Y. Kwok) 的界定：「一般地說，科學主義是把科學的有限原則，予以普遍應用，使它成爲文化定理的一個信念；嚴格地說，科學主義應界定爲把自然的常則視爲其他社會科學的常則，社會科學的知識，唯有經由科學方法而後得之」❷。所以科學主義不同於科學，科學是關於自然宇宙的客觀眞實的知識系統，科學主義則是一信仰系統。自由派企圖以此打倒並代替傳統的價値系統。於是這方面與新儒家產生很尖銳的衝突。

另外一方面，在自由派的心目中，新儒家無異是傳統儒家泛道德主義的翻版。道德主義的確是新儒家的基本信念，就其認爲人類一切文化活動，均統屬於一道德自我，且爲其分殊之表現而言❸，也確有泛道德主義的傾向。但從另一個角度來看，這種傾向並非純是傳統泛道德主義的翻版，可能與其思想的基本態度有關。新儒家思想的基本態度是：創新必依據其所本有，也就是肯定必須「返本」然後能「開新」。就開新方面說，新儒家承認中國缺乏科學精神，承認在「正德」與「利用厚生」之間，少了理論科學知識的擴充。中國文化何以有此缺陷？則是因中國思想過分重視道德實踐，順着這個方向發展，個人只能退却爲內在的道德修養，因而閉塞了道德主體

---

❷ D. W. Y. Kwok, Scientism in Chinese Thought, 1900-1950, p. 21, Yale University Press, 1965.

❸ 唐君毅，〔文化意識與道德理性〕，自序(二)，第三頁，一九五八年，香港。

向外通的門路，使主體自身趨於虛玄與乾枯❹。新儒家這方面的反省相當深刻，表現了自我批判的精神。但由於思想的基本態度，仍認爲包括科學在內的一切文化上的開新乃中國文化中道德精神自身完成與升進過程必然的要求❺。這原是儒家傳統的基本信念，由於反傳統潮流的刺激，仍爲當代新儒家所堅持。他們擔心文化的開新會威脅到原有的道德精神。這種擔心有什麼眞實的意義呢？是否僅是屬於道德主義信念下的一種特殊關切？如果僅是特殊立場的特殊關切，那末關切的重點仍在道德精神，在道德精神與發展科學的精神性聯繫的思考中，不可能賦予認知精神一個眞正獨立的地位，因爲這種思考方式基本上仍未脫出傳統一元論思想模式，要賦予認知精神眞正獨立的地位，我們必須承認並尊重世界多元文化系統的獨立性。如果承認並尊重世界多元文化系統的獨立性，則對中國如何發展認知精神與科學的問題會完全改觀，消極方面會追問：由中國傳統所創造的獨特的道德精神及其所產生的心靈導向與社會構造，可不可能對發展認知精神與科學造成阻礙？積極方面會追問：那些學科的訓練才能有效地培養認知精神，並有助於科學發展？在這裏我們不是要討論這些問題，只是想指出，認知活動一旦獨立出來，問題會有新的出發點，根據新的出發點，認知活動本身有它的一套理則，如果這一套獨立的理則能獲得充分的發展，將來中國文化會建立起一個精神面貌與過去迥異的新傳統。在新傳統形成的過程中，不只是威脅原有

❹ 唐君毅，〈中華人文與當今世界〉，第八九七～八九八頁，一九七五年，學生書局，臺北。
❺ 同前註，第九〇〇～九〇四頁。

的道德精神，而是新傳統促使獨立、自由等新價值觀念的成長，將迫使原有的道德精神及其衍生的價值系統接受新的考驗。儘管道德宗教在人類文化中居於基本重要的地位，但在科學當令的時代裏，都必須在新的知識基礎上以及認知態度的挑戰中重建。重建的過程不是原有道德精神的完成與升進，而是經由批判達到創造性地轉化，才能滿足現代生活的需要，因爲科技獲得高度的發展之後，整個的社會結構和生活方式都會產生巨大的變化。中國文化在現階段的主要問題是，我們的社會結構和生活方式已經歷巨大的變化，而我們的道德精神和價值系統却未能相應地重建起來，因此出現「文化萎縮」和「生活失調」的現象。

自由派思想，由於傳統包袱較輕，而且思想的訓練是來自另一個以經驗主義和邏輯分析爲主的文化系統，從心理的距離感上能建立一個新的立足點來反觀自己的文化。由西方哲學看中國，中國哲學明顯的特性之一，卽邏輯的、知識論的思考方式未能獲得完全地發展❻，這意含着認知的、抽象的思考的不足。中國哲人的思想比較傾向於透過歷史文化傳統以及具體的人事來表達。因此在史學方面有輝煌的成就，哲學方面因缺乏論證和客觀論述的習慣，使思想不能系統化❼。不論是史學或哲學，主導的理念是道德倫理價值，卽使在歷史判斷中，也混雜着濃厚的價值判斷。自由派學者稱這種文化現象爲規範特徵的肥腫或泛道德主義。在這個傳統影響下的知識份

❻ 殷海光，〈殷海光先生文集〉，第一〇二八～一〇二九頁，一九七九年，九思出版公司，臺北。

❼ 謝幼偉，「抗戰七年來之哲學」，見賀麟，〈當代中國哲學〉，第一四六頁。

子，多半是價值迷（Value fans）和事實盲（fact blinds），他們甚至分不清什麼是價值判斷，什麼是事實的陳述❽。要改變這種情況，必須講求認知的獨立，認知的獨立，並非要棄置價值判斷，而是要隨時提高自覺將二者嚴加區分，並能做適當的使用。自由派以亞里斯多德的名言，作爲認知的設準：「把不是什麼說成是什麼，或把是什麼說成不是什麼，是假的；而把是什麼說成是什麼，把不是什麼說成不是什麼，便是眞的」。如加以簡化，便是：「是什麼就說什麼」❾。受中國傳統思想影響的人，往往把本只是角色的衝突、觀點的歧異，不自覺地就轉化爲道德上的正邪，對這類的人而言，凡懷疑旣成信念和制度的新觀念及意見似乎都是邪惡的。要他們從事客觀的認知，必須先克服自己的思想習慣，調整心靈的秩序，把認知能力從泛道德主義和泛情緒主義的泥淖中解放出來，具體的訓練則應落實在數學、邏輯、知識論、語言學等學科的精研上❿。

在二十世紀前半期的中國，科學主義是一個很流行的思潮。到臺灣以後，自由派學者認識到文化中的認知特徵對中國文化重建的重要性⓫，由於認知態度的強調，使科學主義的信仰已受到

❽ 同前註❻，第九六三～九六四頁。

❾ 同前註❻，第九五五～九五六頁。

❿ 同前註❻，第九六九～九七二頁。

⓫ 對這方面問題的探討，爲殷海光主要的貢獻之一，其中最重要的一篇論文是「論認知的獨立」（見前註❻之書，第九五五～九七一頁）。

抑制，因而有「我們不能過分沉湎於科學主義之中」的覺悟⑫。現在仍有人以為自由派提倡行為科學，而不知自由派學者中早就有人提出行為科學不能完全解釋人類行為的警告⑬。此外，由於知識專業化逐漸受到重視，也促使科學主義的退潮。依科學主義，凡是不科學的都是不可信的，現在思想謹嚴的學者，連「人文科學」這個名稱都不敢隨俗使用，而改用「人文學科」，可見觀念之轉變。另一方面，新儒家也由「泛道德意識」轉變為「道德理想主義」的肯定。泛道德意識認為人類的一切文化活動，無不統屬於道德自我，終極的關切在心靈境界的不斷超越。道德理想主義，承認道德以外的文化活動，如民主、科學等，有它們的獨特領域和發展的獨特理則，但仍肯定道德理想或道德主體為一切文化創造的根源，道德以外的文化活動必須以道德主體為其超越的依據而後可能。因此對道德理想與民主自由有價值層次的劃分。相對於道德理想，自由民主只是第二義的。如此價值性的劃分，不可避免地又與視自由為第一義的自由派發生爭辯。

基於思想形態的不同和心態的對立，兩派之間對自由問題的歧見，早在正面衝突之前就已存在。這場衝突由〈自由中國〉一篇社論所引起⑭，該文及稍後的答辯中主要涉及兩個問題：第一是關於「國家自由」與「個人自由」者，自由派主張在政治的學理與事實的範圍，只能講求個人

⑫ 同前註⑥，第一〇三一頁。

⑬ 同前註。

⑭ 〈自由中國〉半月刊，十卷三期，社論：「自由日談自由」。

自由，而反對國家自由的說法。理由是民主國家多提倡個人自由；而近代獨裁國家，至少自黑格爾以降，多強調國家自由，以及近數十年中，獨裁的政治機構動輒謂「必先犧牲個人自由方換取國家自由」，結果國家自由未見實現，而個人自由首遭剝奪。因此在痛定思痛之餘，自由派認爲可以「國家獨立」一詞代替「國家自由」，以免有人假國家自由之名以亂個人自由之實⑮。這第一個論題是針對當權派而發的，與我們這裏要討論的兩種心態對立的問題關涉不大，毋須深論。但可以指出，上述言論出現在五〇年代初，快三十個年頭了，現在「國家自由」一詞已不流行，而代之以「國家安全」，強調國家安全抑制個人自由，仍然是官方一貫的主張，三十年前的老問題依舊存在。從學理上解開國家自由與個人自由之間的矛盾並不困難，二者之間所以發生觀念衝突，大部分來自現實的因素，現實的問題不是理論上的爭辯能解決得了的。

在自由意義的歧見中，自由派與新儒家直接發生交涉的是有關政治與道德的第二個論題。問題的核心在如何處理「意志自由」？社論說：「人的行爲無不受因果法則之支配，或受函數關係所決定」。這明顯受到行爲科學中行爲主義的影響，行爲主義是排斥自由意志這類精神資源的，因爲它不受科學方法的控制。這個論點被新儒家學者批評之後，自由派立卽做了修正，答辯中說，他們只是在政治層次中不談「意志自由」一類的自由，「不談」並不等於「否定」。雖不否

⑮ 見殷海光、張佛泉、徐復觀三人有關「自由的討論」（〈民主評論〉，五卷六期），又見徐復觀雜文③〈記所思〉，第一九四～二〇六頁。

定，但主張意志自由和人權清單中所列的諸自由，無論是從概念上或實現上均應加以區分。從概念上看，意志自由是屬道德範疇，而諸人權屬於政治範疇。從實現上看，意志自由實現到極處，人人可做聖賢；諸人權如一一實現，則人人可作自由人。民主政治本格的目標，並非使人人成聖成賢，而係使人人享有諸人權，所以在民主政治層次中可以不談意志自由。至於二者的關係，自由派認爲民主政治並不蘊涵反道德，恰恰相反，它可能爲道德之實現創造一可能的環境。從「自內而外」言，道德先於民主；但從「自外而內」言，則民主先於道德，二者孰先孰後，全係相對的⑯。

經由以上的解說，自由派顯然不能同意把道德理想與自由民主做價值層次上的劃分；基於同樣的理由，也不會贊成自由民主須以道德主體爲其超越依據之說。到此可以看出，兩派之間的衝突，主要來自觀念論形上學和經驗主義哲學立場的不同。從經驗主義觀點出發，很自然地把自由民主限制在政治層次，也就是限制在經驗運作的層次，在這個層次上，人的思考講求清晰，因此對自由民主及其相關的概念有釐定澄清的效果。更重要的，在經驗運作層次上，比較容易想到或容易發現到，眞正妨礙自由民主實現的障礙是什麼。自由派學者指出，在人類爭自由的過程中，所碰到的問題的核心，不是道德（或自由）意志，不是傳統，也不是其他不利的條件，而是有些人拿鎭制權力來對付或壓制自由的爭取。一部爭自由的歷史，是自由和鎭制遭遇的歷史，人間

⑯ 以上答辯見殷海光代〔自由中國〕社答徐復觀的信，出處同前註。

如沒有鎭制權力的使用，那末壓根兒也就無所謂爭自由的問題⑰，自由派的自由思想發展到這一步，可說已眞正進入問題的核心。

但是，在經驗運作的層次上爭取自由，是否就與道德範疇或形上信念無關呢？是又不然，爭取自由的對頭雖是鎭制權力，但爭取自由的動力却不能不來自具有自由抉擇能力的個體，承認人對自己行爲有抉擇能力，就必然會肯定人有自由意志的形上信念，自由人所以憎恨極權，重要的理由之一，就是因爲極權主義根本否定人有自由意志。所以把意志自由和人權清單中所列諸自由在概念上加以區分，固有必要，一旦落實到爭自由的實際行爲中，不可能沒有形上信念的支持，但可能是不自覺的。聯合國「世界人權宣言」第一條：「人皆生而自由；在尊嚴及權利上均各平等。人各賦有理性良知，誠應和睦相處，情同手足」。人爲什麼要爭取尊嚴和權利，卽基於「人皆生而自由」的形上信念；我們爲什麼要求人類社會應和睦相處，情同手足，因人人都有天賦的理性與良知。肯定形上信念，並不必然蘊涵自由民主；但追求自由民主，却不可能沒有形上信念。不談，是因爲局限於經驗主義，在這方面，道德的理想主義者的主張，是有其充分的理由的。

上面已簡要地展示了兩種心態的對立以及主要觀念的衝突，下面兩節將分別陳述它們在思想不同的路向上各自的表現，及其在當代思想史上代表的意義。

⑰ 見殷海光，「自由的對頭」（發表時用「高風」筆名），〔時與潮〕半月刊，二三九期。

二、啓蒙思想的發揚

余英時教授在一篇討論中國文化的重建問題的文章中提到，目前我們一方面應肯定「五四」新文化運動的啓蒙精神，另一方面也要超越「五四」的思想境界，他認爲這就是中國文化重建在歷史現階段所面臨的基本情勢[18]。所謂基本情勢，就是當前思想的客觀要求，應同時包涵這兩種思想趨勢，超越「五四」是在肯定「五四」啓蒙精神的基礎上發展。很不幸一九四九年以後，我們的思想界，由於前述心態的對立，竟然在共同的目標下，依然造成思想的分裂，自由派繼續發揚「五四」的啓蒙精神，新儒家却在否定「五四」啓蒙精神的情形下要求超越。

「五四」新文化運動的目標是民主與科學，到目前爲止，這個目標大部分仍停留在理想的階段。這個目標一天不完成，我們的思想仍將在啓蒙和再啓蒙的過程中掙扎奮鬥。余英時在同一文中指出，最近二三十年來中國大陸在文化上一直處於「逆水行舟」狀態[19]。即使在那樣嚴厲的極權統治之下，五〇年代北大學生仍發表了「自由主義者的宣言」，仍發出「五四的精神起來了」的呼聲。尤其在「文化大革命」之後，魏京生要求以民主、自由、人權爲主的第五個現代化，另

[18] 余英時，〔史學與傳統〕，第一七八頁，一九八二年，時報出版公司，臺北。

[19] 同前註。

有一羣青年在北京組織「啓蒙社」，發表強烈主張打倒東方迷信和新偶像崇拜的「啓蒙社宣言」[20]。三十多年來的歷史證明，新文化運動的精神雖不絕如縷，但已成爲中國人爭自由爭民主主要精神力量的來源。

由創辦〈新青年〉到「五四」這幾年中興起的思想運動，當時及後來最流行的稱呼是「新文化運動」，也有少數人比之爲西方的「文藝復興」，這當然是不恰當的。就其打倒偶像打倒權威最爲凸出的解放精神而言，最足以比擬的應是西方十八世紀的啓蒙運動。這個運動發端於一六八〇年左右的英國，迅速蔓延到北歐，運動的最高潮是在十八世紀的法國，伏爾泰和盧梭成爲這個思想運動的雙璧，有的史家認爲歷史上很少有其他的運動在塑造人類的思想與規範他們行動的方向等方面，曾發生這樣深遠的影響[21]。西方的啓蒙運動大抵表現了下列的特色：①崇尚理性，視理性爲思想唯一正確可靠的南針；②科學的或機械式的宇宙觀；③革新舊習俗；④打破歐洲中心；⑤打倒盲目性和傳統的偏見；⑥叛離權威打倒偶像；⑦懷疑精神。這個運動的基本信念是，認爲經由知識可使僵固的宗教傳統獲得解放；相信只要把人的理解力充分發展，把種種智性的力量加以培養，就可以把人在精神上改變，產生一種新的和更爲幸福的人生；相信自由與開放必將

---

⑳ 葉洪生編，〈中國何處去〉，第三〇、五一、一八五、二九八頁，一九七九年，成文出版社，臺北。

㉑ Edward McNall Burns 原著，周恃天譯，〈西洋文化史〉，第七八一頁，一九七三年，黎明文化事業公司。

伴隨着啓蒙而來。

從這個背景來了解「五四」時代的思想，確有許多方面是相似的，例如在「科玄論戰」中站在科學一邊所持的就是機械式的宇宙觀，視萬物的運行變遷皆自然而然，根本用不着什麼超自然的主宰或造物者㉒。在革新舊習俗這個節目上則爲激烈的反對舊禮教，把傳統的忠孝視爲對君父盲目性的崇拜，主張叛離聖賢的權威，打倒帝王的偶像。當時思想界的領袖提倡杜威的實驗主義以及藉考據提倡「考而後信」的科學方法，都是教人一種懷疑的精神。關於打破歐洲中心，是指伏爾泰〈論查理曼到路易十三法國國民道德與精神〉一書。書中用史家稱之謂「火星人般的客觀態度」，談論中國、印度、波斯各國的風土民情和人民的信仰，使世界變得更大而新奇，使歐洲人發現歐洲不過是另一個大陸的半島㉓。類似的工作在十九世紀中葉前後魏源的〈海國圖誌〉已開始，「五四」時代的新知識份子只是西化甚至全盤西化，很少在理論上反省這個問題。到臺灣的自由派才把「我族中心主義」當作一個重要的論題來討論，他們在邏輯上指出「以自我爲中心」的論斷，足以導致思想的謬誤㉔。在文化上他們把我族中心主義分爲兩種，一種是良性的，它肯定並且愛護自己傳統的生活方式、價值觀念和文化理想，但同時也欣賞並尊重其他的文化傳

㉒ 胡適，〈胡適文存〉（第二集），第一三六頁，一九七一年，遠東圖書公司，臺北。

㉓ 威爾・杜蘭原著，許大成等譯，〈西洋哲學史話〉，第二〇七頁，一九五七年，協志工業叢書出版公司。

㉔ 同前註❻，第四六三～四六五頁。

統。一種是惡性的，它肯定一些絕對的價值，認爲這些價值優於其他文化，因此對別的文化特徵都看不順眼，有意或無意存一種鄙夷甚至排斥的態度㉕。自由派不斷討論這樣的論題，自然是有所爲而發的，因表現惡性的我族中心主義者，不限於那些國粹派，新儒家有時也不能避免。要改正這種根深蒂固的文化偏見，主要要靠文化人類學的知識培養開放的心靈，藉了解不同文化系統中的價值觀念，才能發展出較均衡的價值系統觀。

關於理性，「五四」時代像〈狂人日記〉那樣的言論能風行一時，在一片破壞打倒聲中，這方面的追求是被浪漫激越之情所掩蓋着，卽連提倡科學，也不免出於浪漫的態度，這種偏向到臺灣以後才有顯著的改變。自由派學人對科學理論和科學方法的理解都比啓蒙初期有進步，最明顯的一點卽對「大膽假設，小心求證」這種方法的檢討與批評，首先他們指出，長期以來我們在應用這兩句話時，在暗中摸索的時候多，運用得有把握的時候少。因所謂「大膽」和「小心」，都是心理狀態方面的事，於理論構造毫不相干。如果我們要能提出一個合用的假設，不能全憑直覺、猜度、想像，它需要滿足五個「標準」：①假設必須與所要說明或預測的相干；②假設必須可被證驗；③較大的說明力和預測力；④簡單性；⑤假設必須與旣成的理論相容。求證的工作也很複雜，有些假設可以在技術上得到證驗，有些只能在原則上予以證驗；有些假設可以直接證驗，有

㉕殷海光，〈中國文化展望〉，第一二八～一二九頁。一九六六年，文星書店，臺北。

些只能間接予以證驗。總結地說，「大膽假設」是向前開闢新界的探求，「小心求證」是約制大膽開闢以便獲致可靠果實的一種程序㉖。在臺灣的啓蒙思想家，並不是要否定這種方法，而是從方法學的觀點予以重建。

在臺灣的啓蒙思想家，對早期的啓蒙思想有相當嚴厲的批評，認爲「五四」新文化運動有較大成就的在白話文的推動和文藝以及新詩的創作，學術思想上的成就只比新聞式的介紹高一點點，因此很容易被誤導和利用。緊接着「五四」起來搞革命的人，常藉文藝作品散播思想，也就是說藉着情感的通路使他們的思想灌入一般知識份子的頭腦，這種來路的思想常常不可靠，只有根據邏輯推論的程序和經驗知識而接受的思想才比較可靠，因此自由派竭力提倡邏輯經驗論㉗。

邏輯經驗論源於實證論的哲學、符號邏輯、數學、實效論及運作論，就這些科目最低的共同中心論旨所構成的邏輯經驗論底特徵是：①肯定經驗，並把經驗作爲知識的基礎；②注重邏輯解析，並把哲學看作邏輯解析；③由①與②兩特徵，遂導致對傳統形上學的否定；維也納學派傳到美國之後，很順利地與美國本土思想合流，於是：④重實效；⑤重運作；⑥重行爲；又因受愛因斯坦的影響，於是在知識上是：⑦相對論的㉘。由於邏輯經驗論的複雜內涵，要對它有窮根究底

㉖ 殷海光，〈思想與方法〉，第一三二、一五四、一五六、一五八頁，一九六四年，文星書店，臺北。
㉗ 同前註㉕，第二一二～二一三頁。
㉘ 同前註⑥，第二二五～二二六頁。

的了解，對中國知識份子而言，實不容易。所以儘管在六十年代的臺灣曾興起一股研究的風氣，但眞正對一般知識青年產生影響的還是在把它的理論做常識性的應用這一部分，例如以經驗與邏輯作爲正確思想的評準，於是對來自宗教、傳統、書本教育以及政治上的一切思想，就以這個評準做武器，大膽地評斷其是非得失。在邏輯上尤其喜歡宣揚所謂種種謬誤，於是「訴諸權威」、「訴諸憐憫」、「人身攻擊」、「以自我爲中心」、「簡單的確定」等謬誤之說㉙，一時間頗爲流行。

邏輯經驗論一方面依據證驗原則，運作底劃分了科學與形上學，另一方面又因傳統形上學的命辭是無法檢證的，因此更斷言它所說的一切是沒有意義的——沒有認知的意義，這樣勢必把哲學中所有超經驗的知識，統摒棄於認知範圍以外。以傳統的哲學標準來看，邏輯經驗論的貢獻不在哲學，而在語言解析和科學致知模態的建立，這方面思想的引進就中國哲學的特性而言，實有其劃時代的意義。不過，在此時此地，自由派所以特別鍾情於邏輯經驗論，除了原先經驗或實證的哲學立場之外，還有一個重要的原因不可忽略，即一九四九年以前中國思想戰場上，經過三十多年的思想混戰，形形色色的意識形態，在一時間內都足以吸引徒衆，彼此傾軋，互相鬥爭，鬧得天昏地暗。自由派思想家爲了澄清這種混亂的局面，亟想找尋一條淸明的理路，這套思想旣可使人頭腦淸醒，又可使人在種種意識形態誘惑之下做個不受人惑的人，依自由派學人看來，邏輯

㉙ 殷海光，「怎樣判別是非」，第一～二一頁，一九五九年，文星書店，臺北。

經驗論恰好能滿足這些需要。於是他們一方面以「思想界的清道夫」自況，另一方面則以為在經驗與邏輯的基礎上可以建構一種新的哲學。

可怪的是，我們提倡邏輯經驗論的學者竟然批評維也納學派觸犯了「減約的不適當」的毛病，意思是說他們濫用了奧康的刀（Occam's razor），成爲哲學上空前的取消運動，「這樣弄學問的態度和辦法，作爲一時破壞性的激動則可，作爲長期建設性的努力則不可」㉚。邏輯經驗論的倡導者所肯定的雖比初期維也納學派要多，但在傳統哲學的立場來看，他們所能涉入哲學的程度，不啻五十步笑百步，因爲他們認爲嚴格的知識是沒有顏色的，也就是說這種知識沒有情緒、意欲、個人成分、地域特點等摻雜其間。因此，它有普遍的效準㉛。他們不知這種知識僅有形式的意義，僅靠這種知識如何面對紛紜複雜的世界？於是只好把人類的生活方式、社會組織、經濟及政治制度等複雜的問題化約爲科學知識及科學技術的問題㉜，以爲在謀實際問題的解決時，只要少受宗教教條、文化傳統以及種種意識形態的羈絆，一定少許多無謂的牽制或浪費㉝。這種思想簡直把人類的問題看作可以在眞空中或實驗室中來解決似的，已不只是犯了「減約」之病，而

㉚ 同前註❻，第一〇八一頁。
㉛ 同前註❻，第七二四頁。
㉜ 同前註❻，第七二三頁。
㉝ 同前註❻，第七二五頁。

是在問題之前退縮又感到無力。邏輯經驗論所以會引出這樣的結果，主要關鍵就在其着意取消形上學，以及形上信念的喪失。他們不知我們對任何事物去追根究底，一旦認爲眞眞是如此這般的時候，就有了形上的信念，系統化的形上信念就是形上學㉞，今日世界兩大政治陣營的對抗，背後正是受兩種不同的形上學在支配着㉟。爭自由爭民主，如不能把自由民主聯上實在界予以終極的解釋，很難產生巨大的動力。「人生而自由」、「人生而平等」、「把人當人」，這些都是爭自由、爭人道、爭尊嚴的形上信念。它們都具有「眞實的普遍性」，而與辯證唯物論的形上信念針鋒相對。

中國啓蒙運動初期的思想，最受人詬病的是它表現激烈的反傳統，反傳統是這個運動最明顯的標誌。在西方是反基督教，在中國，儒教成爲衆矢之的，傳統社會政治方面的弊病很少不被揭發的。在西方，對這個運動就有極爲相反的評價，有的史家認爲「是一場爲救人類靈魂的奮鬥」，敵對的一方却把這一時期描寫爲「混亂及愚蠢的世紀」㊱。在中國，來自左右兩方的攻擊且不說，卽使比較公正的評論，也認爲「五四」整體性反傳統思想犯了「文化化約主義的謬誤」

㉞ 項退結，〈現代中國與形上學〉，第五～六頁，一九七八年，黎明文化事業公司，臺北。

㉟ 同前註，第九～一〇頁。

㊱ 威爾·杜蘭，「伏爾泰思想與宗教的衝突」（〈世界文明史〉⑳），第四一七頁，一九七七年，幼獅文化事業公司，臺北。

[37]。另外也有史家認爲當年〈新青年〉對中國文化的全面破壞，雖被時人視爲一大罪案，但公平地說，那正是他們的功績，「因爲要出現新社會，必須破壞那些障礙物」[38]。

臺灣的自由派當然也繼承了啓蒙運動初期反傳統這一特色。但由於思想訓練的不同，知識的增進，以及階段性的處境已異於往昔，因此對這方面的問題有較多且較深的反省，這可以從兩點看出：第一是容忍態度的提倡。在西方伏爾泰也曾寫下劃時代的作品「論容忍」，主張每一個公民只要不擾亂公共秩序，都應能自由地運用他的理性。五十年代末期，胡適在〈自由中國〉發表一篇被譽爲近四十年來中國思想史上的一個偉大的文獻「容忍與自由」一文[39]，主旨在闡述：「容忍是一切自由的根本：沒有容忍，就沒有自由」。自由派的後進却認爲「同樣是容忍，無權勢的人易，有權有勢的人難」。因此要求「適之先生要提倡容忍的話，還是多多向這類人士說法」。不過對胡先生提倡容忍的態度，則採取完全支持的立場。因爲「容忍，無疑是解決中國問題在心理狀態方面的基本鑰匙，容忍一行，則衝突可消，僵凍可解，且週身氣血活暢，生機立顯」[40]。

---

[37] 林毓生，「五四時代的激烈反傳統思想與中國自由主義的前途」，見〈五四與中國〉，第三六一頁，一九七九年，時報出版公司，臺北。

[38] 鄭學稼，〈中共興亡史〉第一卷，第八四五～八四六頁，一九七〇年，中華雜誌社，臺北。

[39] 見〈自由中國〉半月刊，二十卷第六期。

[40] 同前註[6]，第一一四五～一一四六頁。

二十多年過去了，有權有勢的人，不容忍的態度似乎未見改善，衝突却不斷升高。在政治上要求容忍，除非能培養強大的制衡力量，否則從道德的意義上要求寬容，是不會有多大效果的。

第二是對傳統態度的反省。在反省中自由派已逐漸掙脫極端的傾向，走向理性的批評。自由派學者把中國現代思想史中對傳統的態度，分爲三種：①傳統至上說；②傳統吃人說；③傳統可塑說。主張「傳統至上說」者，大都是傳統主義者，從歷史與地緣的觀點看，大陸國家比海洋國家傳統主義容易盛行且佔優勢。從經濟的觀點看，農業社會傳統主義容易生根；在流動的商業社會，就比較不容易滋長。此外，傳統主義具有擬聖的、權威的、一元的、絕對的、排他的、反懷疑的、重名分的等特性。「傳統吃人說」不只是「非傳統主義者」，且是「反傳統主義者」，他們事事與傳統爲敵。近數十年來，反傳統主義的思想可分做兩個階段，前一階段社會意義較大，政治意義很小。到了第二階段，以馬、列之徒爲主的反傳統思想運動，已由社會性的變爲政治性的，這才是十足的「反傳統主義者」。第三種態度自由派稱之爲經驗論的態度，本於這種態度所了解的傳統，首先它是維繫社羣生活穩定的一項重要力量，社羣若不穩定，便無以承受進步的果實。衡斷傳統底價值的另一重要標準，是看它能否對新的刺激作適當反應，如果能，則傳統是對社羣生活有益，如不能，則傳統成爲社羣生活的累贅。所以傳統是否要修正、保存或更改，全看它是否適合人生而定[41]。然後根據這個態度衡斷中國傳統，但提出民主與科學作爲衡斷的特定尺

㊶ 同前註❻，第一六五～一七一頁。

度，這當然是一個不利的觀點，因中國傳統根本無所謂民主，那些把民本思想拿來與民主傅會的人，自由派許爲「把愛國與講知識混爲一談」㊷。關於中國文化傳統中爲何未能產生近代的科學，這是個複雜的問題，英國科學史家李約瑟，花去大半生心血鑽硏中國科學史，主要的目的之一，就是想解開這一歷史之謎，國內的科學史工作者也有討論㊸，根據這些討論，自由派所說「中國傳統却與科學的思想方式大不相容」㊹，卽使不是完全武斷，也是太嫌粗率的，因中國傳統中的思想方式，並非全部都與科學不相容，何況思想方式也僅是近代科學未產生於中國許多因素中的一個。中國傳統既無民主又未產生近代科學，是不是就要將它加以破壞呢？不是，嚴格地說，後期自由派已不反對傳統，而只反對傳統主義者對歷史文化所持的「戒嚴」態度，他們希望中國傳統能經由創造達到新陳代謝的目的㊺。

三、儒家思想的新開展

這一時代性的大課題，早在抗戰期間賀麟就已提出一套包括方法、態度和努力目標的具體構

㊷ 同前註❻，第一七九頁。
㊸ 如郭正昭等，〈中國科技史〉，一九八〇年，自然科學文化事業公司，臺北。
㊹ 同前註❻，第一七八頁。
㊺ 同前註❻，第一八二～一八四頁。

想㊻。在方法上儒家思想的新開展應以「現代與古代的交融，最新與最舊的統一」爲指南。針對新開展的需要，他提出的態度極具包容性和開放性，在他看來「五四」新文化運動，表面上雖主張推翻儒家，實際上却是促進儒家思想新發展的一大轉機，其功績與重要性乃遠在前一時期曾國藩、張之洞等人對於儒家思想的提倡。他認爲新文化運動的最大貢獻，在破壞掃除儒家的僵化部分的軀殼形式末節和束縛個性的傳統腐化部分，他們並沒有打倒孔、孟的眞精神、眞學術，反而因他們的洗刷掃除的工夫，使得孔、孟、程、朱的眞面目更加顯露出來。新文化的領導人物，主張解除舊道德的束縛，提倡一切非儒家的思想，頗爲一些自詡爲繼承儒家正統的人物所不滿。而賀氏却認爲「推翻傳統的舊道德，實爲建設新儒家的新道德作預備工夫，提倡諸子哲學正是改造儒家哲學的先驅」。其次，西方文化學術的大量輸入，在他看來，表面上好像是推翻儒家使之趨於沒落消滅，但實際上將如當年佛教之輸入，亦將大大地促進儒家思想的新開展。不過他強調，西方文化之輸入，將給儒家思想「一個生死存亡的大試驗、大關頭」，又警告：儒家思想「如不能經過此試驗，渡過此關頭，就會死亡、消滅、沉淪，永不能翻身」。

至於努力的目標，賀麟主張在消極方面無須傅會科學原則以發揮儒家思想，因那樣會陷於非科學非儒家，這可能是針對當時仍流行的科學主義的思想而發。積極方面他主張應從三方面去努力：①必須以西方的正宗哲學發揮中國的正宗哲學。蓋東聖西聖，心同理同，使「蘇格拉底、柏

㊻ 賀麟，「儒家思想的新開展」，見〔文化與人生〕，一九七三年，臺北，地平線出版社重印。

拉圖、亞理斯多德、康德、黑格爾之哲學，與中國孔、孟、程、朱、陸、王之哲學會合融貫」，乃今後「新儒家思想發展所必循之途徑」。②須吸收基督教之精華以充實儒家之禮教。所謂吸收基督教之精華，指須以其普愛說以補充單重視親屬關係的差等之愛的不足，蓋「惟有具有愛仇敵的襟懷的人，方能取得精神的征服或貞勝」㊼。如此才會有強而有力的新儒家思想產生出來。③須領略西方之藝術以發揚儒家的詩教。「過去儒家，因樂經佚亡，樂教中衰，詩教亦式微。對其他藝術，亦殊少注重與發揚，幾爲道家所獨佔。故今後新儒之興起，與新詩教、新樂教、新藝術之興起，應該是聯合並進而不分離的。」

賀麟對儒家思想所開展的構想，最值得稱道的是，他站在弘揚儒家的立場，對新文化運動的反儒家思想，能超越敵對意識，了解其限制，發現其對儒家思想新開展的積極貢獻。假如一九四九年以後發展的新儒家能有如此開濶的胸襟，當不致造成兩種心態的對立，助長了對新文化運動的誤解，延緩了學術思想朝合理方向的發展。在宗教問題上賀氏的提示也值得注意，基督教的傳統的確表現出愛的強勁動力，儒家「四海皆兄弟」及「民胞物與」之說，大都停在理念層次。新儒家對這個問題，注意到西方來華的傳教士及受其影響者，以爲儒家只注重人間的倫理道德和外表的行爲規範，因而強調儒家宗教性的超越感情㊽。對基督教則除指責其在歷史上引發的宗教戰

㊼ 同前註之書，第一七頁。
㊽ 同前註④，第八七九～八八〇頁。

爭外，又以儒家爲準據，認爲基督教雖於政治社會等客觀方面有成就，但因不重主體性，也開不出正面的眞實的主體性，因此並不眞能照察出什麼是罪惡，而期從根上消除它㊾。因中國現階段必須解決的文化問題是偏向於民主與科學，基督教向中國文化的挑戰雖早於民主與科學，但迄未引起中國知識份子的普遍關切，部分的原因是因西方基督教本身在工業文明影響下，正處於長期衰退欲振乏力的時期。另一方面則是由於基督教和儒家在當前工業文明強勁有力的世俗化甚至物化的趨勢下，正面臨着掙扎圖存的共同命運。

賀麟的提示，重點在吸收我所本無，以恢復我所本有。但在今日，都同樣困難。「詩樂之教」本是原始儒家極重要的一環，對孔門師弟的心靈、生活及教學，都產生過相當深刻的影響。這方面使中國文化表現出道德與藝術交融的特色，也產生移風易俗的特殊功能㊿。魏晉南北朝時，由於受西域和印度佛教的影響，儒學中衰，外來音樂漸居優勢。宋明儒學再興，早期的詩樂之教已難恢復，宋儒由心性倡立「變化氣質」之說，不知如無詩樂之教的配合，不但在變化氣質上難收實效，卽使在道德生活中也顯得孤高而缺乏滋潤。當代新儒家中，因有人具備特殊的才

㊾ 牟宗三，《生命的學問》，第八四頁，一九七〇年，三民書局，臺北。
㊿ 參看韋政通，《開創性的先秦思想家》，第二一～二四頁，一九七二年，《現代學苑》月刊社，臺北。（此書一九七四年易名《先秦七大哲學家》，由牧童出版社出版）

智，對傳統儒、道兩家的藝術精神，做了極富創意的詮釋[51]，對中國文化的重建，是一大貢獻。

一九四九年以後的新儒家，最重要的發展，大抵是走的賀麟第一點所希望的「必須以西洋之哲學發揮儒家之理學」的路，這方面已有相當完整系統的建立[52]，尤其是「智之直覺」的系統化理論，更是整個系統中最具創新意義的部分，它爲重實踐的中國哲學，提供了前所未有的理論基礎，已爲中國哲學的重建立下不朽的功績，這方面不僅超越了「五四」的啓蒙心態，對新文化運動反儒家潮流，在道德價值的層面上也做了有力的回應。當然，以西方哲學發揮儒學，觀念論系統不是唯一的可能，近年我們的人文學工作者，正不斷從事其他方面的嘗試，有的學者根據杜威的哲學探討易經的理論[53]，有的通過存在主義闡述儒家的觀念[54]，有的依據美國新近哲學發展的一般趨向討論中國哲學的方法論建構問題[55]，有的以柯靈烏的歷史思想發揮章學誠的學說

[51] 此指徐復觀，〈中國藝術精神〉，一九六六年，學生書局，臺北。

[52] 這方面的工作，可以牟宗三下列三書爲代表：(1)〈心體與性體〉；(2)〈智的直覺與中國哲學〉；(3)〈現象與物自身〉。

[53] 吳森，「易經和杜威思想的革命觀」、「易經和杜威的因果觀」，均見〈比較哲學與文化〉，第一一五～一四五頁，一九七八年，東大圖書公司，臺北。

[54] 項退結，〈邁向未來的哲學思考〉中第十四章：「中國傳統哲學與存在眞理」，第十五章：「仁的經驗與仁的哲學」。一九七二年，〈現代學苑〉月刊社，臺北。

[55] 傅偉勳，「美國近年來的哲學研究與中國哲學」，見〈現代美國行爲及社會科學論文集〉，第二九九～三三四頁，一九七三年，學生書局，臺北。

[56]。將來有一天當我們積極正視基督教的挑戰時，西方豐富的愛的哲學將可充實儒家的仁學。最近美國在「新道德」的呼聲中發展出來的一套「處境倫理」的理論，極有助於重建中國倫理學說[57]。只要選擇適當，對選擇的理論和被詮釋的問題都有切當的理解，幾乎都可以別開生面一新耳目。類似的工作，如果累積五十年一百年，不但使中國哲學因從中獲取新養分，而重現生機，新時代的新哲學系統，必將在此過程中不斷誕生。

如前所說，當代新儒家在道德形上學方面已取得空前的成就，但當他們想根據這個基礎來解決新文化問題時，面臨了很大的困難。新儒家的一個信念是：「創新必依據其所本有，否則空無不能創」[58]。這「在傳統中變」的時代裏這個信念是有效的，所以宋明新儒家可以經由推陳出新的過程，克服由佛教引起的文化危機，把儒學復興起來。十九世紀中葉以後，中國文化因西方近代文明衝擊所產生的變遷，早已越出傳統的樊籬，在巨變中引起的文化新課題是民主與科學（近代意義的），二者均為中國傳統所本無，因此，「依據其所本有」者，已無法創造出新文化，此

[56] 余英時，「章實齋與柯靈烏的歷史思想——中西歷史哲學的一點比較」，見〔歷史與思想〕，第一六七、二〇七頁，一九七六年，聯經出版事業公司，臺北。

[57] 韋政通，「朱熹論經、權」，以處境倫理的觀點闡述朱子的經、權思想，就是這方面的一點嘗試，此文原載〔史學評論〕第五期，現收入本書。

[58] 熊十力，「文化與哲學」，見〔中國本位文化討論集〕，第一六五頁，一九八〇年，臺北帕米爾書店重印。

所以有「新」「舊」的對立。新儒家中有人企圖以由道德主體轉出認知主體的一套理論來克服這種對立，卽由所謂「內容眞理」轉出「外延眞理」，爲科學立根；由「理性之運用表現」轉出「理性之架構表現」，爲民主立根；這一整套的觀念架構，新儒稱之爲「主體的綱維」，依據此綱維，卽足以開出中國文化發展的途徑，以充實中國文化生命之內容。由此而有三統之說。

①道統之肯定：此卽肯定道德宗教的價值，護住孔、孟所開闢之人生宇宙的本源。

②學統之開出：此卽轉出「知性主體」以融攝希臘傳統，開出學術之獨立性。

③政統之連續：此卽由認識政（當是「主」字）體之發展而肯定民主政治爲必然[59]。

由這些中心觀念發展出來的哲學，的確是一套新的東西，這套新的東西具有哲學的意義，所謂開出中國文化發展的途徑，以充實中國文化生命之內容，也只是哲學的解答。哲學家的使命在探索問題，並在關鍵性的問題上形成系統的意見。這些意見可以啓廸心智，指示實際解決問題的方向，但並不保證憑藉它就能解決實際的問題。文化問題是多元性的，不同領域裏的問題，只有這個領域裏的專家才知道問題的癥結所在，解決問題是他本分以內的工作。至於專家是否需要一套哲學作爲他工作的條件，那要看專家工作的性質，從事基本科學的理論家，需要高深數學做思考的工具，在這層次上的工作與哲學相通，但眞正支配科學家創造活動的，還是先在的「科學典範」，不是哲學。建立美學或藝術原理是哲學活動，但藝術家的創造並不一定需要哲學。相反

---

59 牟宗三，〔道德的理想主義〕，序言第四頁，一九五九年，東海大學出版，臺中。

地，藝術哲學倒常常需要從偉大藝術家的創造活動中擷取經驗，以作爲美學的素材。這樣的例子不必要再舉下去。我們舉這些例子只是想說明一點，卽實際的文化工作是分工合作的，任何一種知識的擁有者，都有他一定的界域和限制。哲學家的重要任務之一，卽當各個文化領域的成果累積到相當程度時，可以建立一文化哲學或形上學的系統，把這些複雜分歧的人類活動的經驗，予以系統化的綜合和理智性的凝鍊，以提供下一個階段文化發展的基礎。

當代新儒家的工作，基本上是一種哲學性的工作，這在近代知識分化的趨勢下以及在中國文化現代化的過程中，是必然也是應有的一種角色。這種角色的心智遨遊於自由的天地，工作範圍的大小決定於個人的才智。才智大的可以從高層上談整個人類文明的大問題。才智小的可以在一個小問題上鑽研終生。範圍的大小並不影響哲學家的成就。哲學家的成就，主要表現在思想水平的提昇上。如果新儒家以哲學家自居，又充分自覺到哲學工作的性質，那末到目前爲止，他們所取得的成就，應該獲得肯定。問題出在他們實質上是哲學家，又自認是儒者，二者在文化角色上是不同的。儒者需要衞道的精神，需要德操，對社會風敎、歷史文化、民族前途都有使命感，對哲學家來說，未免負擔過重。哲學家主要靠强勁的心智在工作，基本上是帶批判性的，雖不特定的維護什麼「道」，「道」却可能因哲學家能賦予新生命新形式而得以延續。一種哲學是否能對社會產生廣泛影響，這不是哲學家必須要顧慮的問題。社會影響是個複雜的問題，影響有好有壞，從這裏不一定能證明哲學的成功或失敗。有的哲學在當時無人過問，過了一個時期却風行起來。

除了環境的因素之外，還要靠運會。眞正的哲學家既不會把任何人物「神化」，也不會蓄意製造影響，因那樣去做很難不跌入權勢的陷阱，屈服於權威之下任其擺佈，結果不但衞道不成，連自我的人格也因此被否定，歷史上無數儒者的下場可爲殷鑑。人應有救天下蒼生之志，但作爲鞭策自己的意願則可，拿別人作爲實現使命感的工具則不可。一個健全的社會，在人人能各守其分各盡其責，才能健全的運作，歷史文化不是少數人能維護得了的。一個傳統能長期維繫它的命脈，「大傳統」裏的知識份子固然有功，如照「禮失而求諸野」的說法，「小傳統」裏的「沉默的多數」維護之功說不定更大。

形上信念或形上學的價值及重要性前文已屢次提到，人只要稍微有理想，便和它關聯上，在基本的意義上哲學就是形上學，歷史上偉大的哲學家很少不是形上學家。不過德國觀念論傳統裏的形上學家有些特別，他們有強烈的系統慾，又喜歡把文化塑造成一個金字塔型的世界，並在其中劃分許多層次，自己則居於最高層，因此他們的觀察力和理解力往往被其自築的觀念堡壘所囿限。最缺乏自我批判力的往往也是這些哲學家。他們不知道層次的劃分，只是概念的劃分，在具體人生的實踐中不是那回事。新儒家中在哲學上有成就者顯然受這個傳統很深的影響，他們住於金字塔頂，因形下世界與他們構築的形上世界的價值模型差別太大，因此對近代文明近代社會的評判往往離譜甚遠。他們以爲以事實世界爲研究對象的科學家就不能接觸價值世界，對價值世界就沒有貢獻。事實上人間社會價值的增進很少直接來自價值哲學，而是靠那些分散在各個文化領域中（包括科學家）傑出的工作者，他們很少論及價值，但價值却由他們創造性的工作中照耀出來，透過他們的影響進入他們的時代，逐漸地再造了一代的心智。

觀念論者認爲宇宙的「終極實在」是隱藏在「觀念」或「精神」之中，因此以觀念或精神爲優先，與經驗論者以「感官知覺」爲先的想法恰好對立。近代西方民主理念的發展，似乎和觀念論的哲學傳統甚少淵源。民主政治在英國和法國，却與功利主義、實證主義、自然科學結成了一套符合邏輯的相關槪念。在德國的情形顯然很不一樣。據說此一現象曾深深地困擾了神學家托洛區（Ernst Troeltsch）及史學家麥涅克（Hriedrich Meinecke）的心靈，他們不禁如此自問：爲什麼英國人和法國人從「膚淺」（shallow）的歷史與社會哲學中可以發展出經得起考驗、符合人道的政治制度來；而德國人雖然有更深奧（deeper）的了解，可是非但無法使社會獲得平衡，而且當二十世紀來到時，反而更明顯地屈服在赤裸的武力這個「惡魔」的手下[60]？這個問題也許可以幫助我們解答，爲什麼「五四」新文化運動以後，實證主義會成爲思想的一個主流。民主是一種庸衆政治，他們習慣於爭論，也習慣於妥協，這都需要實用的智慧和多元的觀點，他們的心靈和價值觀點都比較有彈性，因此能調劑人與人之間的衝突。形上學家——尤其是德國黑格爾式觀念論的形上學家，他們習慣於絕對精神的思考，喜歡由二元價值觀點看世界，因此顯得獨斷而缺乏

---

[60] H. Stuart Hughes 原著，李豐斌譯，〔意識與社會〕，第一八九～一九〇頁，一九八一年，聯經出版事業公司，臺北。

寬容，視妥協爲卑微的手段，視彈性爲機詐，這樣民主自然難以進行。在這個意義上，我們中國必須使啓蒙思想繼續發揚，使大家多培養一點經驗性思考的習慣，才能提供實行民主政治的心理基礎。

四、未來的展望

一九四九年以前，兩種心態的對立，以及因對立而產生的衝突比較嚴重，所謂「傳統派」與「西化派」之間，很少有相容的餘地。一九四九年以後，兩種思想形態雖繼續對立，但思想的衝突有緩和的趨勢。自由派的中堅已肯定道德理想，對傳統也不再採取整體性盲目反對的態度，因此與過去的西化派不同。新儒家對自由、民主、科學是肯定的，只因思想的立足點不同，因此對處理這些問題的方式也不同。同時新儒家在思考方式上也力求西方化和系統化，所以與過去的傳統派不同。余英時說：「近百年來，保守派指責現代化破壞了傳統的價值，而激進派則怨恨傳統阻礙了現代化的進程。……但問題的關鍵在於雙方不但都把『傳統』與『現代』看作勢不兩立，而且也都視『傳統』與『現代』爲抽象的整體」[61]。這種尖銳對立的現象，一九四九年以後，我們的思想界已有顯著的改正。

[61] 同前註[18]，序言第九頁。

余氏又說：「如果近數十年間中國知識界對中、西文化的異同在大關節上具有基本的了解，我敢斷言，馬克思主義是絕不可能成爲今天中國大陸上的官方哲學的」[62]。我不敢說，在大家經歷了一九四九年的大刧難之後，這方面已有基本的了解。但我確知，這方面的了解的確在不斷增進。以新儒家爲例，唐君毅先生說：「故中國百年來中西文化之爭，對中學爲體西學爲用者，與全盤西化之二極，吾書（指〈中國文化之精神價值〉）可謂已與以一在哲學理念上之眞實的會通」[63]。爲什麼要會通？自然是因已察知中西文化二極之爭的不當，會通的方式你儘管可以不贊同，至少在態度上已有進步。後來由牟宗三、徐復觀、張君勱、唐君毅四位先生共同發表的中國文化宣言中，也認爲中西文化未來發展的共同目標，須將希臘的理性與自由精神、羅馬法中的平等觀念，以及希伯來之宗教精神，「與東方文化中之天人合德之宗教道德智慧、成聖成賢之心性之學義理之學，與圓而神之智慧、悠久無疆之歷史意識、天下一家之情懷之眞正會通」[64]。會通的工作不僅要能觀其同，還要能別其異，這樣的工作新儒家已開其端，目前對中西文化特性的了解正繼續發展中。此外值得注意的是自由主義，它自從在中國出現以後，可謂命運多乖，一直受到左右夾攻。到臺灣以後，當自由主義者被圍剿時，新儒家之一的徐復觀先生挺身而出爲其辯護，發

[62] 同前註[18]，第一六九頁。
[63] 唐君毅，〈中國文化之精神價值〉，序言第五頁。一九五三年，正中書局。
[64] 同前註[4]，第九二八頁。

出「悲憤的抗議」[65]，這表示在自由主義這一點上，兩派之間已建立起相當程度的共識。

在克服思想的對立上，一九四九年以後自由派的表現似乎要更積極，在一生之中發表過許多激烈反傳統言論的胡適之先生，一九五九年發表一篇「中國哲學裏的科學精神與方法」的論文[66]，認爲古代中國的知識遺產裏，有一個「蘇格拉底傳統」，那便是重視自由問答、自由討論、獨立思想、懷疑、熱心而又冷靜求知的儒家傳統。這個傳統的一個緊要部分，是「知識上的誠實」，它對後代中國的思想發生了持久不衰的影響。次年（一九六〇）胡先生又發表「中國傳統與將來」一文[67]，最後他說：「總而言之，我深信，那個『人本主義與理智主義的中國』的傳統沒有毀滅，而且無論如何沒有人能毀滅」。充分表現對儒家的熱愛以及對傳統的信心。臺灣三十年來自由派中最具代表性的殷海光先生，在相當長的時間裏，他對新儒家確懷敵意，但由於他對知識的眞誠追求，也一直在努力克服自己的偏見，生命的最後幾年，他經常在年輕朋友和學生之前反省自己的錯誤。即使在他還相當年輕時（一九五三年），讀到徐復觀先生「中國的治道」一

---

[65] 徐復觀，〈儒家政治思想與民主自由人權〉，第二八三～三〇一頁，一九七九年，八十年代出版社，臺北。

[66] 此文乃胡適於一九五九年夏威夷大學東西哲學家會議上宣讀之論文，由徐高阮中譯，刊「新時代」第四卷八～九期。

[67] 胡適，「中國的傳統與將來」，見〈胡適演講集〉（上），第二三〇～二四三頁，胡適紀念館出版，臺北南港。

文，文章裏在分析了傳統專制下的治道之後，認爲中國歷史上的政治矛盾，及由此矛盾所形成的歷史悲劇，只有落在民主政治上才能得到解決。殷海光爲此文寫了一篇讀後感，說該文「是不平凡的人之不凡的作品」。早年他談自由因不喜歡先驗形上的那一套，所以只限定在政治層面，到一九六五年時，他說：「政治層面的自由主義只是自由主義的一個層面而已。自由主義之最中心的要旨是一種人生哲學、一種生活原理、及人際互動的一組價值觀念，或對人對事的態度」[68]。去世前一個月（一九六九年八月）又說：「我近來更痛切地感到任何好的有關人的學說和制度，包括自由民主在內，如果沒有道德理想作原動力，如果不受倫理規範的制約，都會被利用的，都是非常危險的，都可以變成它的反面」[69]。雙方可舉的例子當然不止這些，僅就以上所列舉的來看，對中西文化異同的若干大關節上的了解，較前確有許多進步。以目前年輕一輩對中西文化了解的情況推斷，我相信在今後一、二十年中，無論是深度和廣度方面，都將進入一個新的階段。在未來的新階段裏，哲學思想不再是中西新舊的二元對立，而是多元化學術化專業化的時代。要想做哲學家，先立志做學者，不論是中國或西方哲學，都必須有基本的功力，荀子說：「不積蹞（同跬，半步）步，無以至千里；不積小流，無以成江海」[70]。古今的大學問都是一點一滴的苦

[68] 同前註[6]，第一二九八頁。
[69] 同前註[6]，第一三一八頁。
[70] 〔荀子〕，「勸學篇」。

工夫累積而成。卽使有天才，也要靠深厚的功力才有施展的餘地。基於過去百年來思想的混亂與爭戰，息馬克斯 (Quintus Aurelius Symmachus) 的話，可作爲我們今後工作的信條：

爲什麼我們不應大家和平相處呢？我們仰視同樣的星辰，我們是同一行星上的同行過客，我們住於同一個天底下，各個人努力發現最高的眞理，依循那一條道路有何關係呢？人生之謎是太大了，不能只由一途以求解答[71]。

讓我們跳出思想紛爭的舊框框，迎接思想上的新挑戰，這些挑戰可總稱之爲「文化危機」或「思想危機」，下面的兩項將日漸嚴重，特別值得我們正視。

第一、工業化、技術化帶來的危機。這雖是全球性的危機，但後現代化的國家，僅蒙小利，已受大害，問題將更嚴重。它們帶給社會和生活面貌的改變是空前的，舊有社會結構和價值系統，均必遭破壞，隨着工業化、技術化引進的一套「意理」與傳統的一套多半格格不入，因此社會重組、價值重建，將是後現代化的社會極難克服的難題。原有的精緻文化日漸消逝，新起的低俗文化風行一時，不但腐蝕道德的根苗，且將瓦解奮鬥的意志。解救危機，每一個知識份子都有責任，思想的專業工作者，必須發揮創造力，不斷提高思想水平，因文化、社會、生活等各方面的革新皆有賴於此。

第二、科學與人文分裂的危機。這是科技主導的時代帶來的危機，用埃文．托佛勒 (Alvin

---

[71] 引自房龍，〈思想解放史話〉扉頁。

Toffler）的名詞，是第二波文明引起的危機。這個危機在二十世紀初期已被少數科學家感受到，六十年代才引起這兩個領域裏的思想家嚴重關切。一九五九年，英國劍橋大學基督學院院士施諾（G. P. Snow）發表了一篇震撼思想界的論文：「兩種文化與科學革命」，指出二十世紀的學術文化，已形成兩個壁壘森嚴的世界，一個是「人文的」，一個是「科學的」。這種文化分裂和對抗的傾向，已經使得西方逐漸喪失了共同整體的文化觀，不僅使我們這個時代的思想界不能對「過去」做正確的解釋，不能對「現在」做合理的判斷，同時也不能對「未來」有所憧憬和展望72。這個危機今後在世界各地將逐漸擴大。只要繼續追求「科技化」、「工業化」，都必然會走向「科技時代的困境」。「科技傳統」與「人文傳統」如何整合，將是今後一世紀哲學上最大的課題之一，中國文化重建的問題，應納入這個全球性的文化運動中一併思考。否則孤立起來，我們的文化問題永遠不能解決。當年大哲學家康德的純理批判，是要解決歐洲哲學史上經驗主義與理性主義分裂的危機，那只是知識論內部的問題，已使康德在哲學史上建立新的里程。今日科學與人文分裂的危機，是一個影響全人類命運的危機，預期在新挑戰中，必將激起空前智慧的火花，全球的哲學家都將面臨前所未有的考驗。

中國哲學要想在世界上佔一席之地，不能僅靠祖先的業績，必須在當前人類共同的課題上，表現出我們的貢獻來。

一九八三年元月十日

72 郭正昭，「也談兩種文化」，見蔡仁堅譯，〈科學與人文價值〉附錄，第一六八頁，一九七七年，景象出版社，臺北。

梁漱溟：一個爲行動而思考的儒者

讀梁漱溟的書，或是了解他的思想，先認清下面幾點，將會有些幫助：

(1)他不是一個學者型的人物，也缺乏嚴格思考的習慣，因此觀念混淆，表達不夠清晰的弊病，隨處可見。

(2)他從事學問的態度，不是爲學問而學問底，他是因感受到中國問題的刺激，爲了要解決這些問題，才追溯到傳統的歷史與文化。

(3)他對傳統文化文獻方面的知識極爲有限，但他能活學活用，思想不爲文獻知識所拘限。他對傳統的了解，大多是基於個人的生活經驗，不純是思想史或文化史的方式。

(4)他是一個行動底人物，他也是爲行動而思考。在行重於知這一點上，他是當代新儒家中，最能相應原始儒家精神的人。

(5)他的思想雖不夠謹嚴，但他具有豐沛的思想活力。由於這個條件，使他發掘出許多傳統文化的問題。他對這些問題的陳述和指證，使我們對傳統文化的了解，有不少幫助。

一、對傳統文化思想的認識

梁先生對傳統文化的認知，着重在尋求其特徵。然後在衆多分列的特徵中，再找尋它的總特徵。然後再根據這個了解，去解答當代中國文化所遭遇的種種問題——如中國何以沒有民主和科學之類。

(一) 中國文化的特徵

對中國文化特徵的討論，梁先生是把別人的了解，再加上他自己的，綜合起來，共有十四點：

(1)廣土衆民。
(2)偌大民族之同化融合。
(3)歷史長久，並世中莫與之比。
(4)一方面覺得它有無比之偉大力量，一方面又指不出其力量究在那裏。
(5)歷久不變底社會、停滯不進底文化。
(6)幾乎沒有宗教底人生。

(7)家族本位。

(8)缺乏科學。

(9)沒有民主、自由、平等一類的要求。

(10)道德氣氛特重。

(11)不屬普通國家類型。

(12)無兵底文化。

(13)重視孝道。

(14)隱士❶。

第一特徵——廣土衆民一大單位的形成，梁先生指出是基於文化的統一，而不是依靠武力。文化的統一，表示這個文化有強大的同化力，故與第二特徵互相關聯。第一和第二特徵又是造成第三特徵——歷史長久——的主要原因。一言以蔽之，這三個特徵的形成，是由於中國文化的優越❷。

中國文化的優越究竟在那裏？這個問題的回答，也就是對第四特徵的說明。梁先生提出兩點：(1)由於寬宏仁讓，與人相處易得融合；(2)由於開明通達，沒有什麼迷信固執❸。嚴格說，我

❶梁漱溟，〔中國文化要義〕第一章。

❷參看前註書，第三〇九～三一〇頁。

❸見註❶，第三一五頁。

們現在仍無法判斷，這兩點所說是否正確。梁先生這樣說，或只是根據個人的部分觀察，或只是依據部分的文化理想。關於前四個特徵的討論，梁先生把重心放在中國文化的同化力這一點上。關於這一點，我們可以根據史實說，中國文化在同化其他民族的過程中，曾大量吸收外來的文化，如印度的佛教和胡人的藝術，是其中顯著的例子。另一方面，在蒙古人統治時期，也曾有被同化的危機，這危機引起方孝孺「宋亡，元主中國者八十餘年，中國之民，言語服食器用禮文不化而夷者鮮矣」的慨嘆❹！這些史實說明中國文化同化是在相對地進行，不足以證明中國文化絕對的優越。所以中國文化能維持悠久和廣土衆民的大單位，必另有其故，譬如地理環境的特殊，可能就是其中一個重要的原因。

第五個特徵是：歷久不變底社會、停滯不進底文化。這個特徵和第八特徵：缺乏科學，其形成的原因，梁先生認爲關鍵都在中國以道德代宗教而起太早。這裏所涉及的幾個論點，我看都有問題。所謂「歷久不變底社會」，「社會」究竟何所指？如果是指社會的結構，那末我們至多說在漢以後這方面大抵變化較少，不可能完全不變。如果指的是社會的倫理性格，這大抵是可以說它「歷久不變底」。也許是指家族團體，那就與第七特徵——家族本位——相重複了。至於在漢以後中國文化停滯不進之說，自黑格爾以來，似乎在東西方已成爲一種流行的看法。馮友蘭的〈中國哲學史〉，把秦以後的哲學思想概劃爲「經學時代」，頗助長了這種說法。梁先生在陳述

❹ 方孝孺〈後正統論〉，「正俗」。此外，趙翼，〈廿二史劄記〉．「元漢人多作蒙古名」條，亦可參看。

這一特徵時，卽引馮說作爲其論據之一。這種看法是不能成立的。卽就哲學而言，因受佛教的刺激而帶來的理學新發展，以及佛教因受中國傳統哲學影響所創建的禪宗，無疑的，他們都代表哲學的新轉進。哲學以外的文學、藝術、科技，在漢以後，都有超邁前代的發展，這是常識，不用細敍。關於以道德代宗教，這只是儒家人本主義的理想，在日常生活裏，中國依然有他自己的宗教活動，後來的佛教、道教不必說，卽以儒家內部而言，祭天、拜祖、祀孔的宗教活動，和儒家的倫理活動是分不開的。了解這一點，梁先生所說的第六特徵——幾乎沒有宗教底人生——根本也不能成立。

中國文化的第七個特徵——家族本位，和第十個特徵——道德氣氛重，以及第十三個特徵——重孝，這三點密切相關，在和其他文化的對比之下，這的確是中國文化最爲突出的地方，這一點目前可以說已得到公認。

「第八特徵——缺乏科學，第九特徵——無民主、自由、平等一類的要求，這與中國文化特徵無關，因說文化特徵，必須是指已顯現出來的部分。其餘第十一特徵——不屬普通國家類型，這大抵是可以說的。第十二特徵——無兵底文化，雷海宗教授首先提出這一點，其實那只是兵制的問題，與文化特徵何干？第十四特徵——隱士，中國文化推崇隱士，甚至視不表現者比表現者價值爲高，這雖是事實，但他是否具有代表性，或代表到何種程度？仍很難說，列入正史隱逸傳的人物，和其他歷史人物相較，畢竟只佔極少數。

(二) 中國文化早熟說

「中國文化早熟」或「理性早見」，代表梁先生對中國文化最根本的見解之一。他認爲這個觀念，不僅「是我民族歷史特徵」，且爲探究中國文化一切問題中的總問題。不僅可表示中國文化的總特徵，且使「此文化不可解之謎」，因而「洞見其利病得失之所在」。尙不止此，梁先生對中西文化的比較，實亦以此爲基準。

被梁先生認爲如此重要的觀念，在理論上是否能成立呢？下面我們先考察他自己的陳述，然後再逐一加以檢討。

(1)梁先生說：「西洋文化是從身體出發，慢慢發展到心底；中國却有些徑直從心發出來，而影響了全局。前者是循序而進，後者是早熟。『文化早熟』的意義在此❺。」所謂從「身體出發」，卽重視人對物問題，而後發展到心(理性的)，是西方文化發端的情形。在中國這方面，照梁先生說，它的發端不重視人對物，而是直接從心(理性的)發；「直接從心發」，也就成爲「中國文化早熟」說的第一個論證。

(2)梁先生說：「中國文化爲人類文化早熟之論，已發之於二十七年前❻，當時見解是這樣

❺ 同註❶，第三六七頁。

❻ 指舊著〈東西文化及其哲學〉。

底：古希臘人，古中國人，古印度人，在人生態度上之不同，實爲其文化不同之根本，而此三種人生態度實應於人生三種問題而來，卽是第一態度適應於第一問題，第二態度適應於第二問題，第三態度適應於第三問題。由於問題淺深之不等，其出現於人類文化上實應有先後之序，從而人類文化表現，依之應有三期次第不同。本來人類第一期文化至今還未得完成，而古中國人在文化上遽從第二問題第二態度以創造去，……所以就說它是早熟❼」本此，中國文化早熟的第二個論證是：人類文化的表現，應有三期次第不同，中國文化並未經過第一期，就逕躍入第二期，所以是早熟。這是民國十年時的見解，二十七年後，「見解大致如前未變，說法稍有不同。」所以梁先生接着說：「第一問題卽人對物的問題；第一態度卽向外用力的態度，現在總說作從身體出發。第二問題卽人對人的問題；第二態度卽轉而向內用力底態度，現在總說作從心（理性）出發。」梁先生在同一章中，又舉了個例子，他說：「譬如我只要把一女子的身體得到手，那是第一問題，不難用巧計或強暴之力得之，這些都是向外用力。如我眞想得此女子之愛，那便是第二問題。」第一問題（卽第一期）和第二問題（卽第二期）分析的結論是：「第一期假如可稱爲身的文化，第二期正可稱爲心的文化。第一期文化不過給人打下生活基礎；第二期才眞是人的生活。」這個結論，可以補充上述第二個論證。這個論證缺乏充分的理由是顯然的，只要指出一點就夠了：一個尚未經過第一期給人打下起碼的生活基礎的文化，怎能算「眞是人的生活」的第二

❼ 見註❻，第二六九頁。

期文化？同理，一個尚未給人打下生活基礎的文化，又如何能說它「早熟」？值得提醒的是，梁先生心目中的西方文化，是以近代爲準的。

(3)梁先生說：「何謂從身體出發？又何謂徑直從心發出來？……身體爲個體生命活動之具，是人類與其他動物所同有的；心在其他動物雖不是沒有，但其心思作用大多掩沒於其官體作用中，而不易見。獨至於人類，官體反應減低，而心思作用擴大，才可說有心。心思作用原有理智、理性兩面，這裏又單指理性爲心，所謂從心發出者，正謂從理性發出。因此，『理性早啓』『文化早熟』，可算同義語❽。」「理性早啓」和「文化早熟」是否是同義語？這與「中國文化早熟說」能否成立，直接相關，我的答覆是否定的，理由如下：

一、首先從語意上看，「理性」不等於文化；「早啓」的「啓」指開端，「早熟」的「熟」，則指完成。因此從語義上看，不能是同義語。

二、就中國歷史說，「理性早啓」是一事實，「文化早熟」則否。「理性早啓」是說中國的先哲們，至遲在春秋時代，就已在人類的原始生命中，體悟出實踐理性的一面，並試着企圖以自覺的理性去調整人類自身行爲中一些不合理的傾向。但這只是少數哲人的智慧，就兩千多年的歷史來說，亦只有少數知識份子會有此自覺，並未能貫徹到現實的社會、現實的政治及經濟問題中，去解決現實的問題，這就說明早啓的理性，並未能落實在文化中普遍實現。從理性的自覺而

---

❽ 同註❶，第二六八頁。

引發出來的人生理想，對多數中國人而言，始終只是一抽象的理想而已，這意思在梁先生的〈中國文化要義〉中，也曾不止一次的提到：

(1)「早熟底，常常蘄向雖明，而事實多有不逮；常常只見於少數人之間，而不能普遍於社會；尤其缺乏客觀保證，不免於反復❾。」

(2)「再深切地來說，『化階級爲職業』，『修己以安人』，『心思轉向裏用』，……這一切都有理想成份在內，並不全是事實❿。」

(3)「西洋文化從身體出發，很合於現實。中國文化有些從心發出來，便不免理想多過事實，有不落實之病⓫。」

一種文化理想，既「只見於少數人之間」，且「不全是事實」，又「有不落實之病」，如何能說它「早熟」？因此，在中國文化中說「理性早啓」可，說「文化早熟」則不可。本此，前文第一個論證「徑直從心發」，只能視作「理性早啓」的論證，而不能視作「文化早熟」的論證。

三、梁先生以爲「理性早啓」和「文化早熟」是同義語，實有不細察之過，在〈中國文化要義〉中，就有一些句子，很明顯地表示這兩個詞義不能互用。

❾ 同註❶，第二九三頁。
❿ 同註❶，第二四八頁。
⓫ 同註❶，第三〇〇頁。

例一：「理性早見，是我民族歷史特徵，直從古代貫徹於後世⑫。」在這一句子裏，如將「理性早見」易爲「文化早熟」就不通。

例二：「所謂一貫精神非他，即是依乎自力，而非如西洋之必依乎他力。我所云理性早啓者，正指此點⑬。」「依乎自力」，正「理性早啓」之證，而非「文化早熟」之證。

例三：「但我們亦初不否認英、美、蘇聯在某些地方爲先進。即由此先進後進之參差互見，吾人是有中國文化爲人類文化早熟之論斷。所謂『不露圭角而具有最大之適應性及潛力』，則又其所熟在內不在外，在生命本身，不在生活工具之證明⑭。」中西文化既有「先進後進之參差互見」，又如何能獨說中國文化早熟？早熟如只是「在內不在外」，「在生命本身不在生活工具」，不正是指的「理性早啓」？早熟之文化，必是內外相濟、生命本身和生活工具兼成的。

四、梁先生說：「中國人不是同西方人走一條路，因爲走的慢，比人家慢了幾十里路。若是同一條路而少走些路，那麼慢慢的走，終究有一天趕的上；若是各走到別路上去、別方向上去，那麼，無論走好久，也不會走到那西方人所達到的地點上去的。」這段是寫在《東西文化及其哲學》中的，經過將近三十年的時間，中國人「另走一路」的想法，並未改變：「然而周孔以來，

⑫ 同註①，第一八一頁。
⑬ 同註①，第三〇六頁。
⑭ 同註①，第三二八頁。

宗教缺乏，理性早啓，人生態度遂以大異於他方。在人生第一問題尚未解決之下，萌露了第二問題暨第二態度，由此而精神移用到人事上，於物則忽略，卽遇到物，亦失其所以對物者，科學之不得成就出來在此。旣不是中國人拙笨，亦不是文化進步遲慢，而是文化發展另走一路了⑮。」梁先生似乎始終未覺察到，中西文化「各自走到別路上去」的想法，與「文化早熟說」是不能相容的。蓋說文化早熟，意思實卽說，「中國文化比西方文化早熟」。但說誰比誰早熟，必須假定中西文化走在同一條路上；至少，雖發端不同，而終必殊途同歸，然後能說。如依梁先生，中國文化是「另走一路」，這不等於說中西文化所走的路像是永不相交的平行線？又如依梁先生說，中國文化是「無論是走好久，也不會走到那西方人所達到的地點上去的」，那麼「中國文化比西方文化早熟」一評斷，豈不是全無意義？

這一「另走一路」論點的保持，不僅「文化早熟」不能說，同時也與前文第二論證引文中「人類文化的表現，應有三期次第不同」的話相矛盾。這一矛盾，使支持「文化早熟」的第二論證自我否定了。尙不止此，這一論點的保持，勢必如胡適在「讀梁漱溟先生的東西文化及其哲學」一文中所說：「若照這樣說法，我們只好絕望了。」其實這種悲觀的論調，梁先生在〈中國文化要義〉中，不止一次提到，玆舉兩個例子：

(1)「蓋從心思上中西分途，其文化之後果便全然兩樣。中國雖於其途尚未大分之時，有科學

⑮ 同註❶，第二八三頁。

之萌芽，而當其途既分之後，科學卒以夭折，不能再有⑯。」

(2)「它（指中國文化）似乎積極於理，而不積極於利與力；然理固不能舍利與力而有什麼表現，卒之，理亦同一無從而積極，只有數衍現狀，一切遠大理想均不能不放棄，中國文化多見有消極氣味者以此。同時，他亦再沒有什麼前途⑰。」

不僅科學「不能再有」，且整個中國文化「亦再沒有什麼前途」！這一悲觀的結論，實是從「另走一路」的前題所推至。試問，一種不能再有科學，且一切遠大理想均不能不放棄的文化，又如何能說它早熟？「早熟」是提前完成的意思，它應包括梁先生所說的第一期到第三期的全程。照理說，這個全程，應是人類文化崇高的理想，在現實的歷史中，是永遠走不完的。在人類文化發展的過程中，各個不同的文化，從不同的起點，向同一目標競走，因人文的和地理的種種因緣不同，遂有「先進後進之參差互見」，如此早熟又從何說起？

（三）中國文化的根本精神與形上學

梁先生對中國文化另一個重要見解，是關於它根本精神的了解。當他早年從事東西文化比較時，至少曾提出三種不同的觀念模式（詳見下節），以資比較，根本精神卽其一。在與印度和西

⑯ 同註❶，第二九三頁。

⑰ 同註❶，第三〇一頁。

方的對較之下，梁先生認爲：「中國文化是以意欲自爲調和持中爲根本精神的⑱。」

梁先生對中國文化根本精神的了解，是得之於對形上學的研究，他很敏銳地指出，中國的形上學與西方、印度的全然不同：

㈠問題不同　中國哲學家不討論一元、多元的問題，也沒有唯心唯物的爭辯。古代傳下來的形上學，只講些變化上抽象的道理，不過問具體的問題。照梁先生的了解，中國哲學裏的金、木、水、火、土五行，和印度的地、水、火、風也不同，前者是抽象的，後者是具體的、物質的。

㈡方法不同　中國形上學所講的問題既在變化，則其所用的方法，也必然與西方、印度不同。依梁先生，西方哲學講具體的問題所用的都是一些靜的、呆板的觀念，可是在講變化時就不能適用，中國所用的名詞只是抽象的、虛的意味。不但陰陽乾坤是抽象的，就是像「潛龍」、「牝馬」本屬具體之物，到了中國哲學家手裏，也都成了抽象的，若呆板的認爲是一條龍、一匹馬，那便大錯了。因此要認識這種抽象意味，必須要用直覺去體會玩味⑲。

由於問題和方法的不同，所以當西方形上學遭受批評時，那些批評並不適用於中國，中國形上學也並不因此而動搖。梁先生同時認爲直覺的方法，也只能認識到那些觀念，不會因此而演出那些形上學系統性的思想，這思想必另有一套特殊的邏輯才能講明，這是有待我們去發現的。

⑱ 梁漱溟，〈東西文化及其哲學〉，第五五頁。

⑲ 同前註，第一一五～一一六頁。

所說中國形上學，指的是〈周易〉。講〈周易〉的說法，儘管各有不同，但梁先生以為却有一個為大家公認的中心思想，就是「調和」。照中國形上學的了解，宇宙間沒有那絕對的、單一的、極端的、一偏的、不調和的事物，如果有這些東西，也一定是隱而不現的，凡是現出來的，都是相對、成雙、中庸、平衡、調和的。凡物莫不在變化中現，所謂變化就是由調和到不調和，或由不調和到調和。一切事物都成立於此相反相成之調和關係中，這種思想早已深入人心，成為中國人所共有的思想，所以也是中國文化根本精神所在。

梁先生的這種見解，對〈周易〉來講，也許可以有此一說。但〈周易〉是一個複雜的組合，它的內容牽涉的方面很廣，其中包括本體論、宇宙論、人生論，以及宗敎、社會史的材料。在觀念方面，它是一個創造的母體，或像是一所寶庫，在中國，沒有一本書，能包含的像它那樣豐富，其中如乾坤、陰陽、剛健、易簡、生生、日新、往復、知幾、動靜、象數、道器，對後世的形上學有決定性的影響。這些觀念，豈是「調和」或「持中」的觀念所能一以貫之的？不錯，〈周易〉正如梁先生所說，是一部講「變化」的書，但「所謂變化」，是否「就是由調和到不調和，或由不調和到調和」呢？我們實在不知道這裏所說的「調和」與「不調和」是什麼意思。如以「繫辭傳」所說的變化為例：「在天成象，在地成形，變化見矣。」「剛柔相推而生變化。」「變化者，進退之象也。」「天地變通配四時。」「知變化之道者，其知神之所為乎！」「一闔一闢謂之變。」「天地變化，聖人效之。」「化而裁之謂之變。」「通其變遂成天地之文。」「易窮則變，變則通，通則久。」「是故變化云爲，吉事有祥，象事知器，占事知來。」其中所說變化的意義就相當複雜，據我的了解，就包含：宇宙生生不息的過程、生生之德、自然現象、神奇的和突破險阻的力量，以及預見的智慧等。在這些例子裏，沒有一個是可以用調和或不調和可獲得恰當了解的。但這也並不是說，調和的觀念，完全與易理不相干，至少在陰陽相和、剛柔相濟這方面是可以相合的。我要指出的是，梁先生想用這個觀念去概括變化的內涵，是不夠正確的說法。

依照我的了解，梁先生以調和、持中的觀念，作爲中國文化的根本精神，也大抵是可以說的，但〈周易〉不是直接的論據。如果從中庸、中和、和、甚至禮樂這些觀念線索去尋找論據，在理論上或許比較容易。

二、東西文化的比較

梁先生研究這方面的問題，正值「五四」新文化運動期，那是一個「反孔熱」的時代，如果他單獨提倡孔學，不容易引起注意，但經由比較的方式提出來，情形就大不一樣，因爲這是討論中國文化前途，必不可少的方法。

在〈東西文化及其哲學〉中，曾提出一系列的比較模式，這些模式不論其妥當性和有效性如何，也能豁顯出一個嶄新的研究領域，其功眞可謂不小。這些模式是：

㈠根本精神的不同：

西方文化是以意欲向前要求爲其根本精神的。

中國文化是以意欲自爲調和持中爲其根本精神的。

印度文化是以意欲反身向後要求爲其根本精神的。

㈡生活態度的不同：

向前要求，就是奮鬥的態度，這是生活本來的路向。

對於自己的意思變換、調和、持中，回想的隨遇而安。

轉身向後去要求，想根本取消當前的問題或要求。

㈢思想特質的不同：

西洋生活是直覺運用理智的。

中國生活是理智運用直覺的。

印度生活是理智運用現量的。

關於這一系列的論斷，在該書出版後的第二年，梁先生就開始「悔悟」了，於是他提出兩點修正：第一點是該書第四章講孔家哲學所謂「中庸」是走雙的路的一段話，「現在都願意取消」。第二點是該書第四章末關於中西印思想特質不同的陳述，「不曾說妥當」，「使許多人跟着把『直覺』、『理智』一些名詞濫用誤用，貽誤非淺。」「我今願意一概取消⑳。」

又過了七年（民國十八年），他覺到較前「所悔更多」，他說：「我在此書中談到儒家思想，尤其喜用心理學的話為之解釋，自今看出，却大半都錯了㉑。」儘管他對這本書的內容屢有「悔悟」，但他仍相信這書關於東西文化的覈論與推測，「有其不可磨滅之點」。在我們看來，這不可磨滅之點，應是在比較研究的方法上。至於內容方面的缺點，民國十二年，胡適在前文提到的那篇文章裏，就指出該書的根本缺點是在要把這一個很複雜的問題套入一個很簡單的方式，因此，籠統、武斷、甚至自我矛盾諸種弊病，遂必不可免。胡文指出，梁著只是「主觀的文化哲學」。這些批評，都很正確。

〈東西文化及其哲學〉以後，梁先生的主要工作在鄉村建設和中國文化，在文化比較工作上，再沒有寫過較有系統的著作，但這方面的思考並未停頓，在對舊著一再加以檢討後，曾提出一些新的比較模式，下面舉兩個例子。

第一個例子是以「有對」、「無對」區別中西文化，他說：「無對，即中國古人所謂『仁者與物無對』之無對；有對卽與物為對之意。……一切生物，均限於有對之中，而人類則以有對超進於無對。愚向以『向前面要求』點明西洋人態度，亦僅足見意，而未若『有對』之簡切。中國

⑳ 見註⑱之書三版自序。
㉑ 見註⑱之書八版自序。

一般人自未足以言無對，而其所傾向則在此。……故言中國精神，必舉無對乃得也㉒。」

這是民國十九年時說的話，一直到〈中國文化要義〉中仍保留着，只是解說有些不同：「何謂有對？何謂無對？輾轉不出乎利用與反抗，是曰有對；無對則超於利用與反抗，而恍若其爲一體了㉓。」

第三個例子是以心「向內用」與「向外用」來區別東西文化。二十六年在一次以「東方學術之根本」爲題的「朝話」中，他先提到〈中國民族自救運動之最後覺悟〉一書裏的話：「中國文化和印度文化有其共同的特點，就是要人的智慧不單向外用，而回返到自家生命上來，使生命成了智慧的，而非智慧爲役於生命。」接着就說：「這點是中國學術和西方近代學術的一個分水嶺。西洋學術之產生，就是由於智慧向外用，分析觀察一切，這就是科學。……但在中國印度則不如此，它正好掉轉過來。」

再下來就是他在〈中國文化要義〉中對中西文化的區別，這大概已算是他的最後見解。我把該書的一個對照表移列在下面：

㉒ 梁漱溟，「煥鼎文錄」，第二七〇頁。

㉓ 同註❶，第二六八頁。

	西洋	中國
1.	心思偏於理智。	心思偏於理性。
2.	滿眼所見皆物，不免以對物者對人。	忽於物而着重人。
3.	科學大爲發達。	科學不得成就。
4.	科學研究與農工商諸般事業相通、相結合。	把農工商業劃出學術圈外。
5.	學術研究促進了農工商業，農工商業引發了學術研究，學術與經濟二者循環推動，一致向自然進攻。於是西洋人在第一問題上乃進步如飛，在人類第一期文化上乃大有成就，到今日已將近完成。	學術研究亦留滯於所到地步，農工生產一般經濟亦留滯於所到地步；而且學術思想與社會經濟有隔絕之勢，鮮相助之益，又以加重其不前進。於是中國人在人生第一問題上陷於盤旋狀態，在第一期文化上成就甚淺，且無完成之望。

這張表中所列的，已較「東西文化及其哲學」爲具體而能切入問題。但要把這些論點，經由中西文化內部的細節，一一做系統性的說明，實非易事，梁先生的工作，只開了一個頭。繼起者做的也不夠深入，方法上也不夠謹嚴而有效，有待更多的努力。我們從事文化比較的目的之一，是希望在一個個的個案探討中，能發現中國文化中的一些發展，何以如此而不如彼的眞正原因所在，這樣對糾正缺失的工作，才有正確的途徑可循。由上表所說，中國在第一期文化上成就甚淺，今後的問題應該是在如何使這方面的成就不斷增進，中國百年來的努力，也正是在此。若果如梁先生所說，我們在這方面已無完成之望，那末從事文化比較的工作，還有什麼意義？事實

上，梁先生對中國文化的前途，懷着很高的願望，他曾預言：「現在是西洋文化的時代，下去便是中國文化復興成爲世界文化的時代㉔。」試問：將來中國文化，如不能包括梁先生所說的第一期文化那些成就，又怎樣能復興爲世界文化？梁先生是因堅信中西文化走着不同的路，才導致無望的錯誤結論。

三、鄉村建設大意

梁先生從事東西文化的比較，和對傳統文化的探討，都是爲了要解決中國當前的問題。這是他思考的落實之處，也使他在當代中國鄉建運動中扮演一個重要的角色。

鄉村的破壞與建設，是梁漱溟思考解決中國問題的焦點。鄉村是怎樣被破壞的？

第一，由於天災人禍。第二，由於風氣的改變。前者是歷代都有的，民國以後只是加深而已。至於後者，那眞是遭到三千年來未有的大變局，使維繫數千年風俗習慣的社會制度，都連根動搖，而那社會制度，却是那社會裏邊人人所共循共由的道路。這道路一旦被破壞，勢必造成社會秩序紊亂。以前除了在大亂之際，大抵還能保持一個貧而安的局面，現在不但貧窮日漸加深，連安也沒有了。這說明近代中國的鄉村被破壞，和歷史上因戰亂而引起的破壞，是不盡相同的。

㉔ 同註⑱，第二五九頁。

因歷史上的破壞，在週期性的循環中，亂了還有復歸於平治的一日，而現在卻是「一直下去不回頭的一種鄉村破壞㉕」。

這種破壞是什麼原因造成的呢？是由於西洋人的東來，中國人與西洋人見了面，因為抵不住他的壓迫，又羨慕他的文明，遂改變自己去學他以求應付他，結果學他未成，反把自己的鄉村破壞了。

說中國近幾十年來的鄉村破壞，是受外國的影響，是不錯的。但究竟影響了什麼？梁先生的話未免太籠統。另一位社會思想家費孝通，對這方面問題的認識，就遠較梁漱溟為深刻。他說：「在中國，現代技術並沒有帶來物質的提高，相反的，在國際的工業競爭中，中國淪入了更窮困的地步。現代技術所具破壞社會完整的力量却已在中國社會中開始發生效果。未得其利，先蒙其弊，使中國的人民對傳統已失信任，對西洋的新秩序又難於接受，進入歧途㉖。」過去百年來的中西接觸，並沒有能使中國造成一個工業國家，僅僅不過是西洋工業的市場，於是民族工業被打垮了，鄉村的副業被剝奪了，原來就夠貧窮的鄉村，遂陷於全面的癱瘓。所以要拯救中國的農村，勢必要打退資本主義的侵略。

梁先生思考鄉村建設問題時，最值得注意的地方，是他能確認中國的鄉村建設，不僅僅是一

㉕ 梁漱溟，〈鄉村建設大意〉，第八頁。

㉖ 費孝通，〈鄉土重建〉，第一四頁。

個生存的問題，也不僅僅是一個技術問題，而是當作一個文化問題來設想的。因此，鄉村的破壞，是由於中國文化不能適應新的處境；鄉村的建設，實是由於中國文化不得不有一大轉變，轉變出一個新的文化來。梁先生說：「至於創造新文化，那更是鄉村建設的眞意義所在㉗。」由此可知，他的鄉村建設運動，是承繼着新文化運動建設一面的精神，並提出一個新的方案來。

先看看他對文化的定義。文化有狹義和廣義兩種：狹義的說是單指社會意識形態；廣義的說，則一個社會的經濟、宗教、政治、法律，乃至言語、衣食、家庭生活等，通通包括在內。換句話說，所謂文化，就是一個社會過日子的方法。照這個定義說，中國所以要創造新文化，是因爲過去那套過日子的方法已失效，不得不要求一個大的轉變，轉變出一套新的方法來。要怎樣轉變呢？原則上：「一面表示是新的東西；一面又表示是從舊東西裏轉變出來的。換句話說，他既不是原來的舊東西，也不是純粹另外一個新東西，他是從舊東西裏面轉變出來的一個新東西。」根據這個原則，梁先生當然反對「全盤西化」，因爲他知道「想讓他完全學西洋變成一個純西洋式的近代國家是不可能的。」也不是國粹主義者，因爲他看得很淸楚，在西方文化的衝擊下，「中國文化將要有一個大的轉變」。梁先生所堅持的，是必須護住中國文化的根，然後從老根上生出新芽來。

這中國文化的根是什麼呢？

㉗ 同註㉕，第一八頁。

(1)就有形的來說，就是「鄉村」——鄉村就是我們中國文化有形的根；

(2)就無形的來說，就是「中國人講的老道理」——那眞有道理的老道理，就是我們中國文化無形的根㉘。

過去歷史上的動亂，至多只能影響到有形的根，無形的根，是不大受影響的。百年來帝國主義和資本主義的侵略，以及工業和技術的引入，不但使有形的根遭到澈底破壞，卽是無形的根，也從根動搖。所以要解決中國當代的問題，已不是單純的農村復興問題，同時也是新文化的創造問題。在創造新文化這個問題上，梁先生的基本態度，與民初新文化的人物不同，他認爲創造新文化，對固有文化的根，要有信心，相信它經過這次摧毀壓迫，經過一番鍛鍊之後，它的眞精神仍會再度顯露。「所以我們可以說：中國的老道理，不但能夠站得住，並且要從此見精采，開出新局面，爲世界人類所依歸㉙。」

現在我們已經了解，梁漱溟鄉村建設的目標是：

「創造新文化，

救活舊農村㉚。」

㉘ 同註㉕，第二一頁。

㉙ 同註㉕，第二四頁。

㉚ 同註㉕，第二六頁。

他要把這兩個目標，透過鄉村建設的工作一齊完成，所以實施方案的重點，也是雙管齊下：

1. 農民自覺；

2. 鄉村組織。

什麼叫農民自覺？「所謂農民自覺，就是說鄉下人自己要明白，現在鄉村的事情要自己去幹，不要再和從前一樣，老是糊糊塗塗地過日子，迷迷糊糊地往下混，這樣子是不成了㉛！」農民如果不能自覺，不能起來自救，那誰也救不了農村的。卽是政府想要救農村，往往也因對農民缺乏了解，對農民的需要不夠了解，方法也不適當，結果反而禍害了鄉村。「天下事無論什麼都要靠他本身有生機有活氣，本身有生機有活氣，才能吸收外邊的養料㉜。」認識到這一點，才能了解梁先生在實際推行鄉治的工作中，何以特別重視教育的原因。因爲透過教育才能培養農民的自覺意識，才能掀動他們起來自救的熱情。

在鄉村組織方面，梁先生說：「天下事無論什麼都不是一個人幹所能幹得好的。如果你幹你的，我幹我的，大家各不相顧，各不相謀，結果誰也幹不成功；必須大家組織起來，也就是說必須大家合起來一齊去幹，才有辦法，才能幹得好㉝。」一句話，就是要大家同心協力。只有當農

㉛ 同註㉕，第三一頁。

㉜ 同註㉕，第三〇頁。

㉝ 同註㉕，第三二頁。

民自己能發展他自己組織的時候，對外援的力量，才能加以充分利用。

梁漱溟對中國農村建設的一套構想和實踐，在方向上我認為是正確的。農民和農村，是中國幾千年來的大問題，也是積弱不振和易遭外患的根本原因。中國是一道地的農業國家，百分之八九十的人口，都住在農村，即是不住在農村的，仍然要依賴農村。他們為中華民族數千年的生存，付出最大的貢獻，却一直受到不公平的待遇。他們完全處於被動的地位，大部分的時間，他們只能苟延殘喘。聖賢的明訓，也只是教他們安貧、知足，做專制王朝的順民，要他們安於匱乏的處境。結果使佔國家百分之八九十的人民，患着嚴重的政治冷漠症，他們不關心家族以外的世界，政府對他們來說，不過是征糧的衙門，只冀求不擾民就好。這樣的一個國家，一旦遇到外患，社會上根本沒有抵禦的力量，因為廣大的人民，在心理上根本無法與國家結成一體。平日沒有人去關心農民，沒有人積極地去幫助他們解決農村問題，一旦你需要他們的時候，如何能發揮出他們的力量？這樣的一個國家，這樣的一個社會，在過去少數民族的侵略，已抵抗不住，當近代帝國主義和資本主義，挾着軍事和工業的威勢來到中國，如何不使它陷於危亡！

在危亡和痛苦的深淵中，少數知識份子終於有了覺悟，覺悟到農民和農村問題對中國的重要性。在這方面最偉大的先知先覺者，是孫中山先生，梁漱溟也是其中佼佼者，你看他說：「中國的國命既然是寄託在農業，寄託在鄉村，所以他的苦樂痛癢也就在這個地方了。鄉下人的痛苦，就是全中國人的痛苦；鄉下人的好處，也就是全中國人的好處[34]。」這個覺悟，是轉變傳統歷史方向的新起點。只有到中國農民和農村問題得到解決，才能把廣大的人民，從心理上和國家安危存亡的命運結合在一起，到那時候，中國才能算是一個新生的國家。

梁先生的鄉村建設工作，是一個具有規模內容又複雜的工作，縱然是在試驗，也不是少數人的力量，和地方政府的財力所能負擔的。在鄒平的試驗，僅僅七年，還很難說成敗，不過梁氏集團中，畢竟缺乏具有現代知識和技術的人才，所設計的教育，也難免高調而不易收效。尤其在他整套的實施中，忽略了在現代社會裏最具影響力的工業和技術的工具，不充分利用這些工具，任何一個現代社會的建設，都難有成功的希望。

四、民主與科學

民主與科學，是民初新文化運動主要的課題，當時的思想領導，都一致認爲，中國必須實現民主，發展科學，才能解決當前的問題。民主制度與近代科學，都來自西方，所以領導者主張全力學習西方，使新文化運動具有很濃的西化傾向。

梁漱溟的想法和他們有些不同，下面分兩部分來檢討：

㉞同註㉕，第一三～一四頁。

（一）民　主

梁先生對民主的了解，不是引徵政治學上的解釋，他是應用通俗的語言，依據自己的領會來解釋。例如他在〈中國文化要義〉第十二章對「何謂民主」問題提出的五點是：

(1)我承認我，同時亦承認旁人。我有我的感情要求、思想意見、種種；旁人亦有他的感情要求、思想意見、種種。所有這些，我都要顧及，不能抹殺，不能排斥之，滅絕之。——這是第一根本點。

(2)從承認旁人，就發展出「彼此平等」之精神。在團體內，則「大家平等」。

(3)從彼此平等，就發展出講理的精神。凡不講理，而以人力服人者，都是反民主。

(4)從平等講理，就自然有「多數人大過少數人」之一承認。凡事關涉衆人，就要開會商議，取決多數。

(5)尊重個人自由。——此乃根據第一點而來。

這些了解，大體仍算是不錯的。但接着又做了幾點聲明，不禁令人懷疑他對民主是否眞有了解。他說：「民主是一種精神或傾向，而不像是一件東西，所以難於斬截地說它有沒有。」又說：「民主精神總是最先見於較小底生活圈內，即最先對他『自己人』見出民主精神來。……又民主精神偶一流露並不難，難在恒久。」又說：「……但各時各地社會生活却多不同，因而其所表現者就有出入，又非必五點齊備。如世人所知，英美與蘇聯互有短長，卽是其例。」民主如果說它是一種精神，它並不只是一種精神，民主的內容和程序是可以確指的。憲法、議會、合法而公開的選舉，以及人民言論的自由，和政府是否依據憲法向人民負責，這些有或沒有，都有確定的標準可以衡量出來，豈能說「難於斬截地說它有沒有」？其次，民主的可貴，就在它的「恒久」性，翻雲覆雨的政局下，是談不上民主的。民主也不能如梁先生所說，先在小圈中表現，然後再推廣，它在一開始，就必須對所有的國民有效的。

最使我們感到驚訝的是，梁先生竟以爲英美和蘇聯，在民主上互有短長，例如在同書第八章說：「……所以只可說彼此表現不同，互有短長，亦猶之英國與蘇聯，此重在政治上之民主，彼重在經濟上之民主，各有其造詣，不必執此以非彼。」試問：所謂民主，能這樣劃分嗎？假如眞有什麼「經濟民主」這回事，在政治沒有民主前，它可能實現嗎？有一點是我們可以確知的，卽權源如只屬於少數人，缺乏公平的法律，任何的民主都是談不上的。二十世紀以來，共黨國際爲了打擊民主世界，他們向世人宣傳，說他們實行的是經濟（社會主義的）民主，是一種眞正的民主，而英美不過是操縱在少數資本家手中的民主。中國許多知識份子受其影響，因而對民主喪失信心。梁先生對民主雖是肯定的，但也相信民主有多種，所以他認爲：「中國非無民主，但沒有西洋近代國家那樣底民主。」不但認爲中國沒有西洋式的民主，而且永遠也不可能再有。他的理論，仍是由於那個錯誤的假設，以爲中國和西方的文化是走着兩條不同的路。

假如眞是這樣的話，那我們又何必費心血去思考「中國何以未產生西洋式的民主政治」這類的問題？奇怪的是，梁先生不但關心這個問題，且在幾本重要的書裏，一再大篇幅地在討論，其中也不乏精闢的見解：

(1)中國何以產生不同西方的民主制度？是因爲中國政治的特殊，卽是將「政治倫理化」，「政治無爲化」，以及「權力一元化」㉟。

(2)是由於中國無階級。梁先生曾詳細說明西洋政治之進步乃由於階級，結論是：「總之，西洋以其爲階級社會，是一個國家，就資藉於其階級，而政治得以進步。……對照中國，缺乏之階級，不像國家，遂永絕進步之機㊱。」

(3)缺乏集團生活。「近代西洋之所謂民主，要在其人對國家要參政權，有自由權，這是在集團生活中個人地位提高的結果。所以中國之缺乏民主，乃是從缺乏集團而來㊲。」

當然，這些只是對傳統中國未能產生民主制度所做的解釋，對現代中國而言，更重要的是我們如何能使它早日在中國有健全的發展，這是現代中國問題的重點之一，可是梁先生在這個問題上却缺乏積極性的思考，因爲他堅信這是走不通的路，也無視於當時中國政治正試走着這條路的

㉟ 同前註❶，第一八五～一八六頁。

㊱ 同前註❶，第一九三頁。

㊲ 同前註❶，第三〇五頁。

事實。

誠然，西方的民主政治並不如理想，說他受資本家操縱，也有相當的眞實性。但西方民主政治確實已做到使政權能和平轉移，彼此衝突的意見可自由發表，就憑這二點，對人類的歷史已有偉大的貢獻，因爲它斷絕了人類史上人爲的亂源。中國需要這樣的民主，最大的理由也就是在這方面。所謂「經濟民主」，或如梁先生所說的「中國的民主精神」，能解決這個問題嗎？顯然不能。

(二)科學

在科學問題上，梁先生的思考是着重在中國何以沒有西方近代科學的發展？他認爲有兩個問題值得探究：第一個是中國人講學問，詳於人事而忽於物理，傳統典籍講人事者，蓋不止十之九，中國人心思聰明之所用，何以總偏於這一邊？第二個是中國學問雖說詳於人事，却非今之所謂社會科學。社會科學還是要應用科學方法，做客觀研究，而我們對人事，却是多從道德觀點、實用的或藝術的眼光，卽在客觀敍述中，亦寓有主觀評價，純客觀研究百不一見。蓋不唯其學問對象偏於一邊，作學問的態度和方法也與西方根本不一樣。爲什麼會這樣？梁先生的答覆是：「蓋自從化階級爲職業，變貴族爲士人，一社會之中，勞心者務明人事，勞力者責在生產，這樣一劃分，就把對物問題劃出學問圈外，學問就專在講人事了。又所謂務明人事者，原是務於修己安人。從修己安人來講人事，其一本道德觀點或實用眼光，而不走科學客觀一路，又是當然了。這是就後二千年歷史來說。後二千年社會，倫理本位，職業分途之形勢既成，此二千年間中國學術大勢卽隨以決定，此無可疑也㊳。」

對這個問題，梁先生又進一步指出，中國數千年來所謂學術，大抵是術而非學，換句話說，中國人不能離用而求知。至於造成此種傾向的原因，則是由於中國人理智不申、冷靜不足，而理智不申之故，又是因爲理性早啓。

以上這些見解，論據雖嫌不足，但大抵有參考的價值。事實上，其中說「中國人不能離用而求知」，張東蓀和張蔭麟等學者都曾說過。我在〈中國的智慧〉、「科學與工藝」一節中，也說過類似的話：「我認爲，不論是過去或現在，妨礙科學成長的一個重要而基本的因素，是中國一直缺乏一個理智獨立的傳統，而希臘哲學對人類最有意義的貢獻，恰好就正是在這一方面。柏拉圖原打算做個戲劇詩人，但是青年時代遇到蘇格拉底以後，改變了他的路向，終使理智戰勝詩歌和神話，使理智從感情和直覺中分化出來。自從這種分化，遂奠定了西方『爲知識而知識』的傳統，也使希臘文明具備了有別於東方文明的特性。」這些可以說是近代科學未產生於中國的內在原因。科學史家李約瑟歷來對這個問題的探討，集中在地理的、社會的、和經濟的因素。（參看上引拙著第一章第四十四條註文），這比較地是屬於外在的原因。在外在原因方面，還可以有一

㊳ 同前註❶，第二八三頁。

點重要的補充，就是政治的因素。在專制王朝裏，把持天下者，最關心的事，是如何使他的王朝穩定，即使在聖賢的教義裏，甚至也有把「安」看的比「養」還要重要。而科學和工藝的發展，勢必破壞社會的安與穩，這大概就是歷代朝廷絕少積極提倡科技，少數這方面的人才，又掩沒在民間，成爲文化中不入流的角色的重要原因。

五、中國的問題及其解決之道

梁漱溟不只是一個思想人物，同時他也是一個實行家，由於這方面的強烈傾向，使他對中國的問題能從多方面設想。基本的方式上，他追求的是文化意義很濃的社會改造，而政治和經濟的改革，則是要經由社會改造一齊完成，最後的目標是在中國文化的復興。

(一)中國民族自救的最後覺悟

梁先生所了解的中國文化復興，不只是中國文化自身的復興，像以往宋、明儒學之復興原始儒學那樣，而是包涵着開闢世界未來文化的使命——這就是他所說的「民族自覺」。他說：「所謂從民族自覺而有的新趨向，其大異於前者，乃在向世界未來文化之開闢以趨，而超脫乎一民族生命保存問題。此何以故？以吾民族之不能爭強鬥勝於眼前的世界，早從過去歷史上天然決定了；而同時吾民族實負有開闢世界未來文化之使命，亦爲歷史所決定；所謂民族自覺者，覺此也。」㊴「民族自覺」的觀念，在三十年代末，是富有時代意義的。在此以前，爲了解決中國的問題，我們曾嘗試過許多不同的方式，不但未見成效，且是「愈弄愈糟」。這些方式，總是「囿於西洋把戲的圈而不能出」，眞正應該走的路，反爲其所蔽。針對過去的錯誤，於是梁先生向國人宣稱：

(1)我們政治上的第一條不通的路——歐洲近代民主政治的路。

(2)我們政治上的第二條不通的路——俄國共產黨的路。

(3)我們經濟上的第一條不通的路——歐洲近代資本主義的路。

(4)我們經濟上的第二條不通的路——俄國共產黨要走的路㊵。

他引孟子的話：「歸而求之有餘師」。認爲「如再不趕緊回頭，認取自家精神，尋取自家的路走，則眞不知顚倒擾亂到何時爲止㊶！」所謂「自家精神」，就是「民族精神」或「固有精神」，所謂「自家的路」，就是復興中國文化。

這些話針對那些企圖依賴外力來拯救中國的想法，毋寧都是對的。但強調自家精神，並不一

㊴ 梁漱溟，〈中國民族自救運動之最後覺悟〉，第九六頁。

㊵ 同前註㊴，第九四頁。

㊶ 同前註㊴，第九二頁。

定就要排斥他人的精神；走自己的路，也不必然就是排斥其他的路。民主雖產生於西方，他所解決的問題却不只是西方的，那是人類社會共同存在的問題，如果我們拒絕了西方民主政治之路，我們如何克服幾千年一治一亂的歷史悲劇，根除歷史上人爲的亂源？這個問題，顯然不是我們的「民族精神」或「固有精神」所能解決的。「民族自覺」，是要覺悟到我們在思想和精神上依附別人之可悲與可耻，必須重振民族的自信，加強民族的團結，做自作主宰的奮鬥。絕不是因爲過去百年來西風壓倒東風，一旦我們復興起來，就將還他一個東風壓倒西風。梁先生所說「吾民族實負有開闢世界未來文化之使命，亦爲歷史所決定」的話，我看就含有這種意圖。這是誇大狂，不是自信心。爲了滿足誇大狂，梁先生甚至不惜曲解「民族精神」，他在前引那段話後面接着說：「以吾民族精神早超過一般生物之自己保存性，而進於人類所有之寶愛理義過於寶愛生命之性㊷。」如果民族精神是指這個，那麼它是子虛烏有的，因爲世界上絕沒有「超過一般生物之自己保存性」的民族。如果中國開闢世界未來文化之使命，也寄托在這種了解上，也同樣是虛無縹緲的。

梁先生以爲西方文化所做到的是「一般生物之自己保存性」，而由於中國文化的早熟早超過了這一階段，所以他反對「苟爲生命之保存而不惜吾民族固有精神委於塵土」，這大概又是他堅信「今日已是西洋化的中國民族自救運動之終局」而來的成見。我們反對西方帝國主義，拒絕西

㊷ 同前註㊴。

方資本主義，並不能因此連帶着有利於民族生命保存的那一套，也一併棄絕。何況我們的問題，並不在「生命之保存」與「民族固有精神」之間做一抉擇，二者之間是相輔相成的。

當然，梁先生並不是象牙塔裏的人物，他自然十分了解「民族生命保存」這個問題的重要性，他在「中國問題之解決」中就說：「唯有將內部文化補充增高，使其物質與其人漸得躋於外面世界水平線的程度，是其問題解決所必要的功夫㊸。」這話是對的。如果我們在這方面不能趕上水準，民族精神就只能表現爲一時的義憤，無法達到眞正的發揮。梁先生思想上的誤失，一是來自中國文化早熟之見，另一方面則是由於民族深沉的挫折而激起的盲自尊大感，因而導致拒絕西方之路。

(二) 中國問題之解決

針對這個問題，梁先生提出兩點來討論：

(1)中國問題之解決的主動力何在？換句話說，靠什麼人來解決中國問題？

(2)中國問題之解決的方式如何？是改良，抑或革命？

在中國過去，國家大事，一向寄託於少數知識人身上，而最後決定之權，則繫於君王一人，多數人民，完全處於被動的地位。近代由於受外來思想影響，於是有種種革命之說，如梁先生所

㊸ 同前註㊴，第一八二頁。

列舉的，有：(1)全民革命說；(2)各階級覺悟份子團結革命說；(3)農工小資產階級（或小市民）聯盟的革命說；(4)被壓迫民衆的革命說；(5)有產者革命說；(6)無產者革命說。梁先生批評道：「上列各說，有的不能令我們滿意，有的我們認爲錯誤㊹。」他認爲錯誤的是「有產」、「無產」之說，這根本不適於拿來解釋中國的社會。依梁先生的看法，中國社會只有都市與鄉村之別，其中「鄉村居民的痛苦，表現中國問題的灼點」。所以要解決中國問題，必須從鄉村着手，因爲「離開鄉村，卽離開民衆」㊺。

從中國歷史上看，知識人與鄉村居民之間，這兩個動力，一直是互相乖離，上下不相通。在下層的動力不免盲動而無益於事，在上層的動力又因對問題缺乏了解而秉虛見以從事。結果是：(1)搔不着痛癢；(2)背叛民衆㊻。

這是眞知灼見，的確道出了中國歷史上一個嚴重的問題。了解到這一步，梁先生很有信心地對第一個問題提出答覆：「我敢斷言，如果這上層動力與下層動力總不接氣，則中國問題永不得解決㊼。」如何才能接氣？那要上層主動去接引下層，使革命的知識份子到鄉間去，與鄉間人接

㊹ 同前註㊴，第一八〇頁。
㊺ 同前註㊴，第一八八～一八九頁。
㊻ 同前註㊴，第一八九頁。
㊼ 同前註。

近而渾融，「要使鄉間人磨礪變化革命知識份子，使革命知識份子轉移變化鄉間人㊽。」最後要達到二者之間沒有分別。

如果這就是梁先生鄉村建設運動的基本旨趣，那末其中實蘊涵着一場最徹底的變革——這改革的重心，在要求中國人全人格的改造，這就必然要改變價值觀和人生觀。這些如果改變了，則傳統社會所依賴的規律，也就很少能不變了。所以梁先生對第二個問題肯定地說：「中國問題之解決方式，應當屬於革命㊾。」這是實現上述理想必然的要求。

(三) 理想的社會

由前文第三節，我們知道鄉村組織，是鄉村建設最重要的工作之一，現在又可以知道，鄉村組織所以重要，是因爲它是達到理想社會的途徑。

什麼是理想社會呢？梁先生所說的理想社會，就是社會主義實現的社會。基本上這個社會在經濟方面要做到生產與分配的社會化。它成功的條件，繫於進步的生產技術，因爲：

㈠理想的社會，就是「社會掌握生產手段的社會」。在生產技術落後的社會，技術都分散在個別的家庭裏，大部分都不過是家庭副業，生產社會化不但不可能，也根本無此必要。等到技術

㊽ 同前註㊴，第一九〇頁。

㊾ 同前註㊴，第一九一頁。

進步，開始大規模生產的階段，才需要把生產手段交給社會，於是人無私產，生產成果則公平分配。

(二)理想的社會是沒有階級的社會。要使社會沒有階級，必須使大家都同受相當的教育。要想大家同受教育又還有飯吃，那必須生產技術進步到很高很高，人力用的很少，物理的動力（汽機、電機等）用的很普遍才行[50]。

爲什麼理想社會必須是社會主義的實現？從現實社會看，梁先生認爲一切罪惡的源泉，都在財產的私有。財產私有造成嚴重的貧富不均，一方面生產過剩，一方面挨餓的人還是很多，個人生活得不到保障，人人都有危險。資本主義的社會就正是這樣的社會。在這種社會制度下，一面製造罪惡，一面更妨礙人類美德的發揮。必須推翻資本主義的社會，解除生存競爭的壓迫，使生產不復商品化，人們心理不復商業化，人人才得本着志願興趣以發揮優美的個性及創造的天才。社會主義在克服資本主義種種的缺陷之後，又將是怎樣的一個社會呢？梁先生說：「社會主義之所以好，就是在那個時候的人類社會，大家能站在一個立場上，來共同對付自然界，而減除人對人的競爭，也就是說，人類的生存問題，由社會解決，而不由個人自謀。換言之，即對個人的生存問題，有社會來做保障，不像現在這樣在經濟上各自爲謀，甚至於人與人爲仇爲敵[51]。」

---

[50] 梁漱溟，〔鄉村建設理論〕，第二八九～二九〇頁。

[51] 同前註，第二八五頁。

梁先生在描述了理想社會之後，同時也說明了「到理想社會之路」，這條路中西是不同的：

第一，西方國到達理想社會，是先有高度的生產技術，而後再要求社會組織的合理。在中國，由於眼前的形勢不同，需要「兩面同時地輾轉地相携向前進，不能分開。」

第二，在西方一些國家，似是由國家負至大的責任，地方社會則僅負較小的責任。中國的情形將相反，國家僅負較小的責任，而由地方社會負較大的責任。在這裏，梁先生對國家（完全與社會對立，顯然把「國家」與「政府」混淆）採取不信任的態度，以爲中國社會問題的解決，要靠社會自身發生作用[52]。

當梁先生把社會主義作爲理想的時候，那正是三十年代相當流行的思想，也就是在這一時期，中國知識份子普遍地對民主政制喪失了信心。梁漱溟的思想，在許多方面表現了他的獨立思考和獨立判斷，但他仍不能跳出三十年代的「意見氣候」，他對社會主義的種種，只想到它的理想性的一面，根本缺乏批評的眼光。對民主政制，則加以盲目的排斥。距今又四十多年了，梁先生且已生活在一個標榜社會主義的社會裏二十八年，假如他仍能保持當年的思想活力，我想他很有資格像吉拉斯那樣，寫一本〈不完美的社會〉的新書，用親身的經歷，爲社會主義提出歷史性的見證。

一九七七年五月

---

52 同前註50，第二九一頁。

的呈變。

有實在多言教唯講樣，第二本（不完美的）書有一部的著作。用綜合的觀點，從社會主義觀出歷史性往且已生活在一個急劇變化轉變的社會裏二十八年，假如他仍然保持當年的思想語句方，安知他就的往的一面，安本應以此中的現象。談民主政制，則可以盲目的排斥。距今又四十多年了，梁先生相關立料論，但他仍不能除出三十年代的「寡頭貪欲」。他對社會主義的體認，只想到它的理期，中國知識份子普遍地對民主政制喪失了信心。梁先生的思想，在許多方面表現了他的獨立思考，梁先生把社會主義作為理想的思想，並非是三十年代中普遍流行的思想，他並是在這一時期直會自身發生作用●。

近會諸位，國家把「國家」與「政府」（國家）來加以不當在的觀念，以為中國社會問題的解決，是乃來在文，國家擔負較小的責任，而由地方社會負較大的責任。在這裏，梁先生將國家（完全與第二，在西方一些國家，仍是由國家負全大的責任，地方社會則擔負較小的責任。中國的構國，由於彼此的形勢不同，需要「兩面同時並進地相輔而前進，不能分開。」

第一，西方國家注重組織社會，是先有強大的中央政府，而今日要求社會組織的合理。在中梁先生在討論了建設社會之後，同時也提出了「鄉村建設」，這樣中西是不同的。

農村改造的實踐者：晏陽初

——讀〈晏陽初傳〉

這是一本令人震撼的書，書中寫一位對二十世紀人類有重大貢獻的中國人晏陽初。六十多年來晏氏領導的鄉村改造運動，使許多國家成千上萬有能力、有熱情、有理想的青年，走向社會基層建設之路，也使千千萬萬的農民改變了他們貧苦愚弱的命運。他艱苦卓越的奮鬥精神，酷似「摩頂放踵，利天下爲之」的墨子，一生爲平民爭取均等機會，激勵平民本身的努力和由下而上改造社會的方式，與墨子正若合符節。所不同者，這些在墨子僅是一套理想，而晏陽初却把理想與現實結合，及身看到夢想的實驗，並正向歐、亞、非及中南美擴展推廣中。

晏陽初是人類歷史和命運的挑戰者、革新者，他的經驗，他的方法，與改造運動的過程、成效，都是史無前例的，他關懷的對象與具有高度效驗的社會實驗，對未來人類的心靈結構及思考模式，都可能產生深遠的影響。

一、世界的偉人

一九四三年五月二十四日是哥白尼逝世四百年紀念日，有一百八十名傑出的教育家科學家在紐約集會，會中表揚十位「現代具革命性貢獻的世界偉人」，其中包括物理學家愛因斯坦、哲學家杜威和晏陽初，表揚狀上稱他爲「傑出的發明者」，委員會主席安吉爾讚揚他所做的是「革命性工作」。晏氏所以能獲得如此崇高的榮譽，完全是因爲他奉獻平民的工作。

一九一八年夏，晏陽初在耶魯大學畢業後二日，卽赴法國戰場參加基督教青年會主持的華工服務工作，他教華工識字，並辦「華工週報」，在與華工朝夕相處中，首次發現中國苦力的卓越品質與高度的學習潛能，這個發現使他決定有生之年獻身爲最貧苦的文盲同胞服務，不爲文人學士效力。一九二〇年秋，晏氏懷着推行平民教育的決心返回祖國，爲了解國內情況，足跡遍歷十九省，隨卽在煙臺，長沙，嘉興、杭州等地實施平敎，革新敎法，引起熱烈反應。一九二三年平敎總會在北京成立，以「除文盲，作新民」爲宗旨，以「解除苦力（農民）的苦，開發苦力的力」爲目標，繼續在南北推廣，當時能認識此一工作價值的人很少，平敎總會又純屬民間機構，經費多半賴少數私人自動捐助，因此時感拮据，備嚐艱苦，却有一批原擔任大學教授的高級知識份子參與工作，爲後來推展鄉村改造運動必須的犧牲奉獻精神樹立了典範。

一九二九年在河北定縣開始的實驗，使平教運動進入新階段，這在人類史上是一次空前艱鉅的創舉，要把現代農業科技引入農村，要教知識份子澈底清除自滿自大的心理深入民間，接受「再教育」要先做農民的學生，然後才能向農民灌輸新知識新技術。晏陽初與參加工作的同仁都深感任務重大，因科學實驗可經歷多次失敗而不礙其最後的成功，社會實驗却只許成功，不能失敗，失敗了將使農民對改造運動失去信心。這批具現代知識優良訓練的知識份子，還懷着一個遠景，相信這次實驗成果，不僅對中國將大有利益，對世界其他各國農民生活的改造也將有楷模作用。五十年後，中國定縣社會實驗場，已成為世界許多國家從事鄉村改造工作者心中的一塊聖地，當年博士下鄉的精神也成為後來無數優秀青年獻身這一運動的一大激因。

定縣實驗主要在研究建立鄉村改造實際有效的方案，要知識份子與一字不識的農民長期相處，顯然是一個難題，晏陽初要同仁們切記，一方面尊重農民的傳統，同時念念不忘本身目的在創造一新社會，而當前要改造的社會原是一歷史悠久的社會。當時他們用中國化的社會科學技術來克服這個難題，用文字、生計、衞生、公民訓練的四教並重、連環進行的方式，達到改造鄉村的目標。更重要的是，所有革新計劃，全有本地農民參與，以表演作教授，用動作來學習，以便使新技能生根於當地。

「七七」事變，中國全面抗戰，平教總會同仁南下，在滿天烽火中仍繼續在華中華西進行工作，一九四〇年又在四川繼定縣育才院設立鄉村建設學院，為鄉建培養領導人才。在各地的鄉建工作，經因地制宜修正後，證明定縣實驗的方案，確具推廣性。自定縣起，總會經費主要來自美國民間的捐助，這個運動曾獲美國各界領導人物的大力支持。

二、農復會的創始者

一九四三年初晏氏應政府邀請赴美組織「戰後問題中國研究小組」，並爲學院募款。日本投降後，爲了中國戰後的重建，晏氏憑着二十多年的工作表現所獲得的國際聲望，在美國四處奔走，不遑寧處，苦心孤詣，舌焦唇乾的努力，才促成一九四八年在美國政府支持下成立中國農村復興聯合委員會。同年五月，晏氏發表「開發民力建設鄉村」論文，有謂「我們並不是根本無力，而是我們的『力』被湮沒了，被壓抑了，被摧殘而扼絕了」。晏沉痛地說：「中國的農民負擔向來最重，生活却最苦，流汗生產是農民，流血抗戰是農民，繳租納糧的還是農民，有什麼『徵』，有什麼『派』也都加諸農民，一切的一切都由農民負擔！但是他們的汗有流完的一天，他們的血有流盡的一日。到了有一天他們負擔不了而倒下來的時候，試問：還有什麼國家？還有什麼民族？所以，今天更迫切的需要培養民力充實民力的鄉村建設工作」。不幸，農復會在南京成立不久，工作剛展開，大陸卽淪入共黨統治，農復會遷臺後，晏陽初去了美國。三十年前開始推展平敎運動時，晏就決心以中國爲實驗場，然後推廣到世界各落後地區，於是國際平民教育運動委員會旋即在紐約成立。為尋求一新實驗場，他起程訪問菲律賓、印尼、泰國、印度、巴基斯坦、黎巴嫩、敍利亞等國，由於學校教師熱誠，政治比較穩定，又極少外來侵略危機等理由，最後選定菲律賓，菲國於一九五二年組成鄉村改造運動促進會，並展開工作，到一九六七年又創設國際鄉村改造學院。這些年來，第三世界各國、美國教會、日本都派人前去接受訓練，這個學院已成為全球鄉村改造工作的中心。目前瓜地瑪拉、哥倫比亞、泰國和非洲的迦納，都有實驗場推行鄉村改造，也都獲得令人鼓舞的成效。八十九歲的晏陽初，仍經常往來美國與菲律賓之間，為平民服務的理想奮鬥不懈，獲得這些國的領袖們一致讚揚，下面是兩個具代表性的例子：菲律賓總統馬可仕授以最高平民獎章：「尊敬他的偉大精神，同情那些生活不好的人們，全部並且毫不自私地獻身於改善人們的情況」。瓜地瑪拉總統 Kjell Euqerud Laugerud Garcia 以最高國鳥勳章贈授：「這並不只公開讚揚晏陽初博士在瓜地瑪拉永不休止地努力發揚農民自己的潛在力，以改善他們自己的生活；而且也是表彰他為世界人民和永久和平所做的工作，解救在饑餓、無知、疾病、被壓迫的種種災害中的男女。當許多人還在被這些禍害纏擾時，政治自由，只是一句空話。……國鳥是一種不能在囚禁中生存的鳥，象徵自由，是人類最珍愛的精神寶貝」。

三、救國必先救民

六十多年來晏陽初以「科學佈道人」的精神，在世界各地從事人類最艱辛的工作，在人類史無前例的工作中，已發展出一套獨特的思想體系：鄉村改造哲學。這套哲學整個的焦點在全世界貧苦大衆的關懷，最早則醞釀於中國實驗場的經驗。當國共鬥爭最激烈時，大多數中國人和美國人都認爲中國急需鐵路、工廠和強大的軍隊，晏陽初的了解和他們不同，他認爲「在一個不識字，吃不飽的民族基礎上，是不能建立現代軍隊和經濟的。任何經濟或政治的改革，若想持久有效，必須在民衆裏面打下根基」。當時中美兩國政府都爲中國共黨問題而焦慮，晏指出：對付共黨的有效所在，不是戰場，而是鄉間。如官吏的腐敗和民衆的愚魯貧困這些足使共產主義發榮滋長的條件存在一天，則總有一種共產主義存在的。依晏陽初，中國當代的兩大問題：現代化和消滅共產黨，都必須從鄉村改造做起，所謂救國必先救鄉，救鄉必先救民。

晏陽初幼年所學的「民爲邦本，本固邦寧」的古訓，經過六十多年的平敎運動，早已成爲鄉村改造哲學的基本原理。這個古訓兩千多年來一直爲儒者傳述不輟，但始終停在理想層次，用晏氏的概念來說，是停留在「應該」或「怎樣了解」(Know-how) 的階段，沒有發展成爲平民大衆們實用的「怎樣做」(do-how)。要發展出「怎樣做」，就不能單靠書本知識，必須親自下鄉與平民大衆生活在一起，了解他們的生活環境、文化背景、心理反應，了解他們的學習能力和經濟上所能負擔的程度，要做好這些工作，需要第一流的頭腦和訓練的專家，鄉村生活貧苦簡陋，還必須有犧牲奉獻的精神，人類史上恐怕從沒有一大批知識份子這樣去做過，此所以使當年的定縣實驗在歷史上具有不平凡的意義。

定縣實驗場是一個創始，參加工作的有幾位是受過現代科學訓練，在美國取得最高學位的博士，經過調查、試驗以及長期向農民學習的過程，終於爲鄉村改造哲學發展出一套有效的方法，這個方法可凝縮爲一句格言：「科學簡單化，農民科學化」。希望把現代農業科技，在最簡單最經濟的推廣制度下普及民間，這樣既可增加農民收入，又可逐漸培養農民科學頭腦。不論是定縣的育才院，或是後來成立的國際鄉村改造學院，都以「科學與農民的橋樑」自任，就是要用教育的傳授制度，打通科學技術與農村居民的隔閡。「科學簡單化」即溝通兩方面距離的方法，也就是將專家了解的技術知識轉變爲農民知曉怎樣的實用方法。因農民的時間金錢都有限，一切設想必須適合農民能力，所以「簡單」、「實用」、「經濟」是將科學技術傳授農民必須嚴格遵守的三大原則。爲了推廣的需要，國際學院創立後，又增加一項「農民學人」的訓練計劃，在稻谷、蔬菜、水果、飼料、家禽、牛、猪的成長和鄉村合作社業務等方面，每人接受一項訓練，結業後每一「農民學人」即以所學轉授五名「表證（親自操作證明農技的有效）農民」，然後由「表證農民」訓練「推廣農民」。這一農民領導農民的方式，可大量培養鄉村農業技術的人員。

三大有了正確的方法，再進一步是設計實際有效的工作方案，這個方案必須對實驗區的社會情況有全盤的了解，然後根據需要，配合原則，才能逐步發展出來。定縣實驗所得的方案分四大部門：⑴文字，以掃除文盲為目的，藉此可使農民認識外在世界，並激發其學習的潛能。⑵生計，除改進農產品質增加產量之外，還復與農村手工業，研究改良其技術，並應用合作原則，建立聯合經營的組織。⑶衞生，根據農村實況、人民生活、各國經驗，充分利用科學，建立一科學的、社會本位的、教育的、治療與預防並重的衞生工作制度。⑷公民訓練，是要透過教育發展社會團結的力量、啓發民族的自覺、訓練自治的能力，培養其奉公守法的精神。把這四種教育聯鎖扣合起來，成為整個的農村改造工作，以提高人民的知識力、生產力、健康力、組織力，以解決鄉村社會亙古以來就一直存在的貧、弱、愚、私四大病患。

四、第五自由

晏陽初的思想裏，有一項「第五自由」的主張，深刻而具遠見，這個主張無異是為平教運動的國際意義做了一次有力的闡釋。一九四三年，晏氏接受「現代具革命性貢獻的世界偉人」一表揚後，聲望大增，與美國各界領導人士廣泛接觸中發現大家對戰後的世界都很關切，他想，如趁機把自己的觀點提出來，應是一很好時機。根據他長期的工作經驗，堅信定縣的四大教育，普及到世界落後地區，才是落後國家實行民主以及全人類走向和平的重要基礎。當時美國總統羅斯福的「四大自由」（言論、信仰、免於匱乏、免於恐懼）的號召，頗引起世人的注意，晏陽初認爲這四大自由還不夠，全世界三分之二以上的人感覺更重要的「自由」，是四種自由之外的第五自由：「免於愚昧無知的自由」。隨卽由晏氏口述與美國作家 Mr. J. P. McEvy 合作寫一書：〔免於愚昧無知的自由——平民教育實用手册〕，J. P. McEvy 並將其綱要縮寫成文：「中國教師的特使：晏陽初」，刊於是年十一月的〔讀者文摘〕，文末引晏氏警句云：「全球三分之二的人都陷於苦力階級」。「沒有一國能超越其民衆而强盛起來的，只有這許多大衆——世界上最豐富的尙未開發的資源，經過教育而發展，且受教育而參加他們自己的建設工作，否則將沒有和平可言」。「平民教育將造就每一個人成完全的人，那時他就是任何其他人的兄弟」，「我謙恭地相信：世界需要這一爲世界民主、世界和平的教育。這樣，我們不只能擁有四大自由，還有第五自由：比較其他四項都顯得偉大。沒有它，我們如何能有四大自由？這就是免於愚昧無知的自由」。

晏陽初的工作和思想，對人類的啓發是多方面的。他的工作是開荒性的，思想是爲了解決工作中遭遇的問題，因此，思想不僅具有創發性，且洋溢着感人的熱力與智慧。他有佈道人的奉獻精神，但從不向無奈的大衆宣揚天國的信仰，他的工作是要把地獄般的落後社會改造成人人得溫飽並充滿自信的樂園。一百多年來，知識份子熱衷於尋找解決中國問題的方案，絕大部分都是紙上作業，晏陽初却把他的理想實現於人間，他的實驗，他的思想，不僅提供重新了解中國問題的臺灣在十年前的釣魚臺運動之後，有不少青年對社會責任有很大的覺醒，於是自動參加社會服務的青年多了起來，有的則興起下鄉熱情，一旦踏入社會現實，立刻就碰到困難，因而退縮。下鄉去你知不知道應先向平民學習？生活上能不能與平民打成一片？有沒有能力協助平民解決問題？懂不懂得因時因地制宜的方法？這些在學校教育中多半是學不到的，自然會有困難。這些困難與晏陽初的工作相比，實微不足道。以後這方面的有志青年，如能向晏陽初學習，必可獲得最有價值的經驗和精神上最大的鼓舞。

吳相湘先生是苦心人，是深通民族憂患的史學家，他在本書前言中說：「時代是進步的，現代青年所受教育只有更勝於五十餘年以前。固然教育制度需要澈底改革，青年們尤應有『大丈夫當如是也』的志願，獻身於救民救國的基本工作，否則國族不強，國人何有前途」！吳先生這部叫人震撼的鉅構，實是對這一代青年的最佳獻禮，希望能有聞風而起者。

前天報上讀到林懷民的：「廖醫師走了！」（聯合報七十一年十月八日副刊）十分感慨，廖慶源是蘭嶼唯一的醫師，他抱着史懷哲式的犧牲精神在那裏爲迷信、落後的居民服務了一年四個月，現在却被徵召服兵役，他是僑生，原可免役，因爲工作太忙沒有辦一種手續，結果被強入兵營。一種制度不可以隨便開特例，這是對的，但像廖醫師這種特殊情形，似乎應考慮有個變通的辦法，這樣做絕不會引起「羣起仿效」，也絕不應該有人反對。今天消息，知道有位黃素霞女士，受過醫技訓練，願意去蘭嶼做第二個「廖醫師」的助手，令人感佩！一九五四年晏陽初在菲律賓展開工作不久，當時菲國總統麥格塞塞原以為大學生都嚮往都市白領階級的生活，不會有人願意跑到農村去吃苦。晏氏根據以往在國內的經驗，堅信每一國家青年知識份子，都具有促進國家強盛繁榮人民安居樂業的懷抱，只要有偉大且切合實際的號召，青年人非木石，一定會有熱烈響應的。後來的事實，證明他的想法正確，菲國總統非常驚喜地對晏陽初說：「你眞做到了，不可能的事已成為事實出現了」！

六、自省•同情•了解•團隊

第二，晏陽初領導的鄉村改造運動，沒有前例可援，中國自古以來，也從沒有大批學有專長的第一流人才下鄉為農民服務的。作為一個優秀領導者，只要能提出動人的理想，有效的方案，凡事又能以身作則，號召青年知識份子參加工作，這還不是頂難的。在一九四九年以前，參加「平教總會」的工作同仁多達五百餘人，要使這樣多的知識份子合作無間，發揮團隊精神，且要各盡所能，達到最高的效率，實乃至難之事。當時他們是如何克服這些難題的？(1)當晏陽初發現各部門人員對工作缺乏熱忱時，首先是自我檢討、反躬自問：他們不和我們融洽，是不是由於我們對待他們的態度和方法所引起的？時常是一件正確好事，却因不適當的精神表現引起誤會。經過深思反省以後，精神和態度改善，尤其是親自的、個別的單獨對談，大有助於開擴心胸，使同仁們相處好像兄弟一樣。他回憶：這樣親自的個別的單獨會談是基於相互共同的尊重、誠意、坦率的精神，運用於增進更好的了解和合作，是極少不成功的，歷史上的大儒，曾用同樣的方法去改變學生的氣質，創造道德人格。晏氏常說要善用優良的傳統，這就是一個例子。可惜，在現代我們的教育體制裏，這個傳統早就丟棄了。(2)如何使工作同仁各盡其能呢？晏陽初說，他應用同情與了解以協助同仁減少他們的弱點，不使他們有維護自己短處的機會。另一方面，儘量給予他們表現自己才能的每一機會，用其長去其短，使他們對整個工作都有很大貢獻。(3)培養團隊精神，主要是透過民主式的討論。每週按時舉行高級專家與行政人員共聚一堂的會議，自由且坦白發言討論一切問題與計劃。在表決之前，每一出席人都有表示他自己意見的自由和權利，一旦表決成立結論以後，就是經過民主程序而產生的「集體意志」和「集體貢獻」，任何一工作同仁就有道德的和法律的義務遵行這一決定。「集體意志」和「集體貢獻」後面就是「集體力量」、「集體紀律」。這比較官僚衙門的統制更有力量，是獲致每一同仁充分合作的最穩健最有效的方法。

一九四三年，蔣廷黻到定縣實地考察後，寫「平教會的實在貢獻」一文，目睹「把科學和農村連合起來」的事實，不得不承認「以往我自己的印象錯了」。又提到教育，他說：「平教會的教育是眞正活教育，平教會實在是用教育來造新國民。誰能看見這些新國民的服務精神而不受感動，而不對民族前途抱樂觀呢？倘若國內大學的畢業生能有平教同學會畢業生的精神，中國的復興是指日而待的」。為什麼一個民間機構能做得到的，而政府却做不到呢？目前臺灣農村問題叢了將來，成功的農村建設經驗絕不可少。我不知道現在農政官員是否還像當年晏陽初所指摘的，有的大學教授甚至連農學院院長都沒有見過農民；但在政策上，顯然沒有給予農業與工商同等的重視，使農民成爲臺灣繁榮的犧牲者。舒瑪琦在〈美麗小世界〉書中指陳：「現代世界的通病乃是城市與鄉村的不平衡，以及財富、權力、文化、公共注意力和希望上的不均衡。前者日形膨脹，而後者日漸式微；城市變成磁石，而鄉村生活顯已失其風味。但是，正如健康的心靈寓於健康的身體一樣，城市的健康亦寓於鄉村的健康」。我們是開發中國家，對工業化、都市化的弊病，應有警覺，更不可忘了我們中國仍將是一個以農爲主的國家，爲了未來而樹立「臺灣模式」，中山先生「振興農業」的遺教依然有效，晏陽初的「中國前途希望在農村」的遠見，更值得我們深思。

一九八一年十一月三日

晏陽初農村改造的思想

自從一九八一年我讀完吳相湘教授撰〈晏陽初傳〉，寫了一篇「鄉村改造的實踐者——晏陽初」後，就一直想再寫一篇關於晏陽初思想的文章，在醞釀的過程中，我注意到一九四五年舊金山市參事會決議尊敬晏爲該市榮譽公民，尊敬狀上說「晏是經東西方各權威人士公認的眞正哲學家與人道主義者」。此外，一九七二年六月十八日，被菲律賓人尊之爲「民衆之人」的 Manuel P. Manahan 於馬尼拉時報發表「晏陽初：爲平民的十字軍人」一文，也稱晏爲「人類偉大思想家」。他們稱晏爲「哲學家」或「偉大思想家」，主要是因他在鄉村改造運動中表現了一套極具創意的思想。

現在我就要探討，這一套極具創意的思想，它的內容是甚麼？據我的了解，大抵由下列四個成分所組成：(1)儒家的民本思想；(2)基督教的聖經；(3)科學的方法；(4)民主的思想。儒家「民爲邦本，本固邦寧」的民本思想爲鄉村改造運動提供了最高的領導原則，聖經所啓示的基督精神，則是這個運動主要動力的來源，科學方法乃解決農村問題的有效手段，民主則代表這個運動在現代中國所要達成的現實目標。

一、使儒家民本理想落實於現實努力

「民爲邦本」之說，是中國傳統裏民本思想的源頭，就這個理念發展出來的民本思想有下面幾個要點：⑴當政者應重視民意；⑵民貴君輕；⑶政府應以愛民利民爲主要工作；⑷人民的好惡足以左右國運。這幾個要點在孟子以前已全部發展出來，但歷經兩千多年，始終仍停在理論思想的層次。試問要求當政者重視民意，希望政府能做到愛民利民，可是當統治者的所作所爲不符合要求，甚至與所希望的完全相背時，又該怎麼辦？中國幾千年來的知識份子，在長期違背民本理想的事實之前，能說幾句悲憤抗議的話，已很難得，但僅止於悲憤抗議，對殘酷的事實並不能有多大改變。到了清末民初，知識份子在西方文化衝擊下，受了民權意識及社會主義的影響，似乎有了一些進步，但也只能在報紙上發表意見，再三強調「改進平民生活」、「免除平民壓迫」、「實行八小時工作制」、「保障農民利益」等。這些在晏陽初看來，仍不脫傳統士大夫的高談濶論，對這些問題却提不出具體可行的解決方法，事實上也沒有認清問題的核心。

中國問題的核心，是在四萬萬國民（晏氏發表此見解在三十年代中期）絕大多數未受教育，因此產業不興，生活艱窘，甚至窮民饑莩，遍地皆是，根本談不上生產力。另一方面，國人又勇於私門，而怯於公戰，輕視公義，而重視私情，根本缺乏團結力與公共心。晏氏感嘆地說：「以如是的國民，來建設二十世紀的共和國家，無論採用何種主義，施行何種政策，一若植樹林於波濤之上，如何可以安定得根！」

晏陽初於二十年代開始在中國境內推展的平敎運動，就是基於以上的認識。他擔心偌大一個民族，如不能讓他們接受最低的敎育，將無法生存於知識競爭的世界，因而可能影響及於全世界的禍亂；他對有五千年歷史，自尊爲神明貴胄的黃帝子孫，於二十世紀文化却無所貢獻感到慚愧。因此，「四顧茫茫，終夜徘徊，覺舍抱定『除文盲、作新民』的宗旨，從事於平民敎育外，無根本的事業，無最偉大的使命，無最有價値的生活」。有了這種覺悟並確立了目標之後，遂決心「發宏願，奮勇氣，本愚公移山的精神，盡心竭力，努力於平民敎育，爲培養國家的元氣，改進國民的生活，鞏固國家的基礎」。所以晏當年領導的平敎運動，實是使中國「民爲邦本，本固邦寧」的古老理念，首次落實於現實的努力之中，並使它有了全新的意義。其間根本不同之點，是傳統的民本思想寄望於統治者的德政和恩惠，是由上而下的方式；而平敎運動要努力使人民本身能自立自新，通過文藝、生計、衞生、公民的四大敎育，不僅要解決中國人生活上愚、窮、弱、私的病根，而且要增進他們的知識力、生產力、強健力與團結力，這樣才眞正有希望培養出新中國的新民，這是由下而上的方式。這個方式不僅當年在國內定縣等地的實驗成效卓著，近三十年來經因時因地制宜的修正，實施於泰、菲以及非洲和中南美洲若干國家，也一樣獲得成效，證明它是解決鄉村或農民問題的具體可行的方案。

「作新民」這個觀念在傳統儒家，著重道德效果的意義。淸末梁啓超作「新民說」，是針對中國過去缺乏公德、權利、自由等觀念而提倡的一種新道德。不論是舊道德或是新道德，所謂「新民」之「民」只適用於少數讀過書的人。可是在晏陽初所領導的平敎運動中，「作新民」之「民」所指的却是自古以來被忽視，在數量上又佔絕對多數的農民，這在人類社會史上眞是哥白尼式的革命性觀念。以往讀書人雖同情農民的「苦」，却沒有發現農民的「力」。晏陽初於一九一八年因往法國爲華工服務，與華工相處一年的經驗，使他認識到中國農民的智慧與能力，只可惜缺乏讀書求知的機會。這個經驗使他決心在有生之年獻身爲最貧苦的文盲同胞效力。從此六十餘年間，「強國必先強身」、「建鄉必先建民」，以及「解除苦力（農民）的苦，開發苦力的力」，就成爲他在世界各地領導鄉村改造運動奮鬥的基本目標。

二、以基督的精神獻身於農村改造

當一九二九年晏陽初率領一批高級知識份子（其中有八位博士），帶着多年研究而成的鄉村改造方案，到定縣實驗場實驗，實是揭開歷史新頁的空前壯舉，他們面臨的挑戰是史無前例的，而且晏強調，科學實驗可以千百次，但社會實驗第一次就必須成功，絕不能失敗。中國知識份子雖多半來自農村，但並不關心農村，更不了解農民，這些高級知識份子所受的又都是西式的教育，現在進入窮鄉僻壤，要與農民朝夕相處，該是多麼的艱難！要了解此一壯舉背後的動力，應知晏陽初夫婦都是虔誠的基督徒，馬太福音：「沒有任何事情是你們不能做的。」又說：「有信心的人，甚麼事情都是可能的。」但是，信心只能強化人奉獻的意願，在實際的工作中究竟如何去了解問題解決問題，還是要靠人能做正確的思考並運用人的智慧。依據耶穌基督深入民間的啓示，可以使知識份子以農民的僕人自處。可是這僕人又如何能發揮改造農村的功效？這就不能僅靠信仰。在這裏，晏表現出他的思考力。他認爲知識份子要去教育農民，必須澈底清除一向自滿自大的虛矯心理與傲慢態度，並虛心誠意深入民間，向農民學習，先做農民的學生，接受「再教育」，然後才可以與農民亦友亦師，向農民灌輸新知識，教育新技術。這個過程晏稱之爲「自我革命」。也就是說，當你以「爲中國作新民」做努力目標時，你自己也要同時改造成適合這一運動需要的新人。

由於晏陽初自幼就受聖經薰陶，他不但常以「科學佈道人」、「自由十字軍」的精神自勉勉人，甚至在解釋這一運動的意義及從事運動者的條件時，隨時都不忘提撕這種精神的重要。例如他說明定縣實驗的六點意義時，其中第五點就說這是「佈道」的運動。又如他以爲要立志做一個改造鄉村工作的十字軍人，必須具備的四個條件，除了能力、創造力、品行之外，還有奉獻，因改造農村工作是長期性的事業，你必須長期居住於粗野的鄉間與農民共同生活。如果沒有堅強的奉獻決心，可能開始有熱心，却不能支持長久，甚或知難而退。歷史上的各大宗教，都曾爲人類帶來不同程度的災難，尤其當宗教與政治權力結合時，給人類的災害誠不可勝言，但至少有一點絕不可抹煞，卽能激起人類犧牲奉獻巨大動力的，多半要靠堅定的宗教信仰。晏氏爲全球鄉村改造奮鬥六十餘年，爲人類塑造了一個前所未有的新典範，他始終努力不懈的動力，無疑是來自他的虔誠信仰。由於他堅定的信仰，往往現身說法，無不動人感人。他是一虔誠基督徒，但他從不藉平教運動傳教，他主張宗教上或黨派上的信徒，應任國民的自由意志去選擇。他不傳教，但把宗教信仰所產生的動力引向一個比傳教更重要更合理的方向上去。他一心爲平民，但不忍用宗教去麻醉他們，更不願用教會的財力去救濟他們，他有句名言：「不要救濟，讓他發揚。」因救濟頂多只能救急於一時，並不能解決問題，讓他們發揚是要開發他們的潛力，讓他們自立自強，憑自己的能力去解決切身的問題。

晏陽初領導的鄉村改造運動，從中國平教總會起到非律賓的國際學院，爲了能自由研究、自由實驗，始終保持爲民間的獨立團體，因此缺乏固定基金和常年預算，僅賴各方捐款，這當然增加運動推行的困難，但晏認爲「寧願窮苦而自由」，也「比較作爲某一機構的工具而富有意義」。尤其是在中國推展的二十多年中，更是內戰頻仍，烽火連天，卽是在八年浴血抗戰中，平敎運動始終如火如荼般在進行，其可能遭遇的困難必百倍於平時，如果沒有耶穌基督般的獻身精神，是很難想像的。約翰福音：「我所給你們的，跟世人所給的不同，你們的心不要愁悶，也不要恐懼」。晏也喜用同樣的話勉勵同仁。有一次非律賓鄉村會會長告晏：「沒有存款了，怎麼辦」？因當時正要支付薪金，晏安慰他：「不要發愁，事情會解決的」。翌日，果有四張支票寄到。晏回想平敎總會時代，窮苦得如教堂裏的老鼠，時常因無款支用而仰屋嘆息的境況，一重重的難關還是度過了。到非律賓時期，晏氏根據以往在中國工作的經驗，不時勸勉同仁：「金錢不足憂，只要堅定信心，努力爲村民服務，有具體工作表現，各方捐款自動會送來的」。晏眞是親自體證了哥林多後書「因爲我們活着是憑信心」的話。

晏陽初的朋友曾形容他有擅長講話的口、精巧撰文的手、勤於旅行訪問的腿。靠着擅長講話的口，到處說明平敎運動的成效，以及鄉村改造對中國復興的重要，使捐款源源不斷，並於一九四八年說服美國當局成立了「中國農村復興聯合委員會」。勤於旅行訪問的腿，使他踏遍第三世界的農村。在他用「精巧撰文的手」所寫的許多文字中，最令人感動的大概是一九四八年五月十四日於上海「大公報」發表的「開發民力建設鄉村」一文，此文充分表現出一個人道主義者爲民請命的精神，在當時中國混濁的局勢中，他的聲音簡直像耶穌在曠野裏的呼聲。文章說：「目前的世界還是個唯力是視的世界。」「我們中國雖經過八年英勇的抗戰，到今天還是一個無力的弱國，仍然爲有力者所支配。」「其實，我們並不是根本無力，而是我們的『力』被湮沒了、被壓抑了、被摧殘而扼絕了。」「究竟中國的『力』在甚麼地方呢？它潛藏在廣大的佔有全世界人口五分之一的老百姓當中。幾千年來他們就這樣勤苦地、天眞地、渾樸地，流出他們的血汗。他們應

第一要素。因爲多少世紀以來，科學、技術和全球約三分之二的農民之間，存在着極大的鴻溝，如何溝通並拉近這一距離，是對二十世紀世界上優秀科學家的一大挑戰。晏回顧五十年前在定縣的實驗，當時就進行試驗，研討如何簡單化最關重要的科學，如農業、保健等，使在一呎深的泥淖和水牛一同耕作的農民，能夠了解並應用。一個科學上的專家，要怎樣才能符合此一要求？晏認爲專家也和其他工作人員一樣，都必須經過一時期參與田野實際工作的「再敎育」，讓他們在這過程中去發展一新的社會認識，並思考如何有效地提供其專長於四育連環的計劃中。

使專家們的「怎樣了解」成爲農民們實用的「怎樣做」，此一科學應用的創舉，從定縣實驗場就開始實驗，並嘗試把實驗過程建立起一套制度。最初平敎會的專家注意的重點，是如何能把農業科學的研究結果，於最簡單最經濟的推廣制度下普及民間，使達到既可增加農民收入，又可逐漸培養農民科學頭腦的目的。專家們深切了解，要使農業科學化，只可漸進而不能突變。因此要敎導新法必須了解農民原先生產的土法，先就土法研究改良逐漸達到應用新法的目的，這樣在農民舊習慣的改變上才不難適應。這點認識，關係到定縣實驗的成敗很大。他們不只是在農業科學化方面注意農民原有的習慣，在社會建設方面亦復如此，他們是在尊重農民傳統的前提下創造新社會，認識農民的優良品性，才能取得對方的尊敬與合作。所以信任平民的卓越品質，遂成爲平敎運動的基本敎導方針。

在定縣的實驗中，終於發展出從研究、訓練、表證到推廣的順序而進的四個階段，爲科學進入農村、專家與農民結合奠定了制度化的基礎。平教研究部先研究了定縣農民實際上究竟需要那些農業科學知識，並做實驗，這樣才能使各項工作切合當地的現實，給予有效的協助。其次是訓練執行計劃的人才，在各地平民學校，將實驗所得做現場表證，表證就是以表演作教授，使農民用動作來學習。最後一步是把以上的經驗推廣到定縣全境。這個制度到菲律賓時期，又有「農民學人」的訓練計劃，使傳佈農業技術給農民的制度更能有效地推展。

科學在農村的實驗，終於結晶爲「農民科學化，科學簡單化」的簡易目標。「農民科學化」是培養農民科學頭腦，使他們在切己的問題上能運用科學知識和方法去解決，以增進其生產及健康等的力量。「科學簡單化」是經過實驗再實驗，爲溝通並拉近科學技術與農村居民之間距離的有效方法。「簡單化」之外還要講究「實用」與「經濟」，「簡單」是顧及農民所能接受的程度，「實用」才能提高農民學習的興趣並滿足其需要，又因農民貧苦，時間金錢都很有限，所以要他們學習新知識新方法，必須嚴守「經濟」的原則。

歷史學者蔣廷黻在前面提過的那篇文章裏，對定縣做的「科學和農村連合」的實驗，有很生動而客觀的評論，他說：「科學——自然科學及社會科學——好比一個泉源，平教會開了溝渠，接上管子，把泉源的水引到民間去了。換句話說：平教會的試驗找到了改造中國農村的技藝和方案。」

如前所述，我們已了解自然科學方法在農村實驗和應用的大概情形。至於社會科學方法在農村的應用，又是定縣實驗的另一創舉。晏陽初說：「改造農村所切要者，在於用科學方法，取我國鄉村生活，加以翔實精密之調查與研究，俾全部鄉村生活情況，得以整理。彼此關係牽連之處，皆有頭緒可尋，庶使改良事業，有所根據而進行，困難問題有憑藉而解決。此鄉村生活調查，所以尤爲當務之急。」由此可知，社會科學的應用在整體的鄉村建設中，有其基本的重要性。在工作過程中，自然科學的實驗與社會科學的應用是相輔相成缺一不可的，所以「怎樣認識科學與技術」是鄉村改造工作的第一要素，「如何認識社會」就成爲第二要素。

用社會科學的方法從事定縣的社會調查，使晏陽初發展出「中國化的社會科學」的新理念，是他的思想具有創發性的又一明證。晏爲〈定縣社會情況調查〉寫序，說明這一工作的重要性是在調查事實認識環境，作爲鄉村改造的依據。同時說明這一工作困難，是從事調查的人，旣要了解現代社會調查的科學理論以及方法與技術，又必須能顧到中國的民間生活狀況而規劃出適合中國情形的方法及技術。即如擬表格，就得特別注意要與農民心理、風俗、習慣、生活相應合；又要顧到所問須使他們能回答。他們所能回答的，又是我們所需要的。晏希望平教總會在定縣的社會調查對於中國的社會科學之研究能有兩點貢獻：第一，定縣實地調查的學術研究完成以後，中央政府才能有方法上的一種根據，可以作大規模的全國或全省的調查，才能希望得到社會事實的眞相。第二，以中國的社會事實一般的學理原則，促進建立「中國化的社會科學」。近年臺港兩地的有關學者開始提倡「社會及行爲科學研究」的中國化，比晏陽初晚了五十年。

四、鄉村改造與民主的關係

吳相湘教授說：「定縣實驗目的之一，在尋找適當實用的鄉村改造方法和途徑，對古老落伍可憐的農民給予新的生活力，並且要自下而上爲中國民主政治建立堅實基礎。」下面我們就要探討鄉村改造與中國實行民主的關係，以及晏陽初對中國如何實現民主的見解。這一點不僅被我們討論民主的知識份子所忽略，即連關心鄉村改造運動的人士，也沒有給予適當的重視。鄉改運動始於平民教育運動，平民教育的主要目的，是希望做到孫中山先生所說的「喚起民衆」或促使民衆的覺醒，一個國家如不能全力培養這個條件，就不可能成爲眞正的民主國家。

自「五四」新文化運動以來，一般知識份子談民主，多半是着重在觀念與制度，這當然是重要的，但像中國這樣一個人口衆多，加上長期戰亂，絕大部分人民都極端窮困的情況下，要實行民主顯然不只是觀念與制度的問題。在這方面，晏陽初的看法與衆不同。一九四八年四月間南京正在召開國民大會，選舉中華民國立憲後第一任正副總統，許多人都以爲中國從此可以實行民主了。晏氏則仍堅持他一貫的想法，他說：「今日中國要求安定要求繁榮，要眞正實行民主，都必須從這爲人民謀福利的基礎上努力。」「尤其實行民主，人民在文化政治經濟各方面的基本力量——知識力、生產力、健康力、組織力——未曾發揚出來，如何談得到眞正的民主呢？」在當時，他覺得除了對鄉村改造的工作需加倍努力之外，「更渴望各方面共體時艱，捐棄成見，轉陰霾爲光明，化暴戾爲祥和，都站在爲人民謀福利的立場上，以工作成績相競賽，那時，民力才能發揚，民主才能實現。」很不幸民國以來的政治領袖，幾皆迷信武力，把國家的命運寄望於戰場的競賽，尤其是毛澤東，他有句「槍桿子出政權」的名言，結果呢，雖一時取得政權，却失去億萬民心。

八年抗戰以後，中美兩國最焦慮的就是中國共產黨問題。當時我國政府只希望能爭取到更多的美援，在戰場上把共產黨打垮，晏陽初却認爲：「對付共產黨的有效所在，不是戰場，而是鄉間。」中國農民的愚魯和貧困，爲共產黨提供了發榮滋長的條件，這種條件如不加改變，共產黨是很難清除的。晏所領導的鄉村改造運動，就是在努力改變這種條件，如引用一位對開發中國家政治社會有研究的杭廷頓的話，晏的工作「是給農民打革命免疫針」。

當戰後赤燄高漲之際，晏對國民政府並未絕望，但希望能發展國家的根本，他說：「挽救現局、創造未來，當務之急，莫過於發展國家的根本，即中國人民。……倘若我們要避免流血革命，實現『強大與民主之中國』的目標，我們必須把這個目不識丁的農民和苦力的國家，改變爲一個優秀農民、現代技師和健全公民的國家。」「目前國民政府所轄地域依然很大，一旦政府能夠在其自己地域內證明確爲人民致力，幫助他們獲得基本生活、普通健康和地方自治，自必有口皆碑，傳遍全國。不但它自己地域內的民心因而挽回，甚至共黨區內人民也會爲之嚮往。只要國民政府服務人民福利事業有成，強大民主之中國自能實現」。就在這個時候，晏陽初正爲成立「農復會」在國內外奔走，上述言論見於遞交「中美委員會」的一份備忘錄裏。衡諸當時國共情勢，時機上確已晚了一步，所以霍夫曼（經合總署署長）說：「如果這一農復會的計劃，早幾年推行，中國故事就大不相同了」。但是晏陽初發展民力才能建設民主中國的想法是正確的。他的想法以及鄉村改造的實踐，曾獲得美國大法官道格拉斯的熱烈贊助，推崇晏的工作是「世界上最重要的一件事」，「因爲它的目標不只是經濟自由，而且是政治民主」。道格拉斯向杜魯門總統介紹晏陽初：「總統先生，這是一位在全世界民主陣線上工作最多的人」。

根據杭廷頓的研究，還可以從另一方面了解農村改造對中國實行民主的重要性。杭廷頓指出，保守的農民，抗阻改變，對代表變遷的人物如醫師、教師、農學家等持猜疑甚至敵對的態度，雖然後者來到鄉村只是爲改善他們的生活。在所有現代化中的地區，這些現代化經紀人被多疑的和迷信的農民所殺害，時有所聞。晏陽初的工作，尤其是把學人和農民聯結起來的計劃，不但有效地消除了農民的猜疑和敵對，同時也打破了幾千年來兩大階層的壁壘——少數士大夫高高在上，千百萬文盲壓在底下。晏認爲「這個壁壘存在一天，中國就沒有實行眞正民主的希望」。

晏陽初從來不受現代中國反傳統潮流的影響，他一貫地主張，要在舊傳統的基礎上創造新社會。這個原則不但影響到科學在農村的實驗，也使他當國外許多人懷疑中國是否能走向民主時，不斷地爲中國辯護，他深信中國四千年的歷史中包含民主的許多要素。當定縣實驗時，「平教總會」的公民教育部，就已着手研究怎樣使幾千年來的鄉村自治，進步成現代化的中國民主。

晏陽初另外一些對民主以及中國如何實行民主的看法，在今日也許不覺新穎，但在四、五十年前，却代表深刻的見解：第一，他指陳民主不只是政治制度的問題，最重要的還是人民的態度、精神、傳統、習慣與實用的哲學。蓋民主落在日常生活上，它要求一種新的生活方式，因此在人民的態度、精神、習慣等方面如沒有相應的轉變，民主制度很難有效的推行。

第二，民主須植根於教育。本於這一信念，在抗戰期中由晏創辦的「鄉村建設學院」，就沒有設立訓導處，但有學生自治會，以及由師生共同選舉的顧問會，協助進行院務。晏陽初說：「中國人口講民主太多，如果這些受高等教育的青年——中國未來民主的主要憑藉——在學校裏不給予自治與民主的實習機會，我們國家如何得有眞實的民主的希望？這些青年又怎能適當的去引導文盲大衆走向民主形式的政府」？

第三，民主意識與科學技術同等重要。晏陽初說：「如果我們只想到肚子空的問題，忽視腦子空空如也，這將是極悲慘的。因此，當促進科學與技術以增加生產改善健康時，必須深思熟慮地且壯濶有力推展我們的民主意識」。事實上一個民族必須做到肚也不空腦也不空，使物質建設與精神建設齊頭並進，才能把這個民族的心智與精神的力量解放出來，才具備眞正的國力。

五、開放心靈與人文理想

晏陽初一向以鄉村改造的實踐者聞名於世，這篇文章是專探實踐背後的思想，以及指導並支持他行動的根據，希望藉此凸顯他另一形象，讓世人知道他不只是一個關懷平民的鄉建工作者，也是一位傑出的思想家。但這些思想必須經由思想的專業者加以提煉與精製，才有機會納入人類思想的大傳統裏，引起更多優秀頭腦的關懷，甚至激發他們參與的熱情。十九世紀中葉以來，社會主義的思潮，幾乎席捲了整個世界，吸引了無數優秀人才，引發了二十世紀許多動亂，至今所有標榜它的地區從未見成功的經驗，它的撼動力主要來自精製的理論及提出許多扣人心弦的大問題。在農村改造方面，晏陽初是第一個持續不懈並有成功事例的人，一個運動既有成功的事例，如又能有偉大的思想體系，在歷史上才眞正具備持續發展的力量。

晏陽初的鄉村建設，所以能做得比較成功，除了獨立創新的思想之外，還有開放的心靈，他從不拘泥新舊或中西，他以鄉村改造的需要爲中心，吸收了古今中西文化中最佳的部分：儒家的民本思想，基督的獻身精神，現代的科學知識與科學方法。費孝通說過：「晏先生的鄉建工作是技術性的」。這話孤立起來看頗爲不妥，應該說方法上是重視技術，但知識、生產、健康、組織四育並進是含有人文理想的，尤其把鄉村改造與民主關連起來看，這種理想性就更爲顯著。推行這個運動的團體，所以一直保持超然獨立的地位，不願和現實的政治力量相結合，主要就是爲了堅持這個理想。

近三十年來，晏先生的工作是以第三世界爲主要對象，目前第三世界的問題十分嚴重。更不幸的是，第三世界多半是獨裁統治，獨裁統治者不會希望有覺醒的民衆，所以今後在這些地區推行鄉村改造，必然仍是困難重重。重要的是，晏陽初六十多年的艱苦奮鬥，已爲解決農村問題開出一條新路，爲全球的農民顯露了一道希望的光芒。

一九八三年八月二十日

理想的火焰

——我早期的學習生涯

最近一家出版社向我徵文，希望在八〇〇字以內，寫出我「最感動、最難忘、最想說出來的話」。我以「傳統與我」應命，一開頭我說：在過去三十年中，我曾有過傳統主義者衞道的熱情，也曾經歷過反傳統的激情；然後逐漸以理智平衡熱情，以理性克制激情，使我發展出獨立自主的精神，走向重建新傳統之路。寥寥數語，頗能描繪出我思想進程的輪廓。這個進程，正如友人吳森兄信中所說，「合乎黑格爾正、反、合之方式」，今後我在思想上是否能如他所期望的「必返中道而有『大合』之表現」呢？這是我面臨的最大挑戰。「流淚撒種的必歡呼收割」，我期待有這麼一天。

一、困頓歲月

去年七月在夏威夷，一天晚飯後與劉述先兄上那高入雲霄的圓頂咖啡座閒聊，述先談起勞思光先生即將在中文大學退休（英制六十退休），眞使我大吃一驚。過去二十年裏，我過着發憤忘食的生活，竟然不知老之將至。思光先生比我大不了幾歲，回想五十年代初，我們因〈民主潮〉的文字因緣相識，常在一起的二、三年中，彼此物質生活雖苦，因正值年輕氣盛、意氣風發的年代，心智生活並不匱乏，且帶有理想性的浪漫情調。

一九五四年春天，我辭去了極爲厭倦的新聞工作，搬到大屯山麓的一間茅屋中住下，決心做一個賣稿維生的文人，這是我一生最重大的決定之一。促使我做此抉擇的原因，有屬於個人性格的，也有外在的激因。我從童年起性格上就帶點反叛性，也就是我後來在思想上能有創造性衝動的一個根源。當時在工作上交往的一些朋友，經常吃喝玩樂，生活渾渾噩噩，一九五三的下半年，突然對這種靡爛的生活深感厭膩而自責，曾幾度一個人爬上獅頭山靜想，鄭重地考慮前途問題。在「王貫之先生與我」一文，曾形容這一年「是我生命中第一次起大波瀾的年代」，由於來自外在的兩個激因，才幫助我從波瀾中獲得自救。

激因之一，是我就在這焦慮不安的時候認識了勞思光先生，他當時也靠寫稿維持一家人生活，他的文章涉及範圍很廣，東西文化、思想、民主政治、邏輯實證論，以及近代中西哲學思潮，無所不談，這是生平初次接觸如此新奇的世界，十分誘人，我曾把他發表的作品，集成一厚册，封面上並由他親自用毛筆題〈文化論集〉四字，至今我仍保存着。他的〈康德知識論要義〉，也在我們交往的時期寫成，這是國人研究西方哲學的一部重要作品，竟能在生活極不安定的狀況下完成。勞先生不修邊幅的外表、爽朗的笑談，和他淵博的學識、高效率的工作，都令人心儀。

另外一個激因，是當時香港以弘揚儒家精神爲職志的〈人生雜誌〉提供我固定寫稿的機會，雜誌負責人王貫之先生在精神上對我有莫大的鼓勵，十二年前我在悼念他的那篇文章裏說：「我年輕時代是一個志大言大的狂者，有時甚至流於狂妄，狂妄不容易被人接受，因爲一般人的耐性都很差。具有熱愛心腸的貫之先生，却始終能容忍我的狂妄，不吝對我的長處一再加以稱許，但也不放過勸善規過的責任。」

那時候我只能寫文藝稿，也喜好美學，我就靠〈人生〉的小說連載及偶爾在〈民主潮〉、〈民主評論〉發表一點文學感想的微薄稿費熬過三年的山居生活。三年中在臺灣大學聽方東美先生「人生哲學」、「印度哲學」，陳康先生「希臘哲學史」一年。每兩週參加牟宗三先生在師範學院（師大前身）的「人文友會」一次，有時因缺車資，必須從火車站步行到臺大和師院，友會是夜間舉行，回到山麓的茅屋已是深夜。寫作餘暇開始讀點宋明理學，心性理論尚不能入，對諸家生平事跡則特感興趣，當讀到王船山（一六一九——一六九二），使我首次領受到被巨人心靈震撼的經驗。在中國思想史上，除了同時代的李二曲（一六二七——一七〇五）以外，恐怕再也找不到一個思想家的生活比船山更苦。他於抗清運動失敗後，隱遁約四十年，或與傜人雜處，或托跡野寺，或居住土室，在「握天樞，爭剝復」的信念下，創造了一個偉大生命的奇跡。在生活條件奇差的境遇中，他竟然能著作宏富。船山的典範，是在精神上支持我度過艱困歲月的一大動力。

五十年代初期，臺灣的出版業尙在起步，新印古書奇少，和古人一樣，爲了讀書先要抄書，至今我仍珍藏羅近溪（一五一五——一五八八）〈盱壇直詮〉、王龍溪（一四九八——一五八三）〈語錄〉兩部抄本，唐君毅、牟宗三兩位先生的早期文章，我也曾手抄過一些。因精神常不能集中，藉抄書以凝聚，多少可以訓練耐心。後來我對中國哲學若干重要典籍，做了精細的觀念分類索引，就是從無計劃的抄錄到有計劃的抄錄的過程中慢慢演變出來的，這些索引終於成爲我編〈中國哲學辭典〉的基本資料。有一次到徐復觀先生家中做客，他從書架上取下一疊抄本，是二程、朱子的札錄，這也就是他在著作中常提到的「笨工夫」。章學誠（一七三八——一八〇一）說：「爲今學者計，札錄之功不可少；然存爲功夫，不可以爲著作」。這是很久以後我才讀到的。可見做學問，雖可有別出心裁之處，但基本功夫是差不多的。

泛讀了一陣〈宋元學案〉和〈明儒學案〉，比較上對陸（象山一一三九——一一九二）、王（陽明一四七二——一五二九）一系的心學有興趣，在武昌街一家舊書店看到一部八册的〈陸象山先生全集〉，索價一五〇元，這個代價在當時可使我兩個月免於饑餓，猶豫了一陣，將唯一的一套多季西服典當了把它買回來，因此寒流一來，我就不能出門。但擁衾臥讀，每至夜分而不覺倦。那時候我喜愛陸、王，是因陸、王之學簡易直截，有提撕精神的作用，比較能貼近我當時要求向上的心境。後來我比較重視荀子客觀認知類型的思想家，是採取知識的觀點，這個觀點後來終於成為我〈中國思想史〉的一個特色。由於初步接觸理學時，心思紛歧雜亂，因此讀書總希望能直接受用，一直到牟先生的一次來信中，才把我這不正常的讀書心態揭穿，他說不論讀什麼，都要「當學問工作來讀，不可當治病之藥來讀」。牟先生要求我「先把自己生命寄托在一定的工作上」，「要着而切地去讀書明理」。這一點如是一未深入社會的青年，一直在讀書環境裏成長，並不難做到。我的人生歷程，却顛倒了一般順序，世俗的習氣浸染已深，純淨的心靈已失落，使我費了好幾年的工夫，才能達到這個要求。

當時與我接近的師友，都覺得我浮誇，此病且久久不去，牟先生曾來信痛砭：「吾棣寫小說久了，總不免浮誇習氣，故說之容易，此不是資質輕揚，豈以久為文之故耶？古人言之不出，恥躬之不逮，故以剛毅木訥近仁，又曰仁者其言也訒，此中確有道理。而棣則常言『決心如何如何』，又常言『確具功效』，此卽說之太易。卽此足見浮誇，以後切不可如此。」為了糾正這種性格上的偏差，不時自省，並在日記中寫下許多懺悔文字，對自我做極坦率的剖白。這方面的缺點到後來讀書生活進入正規，在長期勤奮專注的工作中才漸次克服。

理學書之外，我一度極喜愛唐君毅先生「人生之路」的三本書：〈人生之體驗〉、〈心物與人生〉、〈道德自我之建立〉，這些書令人興奮而溫暖。唐先生在〈人生之體驗〉重版自序中說：「在我所寫的一切文章中，亦只有此書比較能使一般人——尤其有向內向上的精神之青年，在內心發生一些感動。」這大概就是我當時特別喜愛此書的原因。書中「我不喜歡現代之人生哲學著作，而對愈古之哲學著作愈喜歡」的觀念，曾支配過我的思想。一九七八年唐先生去世，在那篇「訪韋政通談唐君毅先生」的文章裏，我說「他在基本的心態上，不是屬於現代的」，就是根據這一點。

早期牟門弟子，大都敬重唐先生，對於徐復觀先生則比較疏遠。徐先生樂意助人，尤愛護青年，雖已脫離黨政活動，但現實社會的關係還是不少，牟先生的學生找不到工作，有時也請他幫忙，我能到省立臺中第一中學教高中，使我擺脫生活困境，也是因徐先生的大力推薦。五十年代中期，〈民主評論〉和〈自由中國〉曾爲自由問題發生爭論，勞思光先生也牽涉其中，他有一信給我細述與殷海光先生之間因自由之爭而轉移到邏輯問題因而挨罵的原委，這是我第一次接觸自由問題，去年我寫「兩種心態．一個目標」，副題「新儒家與自由主義觀念衝突的檢討」，就曾談到這個爭論。大約就在這個時期，我與徐先生因通信而相識，第一次見面是在杭州南路的〈民主評論〉社裏，恰好錢穆先生也在，在雜誌上常讀他們的文章，見了面當然高興。徐先生因知我生活困窘，就鼓勵我多寫稿，但〈民主評論〉是理論性雜誌，我還沒有這個能力，勉強湊成一篇有關「五四」新文學的文章寄給他，不久接來信，告訴我什麼地方要補充資料，什麼地方論點要修正，如此往復兩次才獲刊登。那時稿費千字八十元，一篇稿就可以應付一個月生活。

山居三年，後來小說寫不下去，理論稿又寫不出來，在這青黃不接之際，使我的生活多次陷入絕境，有時僅賴院中木瓜充饑，遂因而病倒。這樣的生活再也難以延續，一次意外的機緣，終於使我南下在一寺廟中暫棲。

二、信仰之旅

勞思光先生早期對傳統儒家思想，側重其缺陷的思考，屬於問題性的探索。所以在五十年代，使我成爲一個儒家信徒的，主要應歸功於牟宗三先生的啓導。從上述生活的背景，我當時迫切需要的是一個信仰，一個使分裂的生命歸於統一的信仰，基於這個心理，我參加了「人文友會」。

我第一次參加「人文友會」已是它第十次聚會，時間是一九五四年十二月十八日，地點在省立師範學院二一三教室，聽講人有：陸寶千、朱維煥、王淮、馬光宇、王道榮、周文傑、戴璉章、李懿宗、吳自甦、郭大春、謝文孫、曾厚成、陳問梅、呂漢奎、王美奐、唐亦男、李中秋、賀玉琴、陳癸淼、胡連誠、朱治平、戴華輝、韓誠生、王啓宗、呂實強、范添盛。紀錄上我和勞思光先生是以「來賓」身份出席。牟先生首先提到過去幾次的聚會，從理智與意志的對立，理性與生命的對立，直講到邏輯的我與道德的我。接着重提主辦友會的本意，只是想叫大家凝聚提撕，向深處想、向遠處看。然後就陳問梅同學有關人性論的一篇新作，說明孟子道性善，屬於具體的解悟，荀子主張「隆禮義而殺詩書」，表示他只有抽象的解悟力。於是以中西哲學爲例，對這兩個名詞做區分性的闡述：抽象的解悟由邏輯的我發，它所把握的是抽象的共理；具體的解悟由道德的我發，它所把握的是具體精神普遍之理。從道德的我發，就是從道德的主體發，也就是要把握道德主體所表現的精神發展理路，這是有定規有確定內容的，否則全成爲主觀的、無定準的，以此爲世人所詬病。

牟先生講完，由勞先生對「解悟」做了一點補充，他說具體的解悟，用中國的字樣，可以「體驗」二字來代表。並說明：這兩種解悟，並不是將解悟分爲二面，而是說人們對一切的了解有兩種境界，所了解的各有不同。我也講了話，記錄上是這樣記的：「我今天是第一次來聽講，我覺得這是一個光明的所在。我希望在座的諸位在目前的情形下要在各人自己的崗位上努力，我雖居在鄉下，但是很想以後時常來聽。」最後由牟先生做結：剛才勞先生的補充，令人愉快之至，大家要想明白具體的解悟的實例，我願推薦最近〈民主潮〉上勞先生一篇「秦論」的大文給大家一讀。

人文友會時期，牟先生住在臺北公館附近一樹木茂密的小山坡上，門上掛着「東坡山莊」的小木牌，進門是一橫式小院，排列着三間斗室，左邊臥室，中間書房，右首客廳，廳中央有一很厚重的木製棋盤，下圍棋是牟先生的主要消閒活動。我常於下午四時以後去拜訪，並共進晚餐，餐桌是在棋盤上加一木板。每值會期，由一位同學雇三輪車於晚飯後前往迎接，八時起進行約兩小時，內容包括明代王學、存在主義、黑格爾權限哲學引論、懷海德哲學，與一般課堂裏做純理論的探索不同，牟先生講這些都與歷史、文化、時代、國家的問題相關。例如講黑格爾的權限哲學，是因這個理路可補儒家由內聖直接推出外王之理路的不足。友會有時也改用討論的方式進行，到十三次聚會，與會者已增至四十人，經常出席有三十人左右，講詞記錄是王美奐，後來是蔡仁厚，兩週一次，即使元旦除夕（陽曆），亦未中斷。

一九五六年暑假，牟先生因將離開師院去臺中東大，在最後幾次友會中，很有系統地講了原始儒家義理的發展，主要以〈春秋〉、〈論語〉、〈孟子〉、〈易傳〉、〈中庸〉、〈大學〉爲線索，說明由心性到天道，由道德的主體精神通客觀精神到絕對精神，以展現原始儒家的基本理路。這個基本理路就是後來講〈中國哲學的特質〉的原型。

今年五月二日我應師範大學人文學社之邀，演講「啓蒙運動與現代中國」。會後有同學向我說，人文學社是由以前的人文友會延續下來，他的意思或許是以師大的傳統裏曾經有過人文友會爲榮。這已是我第五次在這個學校演講，每次都引起我一些回憶，現在的青年已無法想像當年友會的情景，就個人的體會，它的確能表現出一種超拔流俗的精神，導引青年一個理想，使你在人生上有意義感，對歷史文化有使命感，這不是一般以知識爲主的講學所能比擬的。我當時所需要的正是這些，因爲它能帶給我精神上的滿足。

牟先生去了東大，不久我也遷居中部，每週六或週日都上大度山。此後三年是我與牟先生接觸最頻繁的時期，因生活已安定，比較能踏實讀點書。一九五七年十一月，由東大同學組成一個類似人文友會的聚會，每週一次，仍在夜間舉行，參加人數常在百人以上，到第二年夏天爲止，把康德哲學和黑格爾哲學做了系統的講解。每次我都有詳細的紀錄，在一週之內，把紀錄加以整理、謄淸，下次聚會前給牟先生過目，並用紅筆刪改。這個工作對我是一種磨練，可訓練我如何做哲學性思考，並將這些思考有層次有條理地表達出來。這種磨練使我後來讀斯賓諾莎的〈倫理學〉、休姆的〈人類理解研究〉等書，並不覺得有太大困難。近年讀柏拉圖的〈理想國〉、黑格爾的〈精神現象學〉，依舊興趣盎然。這方面的興趣就是從那時培養出來的。

東大的聚會與人文友會不同，友會講習的主要目的，依牟先生自己的說明，是「在疏導時代學風時風病痛之所在，以及造成苦難癥結之所在。如此疏導，點出主要脈絡，使人由此悟入，接近積極健全之義理，重開價值之門，重建人文世界，此或可有助於人心醒轉」。東大的聚會，有一次牟先生說：「我們在這裏講學問，既不受時間的限制，復無任何實用目的，是純粹本於理智的好奇。我可以告訴你們，眞理的發現和觀念的建立，都是出於無實用的態度，太講究實用，開不出文化理想」。友會的講習比較接近宋儒的講學，有移風易俗、轉化人心的抱負。東大的學風與師院不同，友會的成員多半來自國文系，心態封閉而保守，東大參加聚會的來自全校各系，風氣自由而開放，也許是因爲這些因素，所以改用學術的方式。這時候我的心態也正在轉化：由追求精神的滿足逐漸轉向追求知識的滿足。

一九五八年暑假，陳問梅到東大當講師，次年劉述先也到了東大。這時期舊日諸友中仍與牟先生保持關係的，還有王淮、唐亦男、戴璉章、馬光宇、周文傑、蔡仁厚、郭大春。周羣振此時尙在軍中未退役，見面機會較少。他是一個了不起的人物，以出身行伍，完全在牟先生的精神感召下，發憤治學，二三十年來竟然在中國思想方面做出成績。五九年暑假，我們八、九人在大度山牟先生宿舍聚會數日，上午聽講，下午大家討論，夜晚就睡在地板上。牟先生有時會罵人，因爲他有話直說，不應付青年。平日生活從容自在，衣着隨便，談得興起，每開懷大笑，大家對他實敬而不畏。

爲了追求知識方面的滿足，一九五八年九月起聽了一年牟先生的「中國哲學史」。他講這門課主要在指出中國觀念的方向，大抵是本於他〈歷史哲學〉的理路。中國觀念的方向，決定觀念的具形，中國觀念的具形，牟先生認爲是起於氏族社會政治集團中的史官。史官的職責有二：(1)掌官書以贊治；(2)正歲年以敍事（見〈周禮〉）。前者是觀念之府，是道德政治的，孔子講仁就根據這個傳統。後者是經驗之府，治曆明時是古代的科學，後來這方面的發展比較萎縮。講諸子的起源，牟先生不完全同意諸子出於王官的講法，也不贊成近人胡適等從社會觀點的講法，認爲這都是從外部看，不能接觸本質的原因。本質的原因要從儒、道、墨三家皆針對周文之敝而發這方面去了解。三家都要以「質」救「文」，儒之質爲仁義，墨之質爲功用，道之質爲自然，質不同，決定對文化貢獻的效果也不同。道與墨，一是過，一是不及，過與不及皆不能擔負文化承繼與文化創造的使命。儒家之所以成為中國文化的正統，可以從這裏了解。基於同樣的理由，牟先生認為絕不能把儒家與其他各家並列地看。

諸子以後講〔易經〕、〔春秋〕，講〔易經〕除了易學發展之外，特別強調要從孟子盡心知性的路數講進去，進去以後，必須把〔易經〕的架子全部化掉，才能與原始的智慧面對面。〔春秋〕主要講「公羊傳」。兩漢大抵以〔歷史哲學〕為底本。當時牟先生已在醞釀〔才性與名理〕一書，所以魏晉部分說之甚詳，對佛教似尚未下大功夫，故言之較略。不過他說，如對魏晉玄學到隋唐佛學這一段沒有深入的了解，很難理解宋明理學。哲學史這門課只講到韓愈（七六八——八二四）、李翺（七七四？——八四六？），一學年已終了。對儒、釋、道三教的特性，牟先生有三句判詞，他說：察業識莫若佛，觀事變莫若道，樹立道德主體、開闢價值之源莫若儒。後來我也教這門課達十一年。先秦諸子即佔去學年的三分之一，以下只能做鳥瞰式地簡述。現在臺港兩地部分哲學系已分段由不同教師講授，這是合理的安排。我的看法至少要分三段：兩漢以前、魏晉至隋唐、宋至清代中葉。教師除對該段要專精之外，於哲學史演變全程宜兼有通觀之能，方足以勝任。

在這個時期，個人的興趣朝兩方面發展，一是研究荀子，一是泛讀十七、八世紀部分思想家的專集。促使我注意中國十七、八世紀的思想，一方面是由於一九五六年間，我與王貫之先生為了宋明理學與顏習齋（一六三五——一七〇四）之間的異同問題發生爭辯，另一方面是因徐復觀先生那時候正與毛子水先生爲義理與考據問題筆戰。我與貫之爲上述問題，往返各寫了六、七封信，都曾發表在香港〈人生雜誌〉上，爲人生帶來一番熱鬧。當時我的立場是尊崇宋儒貶抑習齋，貫之則立於外王事功一面爲習齋辯護。到了六十年代初，我們通信談到民主問題時，兩人的立場恰好顛倒過來。

這場爭辯引發我了解清儒思想的興趣，最先對顏李學派下功夫，後來寫成長達三萬字的「顏李學研究」，在〈人生〉連載四期（一九六一年二六六期起）。此外顧亭林（一六一三——一六八二）一篇也有三萬字，未發表。戴東原（一七二四——一七七七）則寫了六萬多字，其中兩章曾在徐復觀先生主持的〈民主評論〉上發表，一章是「戴東原思想中的一個基本觀念：『血氣心知』之解析」（一九六一年十二卷第四期），一章是：「戴東原『訓詁明則義理明』一主斷之意義及其限制」（十二卷十四期）。這幾篇論文寫成後，又涉獵清代公羊學派到康有爲（一八五八——一九二七）一系的思想。結果集成〈近三百年思想研究〉一書，是我研究中國思想所成的第一本書。書稿置之篋中，一直沒有機會出版。等到有機會出版時，我的思想已轉變，與原先寫此書的基本觀點和立場頗有出入，稿子只好廢棄。這一段功夫並沒有白費，除了使我對近世學風的歷史背景有了一點認識之外，也使我的思想不致再跌入前人的窠臼。據我的經驗，在治學的長途上，並無所謂寃枉路，只要你不斷追尋，最後都會貫通。寫到這裏，不禁想起多年前錢穆先生講的一段極富深意的話，可供有心之士玩味，他說：「今天我們做學問，應懂得從多門入，入了一門又再出來改入另一門。經、史、子、集，皆應涉獵；古今中外，皆應探求。待其積久有大學問之後，然後再找小題目，作專門式的發揮，此乃爲學上一條必成之途。此事從古皆然，並無違此而可以成學問之別出捷徑者。從來大學問家，莫不遍歷千門萬戶，各處求人，才能會通大體，至是自己乃能有新發現。」

荀子研究是我進入純學術性工作一次相當吃重的磨鍊，從第一次閱讀到〈荀子與古代哲學〉的完成，時間長達七年。荀子的系統極其複雜，文句方面雖經前人校正，難以理解的地方依然不少，首次接觸可謂一片茫然。這個工作曾經歷三個階段：第一階段是做選注，根據前人的注解對每一句做切實的了解。偶爾也把自己認爲合適的了解加進去。第二階段是選十篇做疏解，遂寫成十篇獨立的文章，其中五篇（勸學、非十二子、天論、解蔽、性惡）曾刊登於〈人生雜誌〉。每成一篇，就請牟先生看，翻開舊稿本，在「荀子勸學篇疏解」那篇裏，不但爲我改正句子，且有眉批。第一篇發表後，他說不成熟的東西不要用「疏解」，以後幾篇我就改用「試釋」了。牟先生不反對我們發表文章，那樣可以訓練表達能力，但認爲不必當眞。第三階段才把荀子的思想做了系統的整理，一九六三年成書，六六年由金耀基兄介紹商務出版，迄今已九版。

這個研究，對我至少有兩點意義：(1)荀子學說的份量夠重，內容夠博，要理出一個頭緒，對我的耐心和能力都是一種考驗；(2)荀書的內容牽涉甚廣，和他以前的孔、孟、老、莊、墨，以及他以後的韓非，都有或深或淺的關係，要疏理這些關係，並評判其間的得失，對各家的思想，都不能不探討。

治荀的經驗使我知道，一個青年如果有志在學術思想方面做長期奮鬥，需要選擇一個大家，對他的思想做全面而深入的鑽研，實有其必要。比較困難的是，究竟應該選擇那一家？興趣當然是一個重要的誘因，但在學術思想上並不能單靠興趣，有時候興趣是從工作中慢慢培養出來的，也有曾經感興趣的，後來因思路轉變而喪失。考驗有無興趣的方式之一，是看閱讀引起共鳴的強度有多大。從這方面看，我最有興趣的是傳記作品，畫家梵谷、高更的傳，小說家巴爾札克傳，大提琴家卡薩爾斯傳，都曾使我感到極大的震撼，並不能因此而誘使我去做一個文學藝術的批評家。從事學術思想工作，不可避免地要去攻讀一些與自己氣質不相近的東西，事實上這樣去做，不僅有助於克制個人的弱點，對促使思想的發展也有益處，因這樣可擴展視野，使你建立一個包容更廣的思想架構。愈具備創發性思想潛力的人，愈能容納並結合異質的思想。所以爲了奠定學術思想的初步基礎，不妨撇開個人特殊天賦和氣質因素的考慮，在西方，存在主義哲學家亞斯培勸告青年去專攻柏拉圖和康德，不僅是因爲他們兩人是西方哲學史上最重要的兩個里程碑，更重要的是青年學者們可以從柏拉圖那裏引發種種強烈的哲學衝動，從康德那裏得知概念的無邊威力。在中國，很少敎師提出類似的勸告，當年只常聽牟先生說，西方聖多瑪斯的神學總論，康德的純理批判，印度的唯識學，中國的宋明理學，是人類哲學智慧的代表，他從未指定我們要去讀那一家。現在有些青年學者往往在學位論文的逼迫下，才去抓一個題目，等到論文完成，工作也就停頓。他們似乎不能眞了解一個認眞從事學術思想工作的人，他的工作和他的心智能力是一起成長的，在一次有意義的研究活動之後，必然會在連鎖反應下，發展出更多的研究工作。很少人能在第一次的研究中，就能獲得很高成就，成就須寄望於未來的發展中，一個始終能興致勃勃，而且感到有永遠做不完工作的學者，在學術上才能有遠大的前程。至於究竟要從何處入手，必須靠自己去摸索、去選擇，並力求符合兩點：第一要難；第二要繁。學術思想的工作，一旦上了路，就是永無休止的苦工夫，怕難怕繁的人，在這條道路是走不遠的，所以一開始就應該接受考驗。

在中國儒學傳統裏，最能符合這兩點的哲學家，當推荀子與朱熹，他們都是百川歸海式的哲學家，不但持載豐盈，思考面廣，與他們以後的思想史又有深密的關係。只要對他們的系統做澈底的研究，必能引你一步步地走向哲學與哲學史的全體。

〈荀子與古代哲學〉完成以後，研讀朱子書卽成爲我主要的工作之一。我很慶幸當年能做此選擇，因在這一認知類型的思想基礎上，有希望開出儒家獨立的學統。就儒家的基本性格而言，孟子的心性主體之論，當然是比較正統，但他終極的關懷是屬於儒家的宗教性一面，必須在成聖成賢的工夫中，方能顯露其精彩及勝義，在這一目標下，經驗之學成爲可有可無。所以孟子道德理想主義這一類型的思想到宋明時代，原先儒家政治社會一面的強烈關切，卽日漸萎縮，能否以政治社會爲中心重建新儒學，是我們這時代儒家面臨的最大挑戰之一。儒家要生存於這個時代，必須暫時脫離其宗教性，在理論知識方面求其新發展，充實新資源，才能培養出新的吸引力。不論你喜不喜歡，這不是一個信仰當令的時代。

做學問有時是自動選擇，有時也靠偶然的機緣，五〇年代末期我就是因爲到天主教一神學院兼課，才有機會對經學下點工夫。牟先生曾說過，五經是中國文化智慧的根源。神學院一年，我趁機寫了〈易經〉、〈詩經〉、〈尚書〉三部講義，學生（修士）僅四人，一位現爲輔仁大學商學院院長張裕恭神父，十年前我去輔大演講，他在校門口迎接，學生問他：你的老師怎麼這樣年輕。另一位是目前在耕莘文教院的陸達誠神父，五年前曾請我在他主持的寫作班上講過兩次現代中國的思潮，輔大法學院長周弘道神父那時在掌理教務，也隨班聽課。往後幾年，對春秋三傳與三禮都精讀一遍，並做了分類觀念索引。我並不做經學研究，但五經正如牟先生所說，是中國文化智慧的根源，許多思想問題追本溯源，總要追索到五經，研究中國文化與思想，這方面的知識是必備的基礎。何況儒家傳統裏許多哲學家的思想都是脫胎於經（包括四書），經學上的一些問題，也一直是他們爭論的焦點。

到五〇年代後期，我雖已能自找題目自行研究，但整個心靈仍是籠罩在牟先生的精神之下，每想一個問題，總是先考慮到他對這個問題是怎樣說的，或是他可能怎樣想？還缺乏反省與批判的能力，這就是我所以要把整個五〇年代裏的追求歷程稱之爲「信仰之旅」的原因。當然，這只是我主觀的感受，因我感情投入太深，反而妨礙個體心智的成長。牟先生並不希望我們這樣，一九五七年六月十五日在東大宿舍裏，那天仁厚兄也在，牟師談到師生的分際以及對我們的期待，這番談話使我久久難忘。他說：「年輕人不可存依賴性，要富創造性，要能凸顯自己，要爭取一獨立而客觀的地位。所以師生之間，一旦形之於文，卽應保持距離。惟其有距離，自家眉目才能顯現出來。寫文章時，如爲師說過的，要引用師的觀念、名詞，必須先加解釋，並注明出處，然後再自家發揮。這樣做雖是同一理路，但另一枝筆有另一枝筆的意義，因一枝筆代表一個新的生命在表現」。去年七月，陳榮捷院士在臺北接受訪問，訪者最後一個問題是：「可否請您以過來人的身份，對於以後想從事與您同樣工作的人，給予一些具體建議？」陳先生答道：「第一要放棄門戶之見。現在臺灣的學生很多講的是牟宗三先生那一套，這是要不得的。牟先生人很聰明，有他自己的見解；但年輕人也要有自己的見解」。……（見〔漢學研究通訊〕二卷一期）如果說現在講中國思想的年輕人缺乏自己的見解，實應歸咎於年輕人自己不善學之過，牟先生何嘗希望看到這種「此亦述朱，彼亦述朱」的現象！

自六〇年代初開始，我的生命史上又一次激起大的波瀾，爲個人帶來的危機，較前次或猶過之。因這次波瀾終導致我與牟先生在不尋常的情況下建立的師生關係的中止。從此我必須面對孤立，向一個陌生的世界重新出發。

三、冒險遠航

一九六三年三月二十四日，我在日記本上這樣寫着：「今天眞正想到我要與『道德的理想主義』者分道揚鑣了。過去幾年中，曾與朋輩多次談起這個問題，彼此都只當戲言，想不到今天竟眞的走上這條路。」爲什麼會轉變呢？依據當時所記的有三點：第一，因我是一個個性很強的人，很早我就認識到，每一個人的生命都是獨特的，生活有獨特的意義，人生有獨特的道路，因此每一個人都應該試着走自己的路。第二，牟先生去了香港。以我與牟先生的關係，絕不是想變就容易變的，我們都是儒家傳統裏陶養出來的，師恩如山，想變、除了內心的折磨之外，還必須承受一部分社會的壓力。不過在當時，我心理上的確有一種壓迫感，所以牟先生一離開，思想上頓覺大解放。第三，由於一九六二年間開始的中西文化論戰。當李敖那篇「給談中西文化的人看看病」的文章在〈文星〉出現後，徐復觀先生曾約我們以〈民主評論〉和〈人生〉做地盤寫文章反擊。在此之前，我沒有看過〈文星〉，經徐先生談起，回來就找了前幾期來看，李敖的文章帶給我相當大的衝擊和鼓舞，不但沒有參加徐先生的論戰，反而使我由〈文星〉的讀者變成〈文星〉的作者。

在一篇「我對中西文化論戰的感想」裏，我說這次的論戰，好比是這個時代向父與子二代人提出的一份試卷，經過了二三年的時光，讓我們來考核一下試卷上的答案：年輕的一代對問題本身雖沒有什麼深入的見解，但他們追求問題的熱情是難得的，猛烈抨擊偶像的反抗精神是可貴的。老一輩呢？照我看，無異是繳了一份白卷。從老一輩在論戰中所表現的思想內容，以及對待後輩的氣度，充分暴露了他們學問的空洞和爲人的乖謬。在文章中我很感慨地說：老一輩給我們留下的，仍是我們需費力搬開的絆脚石。

在問題的思考上我最初是怎樣轉變的？一九六四年九月四日我給學生黃天成的信裏說：「我思想的轉變，開始在三年以前，以往，一直是着重向傳統儒家的優點方面想。三年前的夏天，我始眞感到以生命爲思想主要領域的儒家，對生命本身的透視，竟是十分膚淺的。同時對基督教的原罪，和佛教的無明，始稍有深入的認識，而儒家對人性負面的解悟，只止於氣質之性是不足的。我就從這一問題開始思考，問題越纏越深越廣，漸漸對儒家的其他缺陷，亦有深切的體認。這一發展，使我對儒家從無條件的接受態度，轉向批判的態度，這在我的生命史上，是一大的躍進，也是十分値得慶幸的事。……這一躍以後，使我的視野較前遼濶，使我的心靈較前開放，在道德的高峯上，我又同時發現了與此高峯銜接的羣山，自然也就漸漸觸摸到羣山之間的分際與限制。就在這限制的思考上，我的確發現了儒家在後來發展中的許多缺陷。這些缺陷概括地說，如消極性道德、家天下的政治、匱乏的經濟、載道的文學。而最根本的一點，則在道統偶像的建立」。信中的一些理念，很快我就發展出一系列的長文，其中「兩個人和兩條路——爲『傳統』與『西化』之爭提供一頁歷史教訓」、「我看中國未來文化的一些構想」、「泛道德主義影響下的傳統文化」、「儒家道德思想的根本缺陷」、「民主與中國文化」、「科學與中國文化」於一九六五年元月起陸續發表於〈文星〉。這些文章使我結束了三年孤寂但很奮發的生活又回到臺北，並結識了一批新的朋友。那時候臺灣形形色色的保守勢力比今天大得多，我的文章除了遭到文字上的攻擊和誣衊之外，還因反傳統的罪名爲我帶來長期的挫折與厄運。

在「儒家道德思想的根本缺陷」一文中，我從基督教、佛教、存在主義的比較觀點，對儒家「生命體會膚淺」這一論題，提出論證加以分析，主要是就儒家對人生的種種罪惡和陰暗面始終未能有較深刻的剖析這一點發揮。那時殷海光先生正在寫〈中國文化展望〉最後的部分，我的文章引起他很大興趣，該書「道德的重建」一章中，對我有如下的評論：「就我迄今所知，對於儒宗的批評超過吳又陵（虞）及陳獨秀這些民初人物的是韋政通。韋政通圍繞着儒宗對中國傳統文化作了初步的解析，我們可以約略知道儒宗的泛道德主義對於文學發展的桎梏，對於政治的惡劣影響，對於經濟的空疏思想之形成，以及儒家道德思想的種種根本缺陷。在他所作的分析中，最深入而且與今天的我們關係最密切的，要算他所說的儒家『對生命體會膚淺』」。

殷先生透過王曉波（當時在讀大二）與我聯絡，這一年五月二十日在他溫州街的寓所我們見了面，往後四年的交往情形，已寫在「我所知道的殷海光先生」一文中。這一段友誼，相當有助於我度過思想的困境。

〈傳統的透視〉是我思想轉變後出版的第一本書（一九六五），書中文字大都由日記中抄出，只是個人心靈的自由獨白，並沒有什麼嚴謹思考，但殷先生仍讀得津津有味。一個深秋的午後，他坐計程車到我景美的家中，就書中的一些問題談了一個下午。在「閉鎖的道德」一篇裏我說：

「社會與國家方面的問題，不是道德能夠直接解決的。對應着這一串問題，需要道德領域以外的知識與技術，這些知識與技術根本上亦不服從道德的眞理。因此，道德要對社會國家的問題上有貢獻，首在尊重自身以外的眞理標準和承認多元文化的雅量」。殷先生很欣賞這段文字，於是同我大談文化的特徵與文化的層次等問題。他去世後，我送給他的幾本書又回到我手上，除在書上用紅筆劃線之外，也有一些簡單評語，例如在「孔子思想與自由民主」一文我說：「新儒家所謂『中國之民主精神』，這完全是出於爭勝鬥富的心理。民主有一定的定義，一定的標準，在一定的意義和標準下，中國何來民主精神」？「沒有就是沒有，這對儒家傳統的價值，絲毫無損，一定樣樣都與孔子拉上關係，這不是混淆了問題嗎」？評語是：「駁得好」！

我的〔傳統與現代化〕及〔中國哲學思想批判〕兩書出版後，殷先生各寫了一篇書評，要我抄一份，原稿他保存，迄未發表。對前一書的書評開頭一段是：「就本書所展現的而言，著者對於中國的傳統，尤其是傳統主義之妨害現代化的許多層面，有較五四運動以來深進的論評。不過，這些論評，在基本上仍限於馬丁路德式的格局裏」。文長七千餘字，末尾他說：「我們如要道德、倫範、基本觀念及思想模態現代化，那末就是進攻一個社會文化的最裏層，也就是核心價値和原始精神層。這一層內衞體制如被攻破，即是該一社會文化解體，而從事一個新的轉變。這是一件痛苦的事。所以，通常一個社會文化在這一層上抵抗最烈。由以上的解析可以推知，著者所從事的工作，實在是艱難而偉大的工作，他必須和原始的氏族精神、世界觀、神話、禁忌、玄談、權威作戰，掃清一條道路，爲開放社會培育開放的心靈，追求科學的眞知，建立適合現代人的生活原理，致人類於和平與太平」。道德、倫範的問題，多年來一直是我關心的主要問題之一，直到一九八〇年完成〈倫理思想的突破〉一書，才脫出傳統背景的囿限，直就工業化及現代化的過程來考量這方面的問題，因而能拓出一個思考倫理問題的新理路。

對後一書的書評只兩千多字，但寥寥數語卽能很扼要地點出此書的主旨、意義及其基本觀點。他說：「本書大部分是藉反正統及反儒家的思想來批評中國的正統思想或儒家觀念，在臺港從事中國思想研究的界域裏，本書所表現的是一種新動向。」「作者是從經驗論、功利倫理出發，運用解析方法來對治先驗論、非利倫理，以及直觀心證法。」

這對我眞是一種異特的經驗，他花大氣力寫書評，却只給一個人讀，除了深厚的情意之外，顯然還有一份期待。書評寫於一九六八年的四月，已是癌疾的後期，離他生命終止的時刻不到一年半，當他交讀這兩篇文章時，我十分訝異，但我默默而坦然地接下這份情意。事後我告訴他，回報這份情意的唯一方法，就是繼續努力工作。在當時，殷海光眞的比我自己還要了解我，就在同月份，來信說：「人海茫茫，智者沉銷，何其蒼涼！我想我是你的著作最知己的讀者。在一切短長以外，你有頗爲豐富的思想潛力。你可嚴重的工作二十五年。」我與海光先生都是理想主義者，有熱情、能執着，也正因爲如此，所以必須承受現實的壓力與命運的考驗。我想人與人之間，當面臨困境，往往就是依靠眞摯情意的激勵和鼓盪，才使理想的火焰不致熄滅。

在一篇題爲「思想的探險者」的訪問中，我曾談到追隨牟先生及與殷先生交往所受影響的不同：「殷先生對我的影響，除了思想之外，是從他那裏認識了我自己，這一點很重要。在牟先生那裏，我只認識他（應該說是崇敬他），不認識自己；在殷先生那裏，使我認識了自己。認識自己以後，才有眞正的信心，這一點是非常重要的。」所以會有如此不同，是因我與牟先生之間是單向的，我純粹是一受教者，在那種情況下很難發展出獨立的見解。而與殷先生之間則是雙向的，彼之所長乃我之所短，我之所長亦彼之所短。在交往過程中，可互相學習互相補足。在中國傳統裏，師友雖屬一倫，但師與友對人生的意義畢竟不同。

離開牟先生之後，傳統的師生關係及師承問題曾困擾過我，最初的反省見之於「學徒制的師生關係」一文，後來更想到希臘傳統以知識爲主的師生關係與中國儒家傳統以道德爲主的師生關係，在性質上的確有所不同，這種差異對中西思想的發展有一定程度的影響。以追求知識爲主，則「吾愛吾師，吾尤愛眞理」的想法，勢所難免，因追求知識的終極目標在發現新的眞理，要發現新的眞理，必須不斷推陳出新。在這一目標下，師承是過渡性的，一個大思想家必須獨立門戶，開闢新天地。我們讀西方哲學史，學派之衆多，猶如千門萬戶，個個傲然獨立，壁立萬仞，兩千多年的發展，就像連綿不斷的羣山，其間雖有前後承續的關係，但如萬壑競流，大都能顯其獨特的風貌。儘管懷海德曾有西方哲學不過是柏立圖哲學的注脚之說，但與中國那種陳陳相因，思想上缺乏基本變革的情形，實不相似。在以道德實踐爲主的儒家傳統裏，除了少數例外，知識一直處於附從的地位，師承不是人生的踏腳板，一日爲師，終身爲師，弟子最大的願望，也不在知識的創新，而在承先啓後，爲往聖繼絕學。中國思想史，不同的時代，自然也有其不同的問題和不同的演變，大抵來說，多屬傳統的延續，思想偶有創獲，亦須附驥於先聖先賢，才能受到重視。文廟實是中國學術思想傳統的一個象徵，孔子闢了一片思想的園地，建立了一座象徵莊嚴人格的廟堂，在歷代師道的引導下，繼起者祇要在這塊園地上勤勞耕耘，必有收穫，死後能奉祀孔廟，於廡廊佔一席之地，於願已足。因此，在中國，重視傳統，強調尊師重道，就成爲很自然的現象。

海光先生希望我嚴重的工作二十五年，自一九六八年以來，我已相當努力的工作了十五年，在這段期間，我盡量使心靈的光波一圈圈向外擴張，打破學院式的僵硬界際，從人文學科到社會科學到通俗的科技，都曾廣泛涉獵，在一段時間裏，每一科目都可以使我的心力貫注其中。在神遊古今之際，爲了使生活有重心，不使心思浮虛而零散，於是常藉寫作以凝聚。閱讀是廣度的開拓，寫作則是深度的挖掘。人的思想不能僅靠閱讀或沉思默想而成熟，必須掌握有興趣的論題，辛勤的建構，使紊亂中顯秩序，並予以系統化的表達，才能一級一級上昇，一步一步前進。

一個思想工作者，如要向一個長期的目標奮進，外來的刺激和旁人的鼓勵，畢竟只是一些助緣，在孤寂中而又能持久工作的人，必須培養出自我激勵的能力，這樣才能接通工作的無盡泉源。海光先生是一位勤奮工作的學者，但他的精神有時高亢，有時低沉，而我總是那樣，他覺得是一個很特別的例子。生命的問題可能還有許多難以窺探的奧秘，但如何適當而有效地發揮生命的潛力，則無奧秘可言，這是要慢慢自我訓練的。最早的時候，每天能工作四小時就很滿意，慢慢因工作動機的強化，以及工作興趣的提昇，增加到六小時、八小時，甚至十二小時，當我寫〈中國思想史〉時，有連續工作十六小時的經驗，那是一種「非我作詩，乃詩作我」的境界，這種經驗畢竟罕見。寫〈倫理思想的突破〉時，也有三天坐在書桌旁寫不出一字的經驗。前一種經驗是考驗體能，後一種經驗考驗耐力，通過考驗，便形成了自我的激因。

當思想生活已在一定的軌道上滑行，如遭遇困難，還比較容易解決。只有當思想歷程中出現嚴重困境時，那就可能使你生命中所有的資源接受一次嚴厲的考驗。六〇年代初的那幾年，當我對原來的信仰懷疑，必須向陌生的世界重新探索時，就曾跌入如此困境。改變精神上的信仰比調整知識性的理路要難，因信仰是整個生活的支柱，一旦崩塌，對生活的影響將十分嚴重。所以那時幾乎使我喪失做學問的信心，曾想在鄉下教教書過一輩子算了。爲什麼會有後來的發展？就是在那灰心喪志的時候，我已養成一個工作的好習慣，每天課餘辛辛苦苦地工作，心無旁騖，精誠專一，爲的是什麼？我不知道，我只知道，人必須不斷的工作才足以保持生命的活力。工作也是一種儲備，儲備才能等待機會。我經過十年的儲備，一旦由新觀點加以反省檢討後，就能發展出比較深刻的批判。歐賓斯坦說：「爲了眞理的健全，它需要完全地、不斷地、無畏地被討論。假如可能的話，反對的意見應該由一個曾經眞正相信它的人說出來。」當我在〈文星〉發表那些被惡魔型的破壞，這種破壞除了促進精神分析對人性的深刻理解之外，對人類的影響幾乎是純負數的。從歷史的觀點看，最值得研究的，是人類社會文化中爲什麼會出現如此惡魔？產生這種惡魔的社會文化及心理因素如不能剷除，就無法防禦這類人物繼續在歷史上出現的可能。其次，有尼采（一八四四——一九〇〇）天才型的破壞，這種人物生活在社會上，不遵守規範，甚至破壞某些規範，是無可避免的現象，這是由創造力帶來的副作用。人們對天才型的思想家，不是愛之深便是責之切，這兩種態度都不能眞正理解尼采，而尼采思想對人類究竟是禍是福，却是靠我們是否能正確理解他來決定的。在種種不同類型的破壞中，引起我最大興趣的，是伏爾泰（一六九四——一七七八）、盧騷（一八一二——一八六七）理想型的破壞，他們能把自己從一般人容易陷進去的社會壓力的網絡裏解放出來，懷疑一般人都接受的假設。在思想的獨立上，他們與尼采相同，但他們不像尼采漂泊於人羣之外，他們能結合理想與現實，挺立於現實社會爲理想而戰鬥。盧騷的〈愛彌兒〉和〈民約論〉早已成爲教育學、政治學的經典。但在當時這兩部書都曾被焚，他們自己也一再被迫出亡如喪家之犬。伏爾泰是近代歐洲史上最著名的反基督教的叛逆，也是遭到「有破壞無建設」這種責難最多的人物，英國史家柏雷替他辯護道：「這種責難，未免眼光太狹小了。這個同答很容易：正當着地下溝渠傳播疫症的時候，我們豈能等候新水道造成以後，纔把舊的破壞。將當時法國所實行的宗教，比作有毒的溝渠，並不爲過。但是眞正的答案是：知識和文明的進步，其需要批評和消極的破壞，正如需要建設和積極的發現一樣。如一個人有力攻虛僞、成見和騙局的天才，他的義務，如果他有任何社會的義務，就是把這副天才應用。」柏雷似乎還不能充分了解伏爾泰在建設方面所表現的意義。伏氏在十八世紀的啓蒙運動中，代表自由與理性的化身。他不是一個學院式的哲學家，但對文化的影響，比許多富創見的哲學家更具有重大的意義。他比盧騷幸運，由於長壽，他能在有生之年發表戰鬥勝利的聲明。

思想是思想家唯一能操縱自如的利器，當我把反傳統、破壞性這些問題做了一番探索之後，從此再也不把任何責難和誣衊放在心上，我已學會獨立地或超然地面對橫逆，也悟出藉尊敬每一個人和他的工作可以結合新與舊的道理。我必須把有限的精力與時間保留在自己有興趣的工作上，對意氣用事和出於私見的爭吵，十分厭惡。

對我早期作品的反應中，除了責難和誣衊之外，也有一些深刻的評論，前面已提過殷海光，殷先生因爲和我是朋友，勉勵之外可能夾有一些偏愛的成分。遠在南洋大學執教的宋明順先生，我們至今不相識，他在〈現代社會與社會心理〉一書中（一九七五年正中初版），把我當做「邊際人知識份子」的例樣來分析，他的分析確能觸及我當年在思想轉變期中心理上的負擔與痛苦，以及個人心靈上的掙扎所顯示的客觀意義。他說：

「凡生長在現代非西方地區的知識份子，只要他忠實於知識份子的職責，都難逃避這文化衝突的命運。〈傳統與現代化〉（政通按：此書所收大半是我一九六五年發表於〈文星〉的文章，一九六八年由水牛出版，以下引文皆見於此書序文）的作者韋政通便是一個例子。他對中國文化有深湛的涵養，他自己也承認：『在四十歲以下的這一代中，已很少有人能像我一樣，有機會在傳統的文化裏浸潤如此之久、如此之深』。起初，他在傳統文化的氣氛中感到十分滿足（即「Sate」的狀態），他說：『大約有十年的時光，傳統文化的精神，對我的生命有過很大的鼓舞。在那段時光，我的信念和理想都相當堅定，我的自我認同和文化認同，也都毫無問題。這種堅定的理想和信念，曾使我安穩地度過一段漫長而艱困的歲月』。

「可是，這種安穩、平靜、滿足的蜜月時期，自從他的心智成長，受到外來的刺激，和新知識的誘惑之後，却被前所未有的騷動、徬徨、痛苦和焦慮取而代之。這是結束傳統主義知識份子，而成爲邊際人知識份子所付出的代價。請再看他的自述：『幸或又不幸，我在知識上却是一個不停的追求者，當我對傳統文化有了一些認識以後，當我的心智在認識中逐漸成長以後，再加上外來種種的刺激，和新知識的誘惑，於是我不能不來一次心靈的大跳躍了。這一步的跳躍，實是我思想生命的生死之關。當我身臨這一關口之際，生命中激起了前所未有的騷動、徬徨、痛苦和焦慮；原有的安穩、平靜攪亂了，原有的自我、文化的認同感破裂了，原有的信念、理想動搖了；一切皆失其所依』。

「從傳統文化的根基浮離以後，他開始過（原文爲『做』）文化的流浪生活。他一面繼續吸收新知，一面用筆整理內心繁雜又紊亂的思緒。整理之後，『才深深覺得，我原有的認同感，和我原有的信念、理想，只是陷溺在一個封閉系統中的自我陶醉，只是在幾位偉大的新傳統主義者感情的籠罩下所感染的一點東西，我純是一現成的享有者，所做的思想工作，卽使有意義，也極有限』。於爲他開始對其曾深受影響的傳統文化，從事反省、檢討和批判。

「韋氏正是一個非西方國家典型的邊際人知識份子，他比別人更清楚自己的文化，後來却脫離了其圈圍，與之『距離化』，吸收異質的西方文化，從事傳統文化的批判工作，批判是創造的開始，所有的創造均起於批判。他一心一意在摸清從傳統到現代化的過程，他對他的動搖、徬徨、痛苦並沒有後悔，反而對其思索的過程，他自認爲『使我的思想生命獲得了新生』。

「……處在多種文化邊際地區的知識份子，並非每人都會像韋政通氏一般在其心理反映出文化的衝突，而感到強烈的矛盾或痛苦。有人固執其中一種文化（往往是傳統文化）體系，將全部自我投入其中，排斥一切異質的存在，以避免內心的衝突、徬徨、或不安者，此叫『過分順應型邊際人』。另有一些人則安於文化的局部性意義，而不是追求其普遍性眞理。或同時容納兩種異質文化，可是容許異質的對立在其人格內部和平共存，或缺乏追求一貫性文化的努力，在不同情境隨時使用互爲矛盾的不同文化，這些人叫『無衝突型邊際人』。這種類型的邊際人存在再多，對創造新文化的貢獻不大。他們已害怕內心的分裂、衝突，更不敢挺身出來，甘冒不韙，從事文化批判工作（卽文化創造工作）。只有那些在邊際情境中，以光風霽月的襟懷，容納宇宙間一切異質的存在，同時本身却以崇拜一神敎的嚴格態度，不允許互爲異質的東西的和平共存，努力追求行爲的一貫性時，才會產生尖銳的邊際人意識。這種人，才會充分發揮積極的批判性和創造

滄海叢刊已刊行書目(八)

書名	作者	類別
文學欣賞的靈魂	劉述先	西洋文學
西洋兒童文學史	葉詠琍	西洋文學
現代藝術哲學	孫旗譯	藝術
音樂人生	黃友棣	音樂
音樂與我	趙琴	音樂
音樂伴我遊	趙琴	音樂
爐邊閒話	李抱忱	音樂
琴臺碎語	黃友棣	音樂
音樂隨筆	趙琴	音樂
樂林蓽露	黃友棣	音樂
樂谷鳴泉	黃友棣	音樂
樂韻飄香	黃友棣	音樂
樂圃長春	黃友棣	音樂
色彩基礎	何耀宗	美術
水彩技巧與創作	劉其偉	美術
繪畫隨筆	陳景容	美術
素描的技法	陳景容	美術
人體工學與安全	劉其偉	美術
立體造形基本設計	張長傑	美術
工藝材料	李鈞棫	美術
石膏工藝	李鈞棫	美術
裝飾工藝	張長傑	美術
都市計劃概論	王紀鯤	建築
建築設計方法	陳政雄	建築
建築基本畫	陳榮美 楊麗黛	建築
建築鋼屋架結構設計	王萬雄	建築
中國的建築藝術	張紹載	建築
室內環境設計	李琬琬	建築
現代工藝概論	張長傑	雕刻
藤竹工	張長傑	雕刻
戲劇藝術之發展及其原理	趙如琳譯	戲劇
戲劇編寫法	方寸	戲劇
時代的經驗	汪琪 彭家發	新聞
大衆傳播的挑戰	石永貴	新聞
書法與心理	高尚仁	心理

滄海叢刊已刊行書目(六)

書名	作者	類別
卡薩爾斯之琴	葉石濤	文學
青囊夜燈	許振江	文學
我永遠年輕	唐文標	文學
分析文學	陳啓佑	文學
思想起	陌上塵	文學
心酸記	李喬	文學
離訣	林蒼鬱	文學
孤獨園	林蒼鬱	文學
托塔少年	林文欽編	文學
北美情逅	卜貴美	文學
女兵自傳	謝冰瑩	文學
抗戰日記	謝冰瑩	文學
我在日本	謝冰瑩	文學
給青年朋友的信(上)(下)	謝冰瑩	文學
冰瑩書柬	謝冰瑩	文學
孤寂中的廻響	洛夫	文學
火天使	趙衛民	文學
無塵的鏡子	張默	文學
大漢心聲	張起鈞	文學
回首叫雲飛起	羊令野	文學
康莊有待	向陽	文學
情愛與文學	周伯乃	文學
湍流偶拾	繆天華	文學
文學之旅	蕭傳文	文學
鼓瑟集	幼柏	文學
種子落地	葉海煙	文學
文學邊緣	周玉山	文學
大陸文藝新探	周玉山	文學
累廬聲氣集	姜超嶽	文學
實用文纂	姜超嶽	文學
林下生涯	姜超嶽	文學
材與不材之間	王邦雄	文學
人生小語(一)(二)	何秀煌	文學
兒童文學	葉詠琍	文學

滄海叢刊已刊行書目(五)

書名	作者	類別
中西文學關係研究	王潤華	文學
文開隨筆	糜文開	文學
知識之劍	陳鼎環	文學
野草詞	韋瀚章	文學
李韶歌詞集	李韶	文學
石頭的研究	戴天	文學
留不住的航渡	葉維廉	文學
三十年詩	葉維廉	文學
現代散文欣賞	鄭明娳	文學
現代文學評論	亞菁	文學
三十年代作家論	姜穆	文學
當代臺灣作家論	何欣	文學
藍天白雲集	梁容若	文學
見賢集	鄭彥棻	文學
思齊集	鄭彥棻	文學
寫作是藝術	張秀亞	文學
孟武自選文集	薩孟武	文學
小説創作論	羅盤	文學
細讀現代小説	張素貞	文學
往日旋律	幼柏	文學
城市筆記	巴斯	文學
歐羅巴的蘆笛	葉維廉	文學
一個中國的海	葉維廉	文學
山外有山	李英豪	文學
現實的探索	陳銘磻編	文學
金排附	鍾延豪	文學
放鷹	吳錦發	文學
黃巢殺人八百萬	宋澤萊	文學
燈下燈	蕭蕭	文學
陽關千唱	陳煌	文學
種籽	向陽	文學
泥土的香味	彭瑞金	文學
無緣廟	陳艷秋	文學
鄉事	林清玄	文學
余忠雄的春天	鍾鐵民	文學
吳煦斌小説集	吳煦斌	文學

滄海叢刊已刊行書目㈣

書名	作者	類別
歷史圈外	朱桂	歷史
中國人的故事	夏雨人	歷史
老臺灣	陳冠學	歷史
古史地理論叢	錢穆	歷史
秦漢史	錢穆	歷史
秦漢史論稿	刑義田	歷史
我這半生	毛振翔	歷史
三生有幸	吳相湘	傳記
弘一大師傳	陳慧劍	傳記
蘇曼殊大師新傳	劉心皇	傳記
當代佛門人物	陳慧劍	傳記
孤兒心影錄	張國柱	傳記
精忠岳飛傳	李安	傳記
八十憶雙親 師友雜憶 合刊	錢穆	傳記
困勉強狷八十年	陶百川	傳記
中國歷史精神	錢穆	史學
國史新論	錢穆	史學
與西方史家論中國史學	杜維運	史學
清代史學與史家	杜維運	史學
中國文字學	潘重規	語言
中國聲韻學	潘重規 陳紹棠	語言
文學與音律	謝雲飛	語言
還鄉夢的幻滅	賴景瑚	文學
葫蘆・再見	鄭明娳	文學
大地之歌	大地詩社	文學
青春	葉蟬貞	文學
比較文學的墾拓在臺灣	古添洪 陳慧樺 主編	文學
從比較神話到文學	古添洪 陳慧樺	文學
解構批評論集	廖炳惠	文學
牧場的情思	張媛媛	文學
萍踪憶語	賴景瑚	文學
讀書與生活	琦君	文學

滄海叢刊已刊行書目㈢

書名	作者	類別
不疑不懼	王洪鈞	敎育
文化與教育	錢穆	敎育
教育叢談	上官業佑	敎育
印度文化十八篇	糜文開	社會
中華文化十二講	錢穆	社會
清代科舉	劉兆璸	社會
世界局勢與中國文化	錢穆	社會
國家論	薩孟武譯	社會
紅樓夢與中國舊家庭	薩孟武	社會
社會學與中國研究	蔡文輝	社會
我國社會的變遷與發展	朱岑樓主編	社會
開放的多元社會	楊國樞	社會
社會、文化和知識份子	葉啓政	社會
臺灣與美國社會問題	蔡文輝 蕭新煌 主編	社會
日本社會的結構	福武直 著 王世雄 譯	社會
三十年來我國人文及社會科學之回顧與展望		社會
財經文存	王作榮	經濟
財經時論	楊道淮	經濟
中國歷代政治得失	錢穆	政治
周禮的政治思想	周世輔 周文湘	政治
儒家政論衍義	薩孟武	政治
先秦政治思想史	梁啓超原著 賈馥茗標點	政治
當代中國與民主	周陽山	政治
中國現代軍事史	劉馥 著 梅寅生 譯	軍事
憲法論集	林紀東	法律
憲法論叢	鄭彥棻	法律
師友風義	鄭彥棻	歷史
黃帝	錢穆	歷史
歷史與人物	吳相湘	歷史
歷史與文化論叢	錢穆	歷史

滄海叢刊已刊行書目(二)

書名	作者	類別
語言哲學	劉福增	哲學
邏輯與設基法	劉福增	哲學
知識·邏輯·科學哲學	林正弘	哲學
中國管理哲學	曾仕强	哲學
老子的哲學	王邦雄	中國哲學
孔學漫談	余家菊	中國哲學
中庸誠的哲學	吳怡	中國哲學
哲學演講錄	吳怡	中國哲學
墨家的哲學方法	鐘友聯	中國哲學
韓非子的哲學	王邦雄	中國哲學
墨家哲學	蔡仁厚	中國哲學
知識、理性與生命	孫寶琛	中國哲學
逍遥的莊子	吳怡	中國哲學
中國哲學的生命和方法	吳怡	中國哲學
儒家與現代中國	韋政通	中國哲學
希臘哲學趣談	鄔昆如	西洋哲學
中世哲學趣談	鄔昆如	西洋哲學
近代哲學趣談	鄔昆如	西洋哲學
現代哲學趣談	鄔昆如	西洋哲學
現代哲學述評(一)	傅佩榮譯	西洋哲學
懷海德哲學	楊士毅	西洋哲學
思想的貧困	韋政通	思想
不以規矩不能成方圓	劉君燦	思想
佛學研究	周中一	佛學
佛學論著	周中一	佛學
現代佛學原理	鄭金德	佛學
禪話	周中一	佛學
天人之際	李杏邨	佛學
公案禪語	吳怡	佛學
佛教思想新論	楊惠南	佛學
禪學講話	芝峯法師譯	佛學
圓滿生命的實現 (布施波羅蜜)	陳柏達	佛學
絕對與圓融	霍韜晦	佛學
佛學研究指南	關世謙譯	佛學
當代學人談佛教	楊惠南編	佛學

滄海叢刊已刊行書目(一)

書名	作者	類別
國父道德言論類輯	陳立夫	國父遺教
中國學術思想史論叢(一)(二)(三)(四)(五)(六)(七)(八)	錢穆	國學
現代中國學術論衡	錢穆	國學
兩漢經學今古文平議	錢穆	國學
朱子學提綱	錢穆	國學
先秦諸子繫年	錢穆	國學
先秦諸子論叢	唐端正	國學
先秦諸子論叢(續篇)	唐端正	國學
儒學傳統與文化創新	黄俊傑	國學
宋代理學三書隨劄	錢穆	國學
莊子纂箋	錢穆	國學
湖上閒思錄	錢穆	哲學
人生十論	錢穆	哲學
晚學盲言	錢穆	哲學
中國百位哲學家	黎建球	哲學
西洋百位哲學家	鄔昆如	哲學
現代存在思想家	項退結	哲學
比較哲學與文化(一)(二)	吳森	哲學
文化哲學講錄(一)(二)(三)(四)	鄔昆如	哲學
哲學淺論	張康譯	哲學
哲學十大問題	鄔昆如	哲學
哲學智慧的尋求	何秀煌	哲學
哲學的智慧與歷史的聰明	何秀煌	哲學
內心悅樂之源泉	吳經熊	哲學
從西方哲學到禪佛教——「哲學與宗教」一集—	傅偉勳	哲學
批判的繼承與創造的發展—「哲學與宗教」二集—	傅偉勳	哲學
愛的哲學	蘇昌美	哲學
是與非	張身華譯	哲學